Josef Dirnbeck

Die Jesus-Fälscher

Wer war Gottes Sohn wirklich?

Die Wahrheit über Jesus von Nazareth

Knaur Taschenbuch Verlag

Besuchen Sie uns im Internet:
www.knaur.de

Inhalt

Vorwort

Bücher und ihre öffentliche Lesung
unterdrücken heißt nicht die Götter verteidigen,
sondern das Zeugnis der Wahrheit fürchten.

ARNOBIUS DER ÄLTERE (UM 310)

Der eine tut es mit einem Tuch, der andere mit einem Buch, aber im Prinzip machen beide das Gleiche: Der Torero in der Arena bringt den Stier in Rage, und der Schänder der Heiligen Schrift reizt die Frommen zur Weißglut.

Ein Buch wird zum roten Tuch

Wir erinnern uns an die Bilder und die Überschriften in den Zeitungen: Koranblätter, fäkalienbesudelt in der Toilette. Als die Meldungen über die schamlose Schändung religiöser Symbole in einem amerikanischen Gefangenenlager durch die Weltpresse gingen, war die Empörung groß. Nicht nur in der islamischen Welt, auch im immer noch christlichen Abendland verurteilte man diese Tat einer außer Rand und Band geratenen Soldateska als einen besonders perfiden Akt von psychischer Folter. Zahlreiche Zeitungskommentare und Leserbriefe bezeichneten diese Tat als *unerhört*. Das war es zweifellos – wenngleich leider nicht in dem Sinn, dass man von einer Barbarei solcher Art tatsächlich noch nie zuvor etwas *gehört* hätte. Beschämend, aber wahr: Nicht nur der Koran, auch die Bibel oder der Talmud wurden mitunter munter besudelt.

Bei der Erstürmung von Béziers waren es beispielsweise die religiösen Gefühle *christlicher* Haudegen, die in dem 1229 zu Ende gehenden Albigenser-Kreuzzug auf die gleiche Weise provoziert wurden wie jetzt, zu Anfang des dritten Jahrtausends. Da nahmen nämlich, wie die Geschichtsquellen berichten – und wie in meinem Buch *Die Inquisition. Eine Chronik des Schreckens* genauer nachgelesen werden kann –, »die Häretiker das Exemplar eines Buches mit dem heiligen Evangelium, urinierten darauf, warfen es über die Mauer gegen die Christen hin, schossen mit Pfeilen hinterher und riefen: Seht, das ist euer Gesetz, ihr Elenden!«[1]

Friedrich Schiller wusste offenbar, wovon er sprach, als er die Worte fand: »Es liebt die Welt, das Strahlende zu schwärzen und das Erhab'ne in den Staub zu ziehn.«[2] Wie Recht der deutsche Klassiker hat, konnte man an den Reaktionen auf die so genannten Mohammed-Karikaturen sehen, die die dänische Zeitung *Jyllands-Posten* abgedruckt hatte – ein Dutzend satirischer Zeichnungen, auf denen der Prophet der Muslime unter anderem wie ein Terrorist gekleidet war.

Blauäugig darauf zu pochen, dass die in den westlichen Ländern garantierte Pressefreiheit respektiert werden müsse, fruchtete wenig. Wochenlang waren die immer gleichen Bilder in den Abendnachrichten zu sehen: hasserfüllte Gesichter, drohend geballte Fäuste, wütend gebrüllte Parolen, brennende Fahnen, qualmende Autoreifen, Scherben zertrümmerter Fensterscheiben, jede Menge Sachschäden und leider auch Blut. Wem war damit gedient?

Hinterher waren alle wieder einmal klüger. In aufgeregten Debatten wurde gefragt, ob man sich denn nicht schon vorher hätte denken können, was für Auswirkungen eine dermaßen platte und plakativ vorgetragene Kritik haben werde, wenn sie in einem Klima stattfindet, in dem ein »Clash of Civilizations« angesagt ist und die aufgestachelten Instinkte – ganz wie bei den Rindviechern, die als Opfer der Volksbelustigung in der Stierkampfarena zu Tode gequält werden – nur noch nach dem Reiz-Reaktions-Schema funktionieren. Ob man sich nicht in die Gemütslage gläubiger Muslime hineinversetzen könne? Und wie denn die Christen reagieren würden, wenn *ihnen* Vergleichbares zugemutet würde?

Würde es die Kirche – immerhin eine Institution, in der es jahrhundertelang gängige Praxis war, Dissidenten hinter Schloss und Riegel zu setzen und mit Folterinstrumenten zu piesacken, bis sie entweder widerriefen, oder, falls sie dazu nicht bereit waren, auf einem Scheiterhaufen zu verbrennen – heutzutage ohne mit der Wimper zu zucken hinnehmen, wenn sich irgendwer herausnähme, etwas, das *ihr* heilig ist, durch den Kakao zu ziehen?

Schon ein paar Monate nach dem folgenreichen Abdruck jener Mohammed-Karikaturen war es so weit: Einem hochrangigen Kirchenmann platzte aus gegebenem Anlass der Kragen. Dan Browns in Millionenauflage verbreiteter Thriller *Sakrileg*[3] eroberte die Leinwand; und mehr Leute denn je zuvor wurden mit Spekulationen über Fragen wie diese konfrontiert: Ist es möglich, dass Jesus und Maria Magdalena Kinder hatten? Hat die Kirche die biblische Überlieferung gefälscht? Gibt es Geheiminformationen über Jesus in den weltberühmten Schriftrollen vom Toten Meer? Was sind die Nag-Hammadi-Funde und die Gnosis? Was wusste Leonardo da Vinci?[4]

Ist *SAKRILEG* ein *Sakrileg*?

»Der Da-Vinci-Code – eine Meisterlüge« lautete der Titel einer TV-Dokumentation des US-Journalisten Mario Biasetti, in der sich Kardinal Francis Arinze zu Wort meldete und die Gläubigen aufforderte, den Film wegen Verunglimpfung der Religion anzuzeigen: »Es gibt rechtliche Wege, um die Rechte der Christen zu respektieren. Die Figur des Gründers unserer Kirche, Jesus, darf nicht beleidigt werden. Die Christen dürfen nicht tatenlos dasitzen und sagen: Wir müssen vergeben und vergessen!«[5]

So begreiflich und verständlich eine Reaktion wie diese auch sein mag, fragt sich freilich, wie zielführend es wäre, wenn aufrechte Christen begännen, den Empfehlungen des Kardinals zu folgen und zu rechtsstaatlichen Mitteln zu greifen, um Satisfaktion für ihre verletzten religiösen Gefühle zu erstreiten. Wie die

Erfahrung lehrt, ist öffentlicher Protest meist kontraproduktiv. Ein mit Schaum vor dem Mund vorgebrachtes Verdikt wider ein kirchenfeindliches Machwerk schreckt die beschuldigte Seite nicht, sondern ist ihr ganz im Gegenteil hoch willkommen, weil es als kostenlose Werbemaßnahme die Kassen nur noch stärker zum Klingeln bringt.

Vor allem aber sollte man sich darüber im Klaren sein, dass sich zorniges Zetern keineswegs für einen in seinen religiösen Gefühlen beleidigten Nachfolger Jesu ziemt. Der Meister selber plädierte bekanntlich für einen gelassenen Umgang mit Angriffen. In seiner Bergpredigt steht zu lesen: »Ihr habt gehört, dass gesagt wurde: Auge um Auge, Zahn um Zahn. Ich aber sage euch: Leistet dem, der euch etwas Böses antut, keinen Widerstand, sondern wenn dich einer auf die rechte Wange schlägt, dann halt ihm auch die andere hin.«[6]

Demnach wäre es durchaus kein Sakrileg, sich von *Sakrileg* und ähnlichen Phänomenen nicht aufs Kreuz legen zu lassen. Im Gegenteil, es böte sich eine gute Gelegenheit für eine fromme Übung: In gelassener Heiterkeit ertragen, dass Andersdenkende anders denken, und auf Gewalt nicht mit Gegengewalt reagieren.

Freilich: Das eine ist die Theorie, und das andere ist die Praxis. Die Geschichte der Kirche ist prallvoll mit Beispielen für das Gegenteil dessen, was Jesus gewollt hat – vom Deutschland des Dreißigjährigen Krieges bis ins Nordirland unserer Tage, vom Kampf gegen Arianer, Katharer und andere Ketzer bis zu Lehrzuchtsverfahren gegen dissidente Theologen, vom Kirchenbann für Kaiser und Fürsten bis zu Maßregelungen aufmüpfiger Priester durch reaktionäre Oberhirten. Ein Blick in die Dokumente der Kirchengeschichte zeigt: Heldenhafter Idealismus ist die Ausnahme, nicht die Regel. Gepredigt wird Friedfertigkeit, aber gehandelt wird nach dem Motto: Dem Angreifer die andere Wange hinhalten ist gut, aber zurückschlagen ist besser.

Fast möchte man bange fragen: Hat es wirklich schon einmal Christen gegeben, die auf gehässige Verunglimpfungen anders reagiert haben als mit der üblichen Mischung aus ohnmächtiger Wut und heiligem Zorn?

Lange bevor Mohammed-Karikaturen gezeichnet wurden, hat man Jesus-Karikaturen produziert. Was natürlich kein Wunder ist, da das Christentum bekanntlich um mehr als ein halbes Jahrtausend älter ist als der Islam.

Jesus-Karikaturen gestern und heute

Der frühchristliche Apologet Tertullian (um 160–220) berichtet von einer Jesus-Karikatur, deren Bildsprache so eindeutig war, dass nicht einmal der unbedarfteste Schüler meinen konnte, er bekäme ein Andachtsbildchen zu sehen. Wer die Zeichnung betrachtete, begriff sofort, was sie den Nachfolgern des Jesus von Nazareth zu verstehen geben wollte: Liebe Christen, der von euch als Gottheit verehrte »Herr« ist doch ein Esel!

Tertullian wörtlich: »Aber nun ist kürzlich hier in der Stadt eine neue Darstellung unseres Gottes verbreitet worden, seit ein Verbrecher, der sich zum Scharfmachen der wilden Tiere verdingt, ein Bild ausgestellt hat mit der Aufschrift: *Der Gott der Christen Onokoites*. Der hatte Eselsohren, an dem einen Fuß einen Huf, trug ein Buch und war mit einer Toga bekleidet.«[7]

Anders als Kardinal Arinze rief der Kirchenvater nicht nach dem Richter, obwohl sich Quintus Septimius Florens Tertullianus, wie der aus Karthago stammende frühchristliche Schriftsteller mit vollem Namen hieß, als gelernter Rechtsanwalt auf das Verfassen von Schriftsätzen verstand und als blendender Rhetoriker ganz gewiss Worte von hoher Wirkungskraft zu wählen gewusst hätte, um mit einer Anklage vor Gericht durchzukommen. Tertullians Reaktion und die seiner Mitchristen folgte eher der Bergpredigt. Man lief nicht zum Kadi, man rief nicht nach Rache für den Bösewicht, sondern – man lachte: »Gelacht haben wir über den Namen und über die Gestalt ...«[8]

Der deutsche Philosoph Friedrich Nietzsche (1844–1900), der als Sohn aus einem evangelischen Pfarrhaus zwar die Seiten gewechselt hatte und zum leidenschaftlichen Kirchenkritiker wurde, aber zeitlebens von Jesus nicht loskam, wusste es auch: »Nicht durch Zorn, sondern durch Lachen tötet man.«[9]

Es wäre wirklich zu wünschen, dass das altehrwürdige Beispiel aus den Tagen Tertullians Schule machte und Nachahmer fände. Doch leider ist zu befürchten, dass diese fantastische »Waffe«, Spötter einfach durch Lachen fertig zu machen, genauso häufig eingesetzt wird wie die Hellebarden der Schweizergarde.

Doch, halt! Darf man es denn dieser unseriösen Sippschaft von Jesus-Fälschern so leicht machen? Da könnte ja jeder kommen und jeden erdenklichen Unsinn über Jesus verbreiten! Sollten die Christen tatsächlich tatenlos zusehen und lediglich fromm die Hände falten, um in inniger Feindesliebe zu sprechen: »Man flucht uns, wir segnen!«[10] Wäre dies wirklich im Sinne von Jesus? Ist nicht ein entschiedenes Auftreten, notfalls auch in harscher Tonart, genauso Christenpflicht?

Schon in der Urkirche wurde – wie man in einer der Spätschriften des Neuen Testaments, im Zweiten Brief an Timotheus, nachlesen kann – einem Prediger des Evangeliums in beschwörendem Tonfall empfohlen: »Verkünde das Wort, tritt dafür ein, ob man es hören will oder nicht! Weise zurecht, tadle, ermahne, in unermüdlicher und geduldiger Belehrung! Denn es wird eine Zeit kommen, in der man die gesunde Lehre nicht erträgt, sondern sich nach eigenen Wünschen immer neue Lehrer sucht, die den Ohren schmeicheln, und man wird der Wahrheit nicht mehr Gehör schenken, sondern sich Fabeleien zuwenden.«[11]

Frage: Hätte der Mann aus Nazareth diesen Umgang mit Gegnern gutgeheißen?

»Welchen Jesus hätten Sie denn gern ...?«

Man kennt die Szene: Jesus wird im Garten Gethsemane verhaftet, lässt sich widerstandslos festnehmen und untersagt Simon Petrus, mit dem Schwert dreinzuschlagen. Im Verhör vor dem Hohen Rat, als »viele falsche Zeugen«[12] gegen ihn auftreten und ihre hanebüchenen Beschuldigungen vorbringen, schweigt der Meister. Selbst als er gefragt wird, ob er denn nichts zu dem sagen wolle, was die Leute gegen ihn vorbringen, erwidert Jesus nichts. Erst mit der Frage, ob er womöglich der Messias sei, lockt ihn der Hohepriester aus der Reserve. Darf man daraus als Maxime für jesusgemäßes christliches Handeln ableiten: Bekennen, ja – aber auf jeden Unsinn etwas erwidern oder überhaupt reagieren, nein?

Dem frommen Gläubigen, den Johann Sebastian Bach in der *Matthäuspassion* das Leiden Jesu betrachten lässt, fällt es auf: »Mein Jesus schweigt zu falschen Reden stille ...« Aber Jesus handelt so eben nur in der Matthäuspassion bzw. in den Versionen der Leidensgeschichte, die man bei den beiden anderen Synoptikern – bei Markus und Lukas – nachlesen kann. Der Jesus der Johannespassion schweigt *nicht* stille, sondern gibt dem Hohen Priester eine Antwort, die in den Ohren eines der anwesenden Knechte dermaßen frech klingt, dass sich dieser dazu hinreißen lässt, Jesus auf der Stelle einen »Backenstreich«[13] zu versetzen. Worauf Jesus keineswegs aus der Fassung gerät, sondern ihm geduldig belehrend erwidert: »Wenn es nicht Recht war, was ich gesagt habe, dann weise es nach; wenn es aber Recht war, warum schlägst du mich?«[14]

Einmal redet er, einmal hält er den Mund. Wenn es darum ging, Verlogenheit beim Namen zu nennen, hat Jesus ebenfalls nicht geschwiegen. Die Pharisäer waren sozusagen seine Lieblingsfeinde. Ihnen gegenüber hat der für Feindesliebe eintretende Meister nicht nur Worte der Nettigkeit verwendet – man könnte sogar sagen, er hat sie wüst beschimpft.

Ausdrücke wie »Natterngezücht« und »Schlangenbrut«[15] konn-

13

ten von den Adressaten ebenso wenig missverstanden werden wie der Vorwurf: »Weh euch, ihr Schriftgelehrten und Pharisäer, ihr Heuchler! Ihr seid wie die Gräber, die außen weiß angestrichen sind und schön aussehen, innen aber sind sie voll Knochen, Schmutz und Verwesung.«[16]

Und als es galt, die Geldwechsler aus dem Tempel zu scheuchen, nahm Jesus Stricke und bastelte sich daraus eine Geißel, um ein Exempel von prophetischer Zeichenhaftigkeit zu statuieren.[17]

Wie man sieht, ist der Fall keineswegs eindeutig. Es gibt nicht »die« Antwort, nicht die eine und einzig richtige Lösung unseres Problems. Der besonnene Gläubige, der zu Verhöhnungen heiliger Dinge vornehm schweigt, kann sich ebenso auf das Beispiel Jesu berufen wie jener, den es empört, wenn ein Christ nicht aufbegehrt, und der den Frevlern eher die Pest an den Hals wünschen möchte, als sie zu segnen. Aber damit sind wir schon mitten in der Auseinandersetzung mit den »Jesus-Fälschern«, um die es in diesem Buch geht.

Mit Norbert Müller möchte man, angesichts der Fülle von Bildern, die wir von Jesus Christus haben, fragen: *»Welchen Jesus hätten Sie denn gern ...?«* Und zu welcher Gelegenheit? Das süße Jesuskind der Weihnachtskantaten? Den streitbaren Anwalt der Armen und Entrechteten? Den Verkünder von Pazifismus und Feindesliebe der Bergpredigt? Den Eiferer, der die Händler aus dem Tempel jagt, der seine Gegner verflucht, sich zum Todfeind der Bürger macht? Den jüdischen Wanderprediger mit seinem unermüdlichen Einsatz für den mosaischen Glauben? Den Heiland der Heiden? Den Leidenden der Passionsgeschichte?«[18]

Wenn es lediglich darum ginge, den verfälschten Jesus als verfälscht zu entlarven und abstruse Behauptungen anhand des historisch Gesicherten zurechtzurücken, wäre es wahrlich schon schwierig genug. Es bleibt aber auch innerhalb der seriösen Auseinandersetzung mit Jesus die Frage, welcher Jesus der »richtigere« Jesus ist, und es bleibt einem nicht erspart, sich zu entscheiden, welchen man sich in welchen Situationen zum Vorbild nehmen darf.

Jesus war nicht so, wie ihn die Kirche sieht, sagen die einen. Die anderen sagen: Jesus war nicht so, wie ihn gewisse Buchautoren propagieren! Fälschungen oder Enthüllungen von Gefälschtem – was ist die Wahrheit? Die einen werfen den anderen vor, sie würden den wahren Jesus verfälschen, und die anderen spielen den Ball zurück und sagen: Nicht wir, sondern ihr seid die wahren Jesus-Fälscher!

Im Folgenden wollen wir die Spur der Jesus-Fälscher aufnehmen und ihre spannende und verblüffende Geschichte nachzeichnen. Eine Geschichte, die nicht an der Oberfläche der aktuellen Diskussion bleibt, sondern tiefer blickt: hinein in ein jahrhundertealtes Dickicht von Fälschung und Wahrheit. Es geht darum, dem Leser einen verlässlichen Reiseführer durch diesen Dschungel anzubieten, in dem am Ende irgendwo auch der unverfälschte Jesus verborgen sein muss.

Dieses Buch will sich bemühen, den schwierigen Spagat zwischen gelassener Heiterkeit und ernsthafter Erwiderung zu schaffen, ohne in die Falle lächerlicher Entrüstung zu gehen – aber auch ohne der Versuchung zu erliegen, um einer Pointe willen die Wahrheit zu verraten.

Ich bin dem Knaur-Verlag zu Dank verpflichtet, dass er sich entschlossen hat, diese Neuausgabe eines meiner wichtigsten Bücher zu veröffentlichen, weil mir so Gelegenheit gegeben wurde, meine bereits mehrfach überarbeitete Studie in einer aktualisierten und neu auf den Punkt gebrachten Form vorzulegen.

Das falsche Spiel mit dem »wahren« Jesus
Jesus-Fälscher auf dem Prüfstand

> Du und ich, wir mögen nicht der gleichen Meinung sein –
> selbst bis zum Schluss unserer Auseinandersetzung nicht.
> Aber wir wollen doch wenigstens keinen Unsinn reden …
> CLIVE STAPLES LEWIS (1898–1963)

Es ist schon erstaunlich: Da laufen den christlichen Kirchen scharenweise die Leute davon, aber der zwei Jahrtausende alte Markenartikel, den die Institution Kirche im Angebot hat, ist nach wie vor heiß begehrt. Das Interesse an Jesus ist größer als je zuvor. Immer mehr Menschen möchten Genaueres über ihn wissen, möchten erfahren, wie der Mann aus Nazareth wirklich war – was er dachte und was er tat, was er sagte und woran er glaubte, bevor er selbst zum Glaubensartikel wurde. Die »Neuevangelisierung«, von der die Kirchenoberen träumen, hat offenbar längst begonnen – nur hält sie sich nicht an die Spielregeln der Träumer.

Jesus – Everybody's Darling

Was den altehrwürdigen Jesus-Vermarktern selbst mit raffiniertestem Werbeaufwand nicht mehr gelingt, läuft abseits der kirchlichen Bahnen wie von selbst. Die Nachricht des Mannes aus Nazareth spricht sich herum – auch ohne Bibelstunden und Kirchentage, ohne das obligatorische dogmatische Zubehör. »Jesus ja, Kirche nein«, heißt die Devise. Nachdem in den frühen 70er-Jahren die Hippie-Generation Jesus zum Superstar gekürt hatte, feierte er kurz vor seinem zweitausendsten Geburtstag wieder einmal ein großes Comeback.

Sinnsucher finden in ihm den Guru. Aussteiger aus dem Korsett der abendländischen Denkschablonen sehen in ihm den universellen Weisheitslehrer. Psychologen erkennen in seiner Gestalt einen Archetyp für den ganzheitlichen Menschen. Feministinnen entdecken ihn als frauenfreundlichen Softie. Sensiblen Männern zeigt er sich als das Idealbild eines neuen Mannes. Politisch Entrechtete wählen ihn als Verbündeten für ihren Befreiungskampf. Mühseligen und Beladenen aller Art ist er ein Helfer, Heiler und Lebensbegleiter.

Jesus – Everybody's Darling, der Mann für alle Jahreszeiten, der große Bedürfnisbefriediger. Darf das sein? Ist es nicht eine riesengroße Verfälschung des Mannes aus Nazareth, wenn man in ihm nur die Erfüllung dessen sieht, wonach man sich sehnt und was man sich wünscht? Oder ist es am Ende ohnehin genau das, was er sich selbst immer gewünscht hat? Immerhin hat er seinerzeit laut und deutlich erklärt: »Kommt alle zu mir, die ihr mühselig und beladen seid! Ich will euch erquicken.«[1]

Was ist los mit diesem Jesus? Wieso interessieren sich die Leute in einem solchen Ausmaß für ihn? Wie kommt es, dass man auch heute noch Neues über ihn erfahren kann? Sensationell Neues sogar!

Sensationelle Enthüllungen

Nicht wenige seiner Worte werden auf einmal ganz anders interpretiert, als man sie bisher immer verstanden hat. Gewisse Züge an seiner Persönlichkeit erscheinen plötzlich in einem anderen Licht. Gewisse Details in seiner Biografie, die man bisher unter den Teppich gekehrt hat, werden ohne falsche Scham enthüllt – nach dem Motto: »Was Sie schon immer über Jesus Christus wissen wollten, bisher aber nicht zu fragen wagten.«

Zum Beispiel, dass der Mann, den die auf dem strikten Zölibat ihrer Priester beharrende katholische »Männerkirche« nach wie vor als Vorbild verehrt, selber ganz und gar nicht zölibatär gelebt habe. Der Jesus, den die Kirchen in den Himmel gejubelt haben, sei eine Fälschung; der wirkliche Jesus sei nämlich ein stinknormaler Ehemann und Vater von Kindern gewesen – ja, es kommt noch dicker: Sechs Jahre nachdem ihn seine Frau verlassen hat, habe Jesus ein zweites Mal geheiratet.[2]

Klar, dass die am Machterhalt interessierten Führungsetagen der Nachlassverwalter Jesu kein Interesse daran haben, dass solche peinlichen Wahrheiten öffentlich bekannt werden – genauso wenig wie die lange Zeit totgeschwiegene Tatsache, dass Jesus nach seiner Auferstehung nach Indien ging und dort in hohem Alter friedlich verschied.[3]

Nach seiner Auferstehung? Selbstverständlich. Aber nicht als Lichtgestalt oder mit einem ätherischen Leib, sondern als Wesen von Fleisch und Blut. Denn Jesu so genannte Auferstehung habe in Wirklichkeit gar nicht stattgefunden.[4] Wie könnte sie auch! Dass Tote wieder lebendig werden, komme nur in den Märchen vor, nicht aber in der Welt, in der wir nun einmal leben.

Wie es dann trotzdem dazu gekommen sein kann, dass nach dem Fiasko von Golgatha ein harter Kern von Jesus-Treuen hartnäckig behauptet hat, der Gekreuzigte lebe wieder und sei ihnen erschienen?

Einbildung, Autosuggestion, Hysterie? Nicht unbedingt, sagen die Enthüller der neuen Jesus-Wahrheit. Die Erscheinungen könnten durchaus echt gewesen sein, nur lassen sie sich keineswegs auf übernatürliche Ursachen zurückführen. Zum Beispiel könnten sich die Apostel schlicht und einfach getäuscht haben, als sie meinten, Jesus zu sehen. Nach der Kreuzigung sei einer von Jesu Brüdern in der Öffentlichkeit aufgetreten und man habe ihn wegen seiner täuschenden Ähnlichkeit für Jesus gehalten, wie einer der Autoren dieser neuen Jesus-Bücher mutmaßt.[5]

Eine Reihe von anderen Autoren weiß es noch besser. Diejenigen, die meinten, Jesus zu sehen, hätten sich nicht einfach getäuscht, sondern seien absichtlich getäuscht worden. Jesus habe

19

die Kreuzigung überlebt. Die ganze Sache sei von vornherein als ein Täuschungsmanöver inszeniert worden. Eine Intrige geheimer Hintermänner, die Bestechung der römischen Exekutive und eine medizinische Intensivbehandlung machten möglich, was Uneingeweihte für ein Wirken des Allmächtigen hielten. Nicht irgendeine personifizierte illusionäre Wunschidee namens Gott, sondern die Cleverness einer geheimen Sekte sei es gewesen, die in den Anhängern des gekreuzigten Galiläers den Glauben erweckte, ihr Herr und Meister sei nach drei Tagen Aufenthalt in der Felsengruft als Sieger über den Tod wieder zum Leben erwacht.[6]

Übrigens könne man heute noch zweifelsfrei erkennen, dass Jesus nicht am Kreuz gestorben sein kann. Denn eine Blutspur am Turiner Grabtuch sei der eindeutige Beweis, dass Jesus noch geblutet hat, als er in dieses Tuch eingewickelt war – und Leichen bluten bekanntlich nicht, wie auch Nichtmediziner wissen.

Wieso das alles erst jetzt ans Tageslicht kommt und nicht schon viel früher von scharfsinnigen Denkern erkannt worden ist? Ganz einfach: Über die wahren Hintergründe habe man deswegen so lange nichts gewusst, weil wichtige Dokumente erst im letzten Jahrhundert aufgefunden wurden – so etwa die Schriftrollen in den Höhlen von Qumran am Toten Meer. Und weil die Entzifferung dieser Schriften den totalen Zusammenbruch des von der Kirche wissentlich gefälschten Jesus-Bildes bedeuten würde, wehre sich der Vatikan natürlich mit Händen und Füßen gegen die Enthüllung der Wahrheit.

Wenn man bedenkt, dass Verlage Bücher nicht produzieren, um unverkäufliche Ware in den Regalen zu stapeln, kann man allein schon an der Menge der vorhandenen Jesus-Literatur ablesen, dass das Interesse an Jesus enorm ist. Das Eigentümliche ist freilich, dass das Lesepublikum Bücher mit seriösen Informationen über Jesus links liegen lässt und nichts dabei findet, selbst haarsträubende und völlig verrückte Spekulationen für bare Münze zu nehmen.

Falsches Zeugnis wider Jesus

Albert Schweitzer (1875–1965) hat bereits 1906 in seiner *Geschichte der Leben-Jesu-Forschung* festgestellt, dass es leider der Fall sei, dass gewisse Autoren »immer neue gefälschte Porträts von dem historischen Jesus entwerfen und meinen, etwas erreicht zu haben, wenn sie der Menge ein ›Ah!‹ entlocken, wie es dem Haufen der Großstadt entfährt, der einen Augenblick vor einem neuen Reklamebild stehen bleibt«.[7]

Diesem Stoßseufzer des Theologen, Philosophen, Mediziners und Musikers Albert Schweitzer kann man sich nur vollinhaltlich anschließen. In der Tat, das ist eben das Problem, dass ein solches »Ah!« und »Oh!« von einem unkritischen Lesepublikum bereits für ein »Alpha« und »Omega« gehalten wird!

Wiewohl an seriösen Jesus-Büchern durchaus kein Mangel herrscht, haben die unseriösen den größeren Erfolg. Dies hat mich auf die Idee gebracht, der Sache nachzugehen. Ich wollte Publikationen, die falsches Zeugnis wider Jesus geben, kritisch unter die Lupe nehmen.

Mit dem Ausdruck »falsches Zeugnis« ist nicht gemeint, dass diese Leute etwas Falsches glauben, also etwas für wahr halten, das im Sinne der Kirche dogmatisch nicht korrekt wäre. Falsch ist dieses Zeugnis vielmehr, weil es die historische Wahrheit über Jesus verfälscht.

Fragen des Glaubens – darauf muss mit aller Deutlichkeit hingewiesen werden, weil es hier die größten Missverständnisse gibt! – spielen in dieser Auseinandersetzung überhaupt keine Rolle. Es geht nicht darum, ob es zum Beispiel richtig oder falsch ist zu sagen, dass Jesus von Nazareth lediglich ein »Menschensohn«[8] war und in welchem Sinn er vielleicht auch als »Sohn Gottes« bezeichnet werden könnte. In der Auseinandersetzung mit den unseriösen Jesus-Büchern geht es nicht um die Bedeutung, die Jesus für bestimmte Menschen hat, sondern lediglich um die Frage, ob das, was in diesen Büchern behauptet wird, den Tatsachen entspricht.

Ich will es an einem Beispiel aus der Welt der Musik verdeutlichen. Als die Opernfreunde im 19. Jahrhundert darüber stritten, was von den Musikdramen Richard Wagners zu halten sei, hatten die »Wagnerianer« naturgemäß andere Ansichten als die »Anti-Wagnerianer«. Dennoch konnte und kann man über den Komponisten durchaus unterschiedlicher Meinung sein und darf seine Musik – je nach Geschmack – für schlechthin genial halten oder aber als nichtssagend abtun, ohne wegen eines solchen Werturteils Gefahr zu laufen, ein »Wagnerfälscher« genannt zu werden. Wagner*fälschung* wäre es allerdings, würde man behaupten, Wagner habe überhaupt nicht gelebt, die ihm zugeschriebenen Opern stammten in Wirklichkeit von Mozart, oder ein Dichterkomponist namens Wagner hätte zwar gelebt, wäre aber nicht, wie man bisher immer geglaubt hat, 1883 in Venedig gestorben, sondern sei von Außerirdischen entführt worden, habe nach seinem vermeintlichen Tod in Indien oder in Japan bzw. in Amerika gelebt und Ähnliches mehr.

So lächerlich und an den Haaren herbeigezogen derlei auch erscheinen mag: Sobald es um Jesus geht, werden solche Dinge durchaus ernsthaft behauptet – und geglaubt. Darum ist es das Ziel meines Buches, genau jene anzusprechen, die den Thesen der »Jesus-Fälscher« unkritisch Glauben schenken. Ich will versuchen, an den gesunden Menschenverstand der Leser zu appellieren und ihnen durch leicht nachvollziehbare Argumente die Augen zu öffnen, um sie selber entdecken zu lassen, wie falsch und unhaltbar diese abstrusen Thesen über Jesus in Wirklichkeit sind.

1. Die Knüller der »Enthüller«
»Ah!« und »Oh!« statt Alpha und Omega

Menschen, die gar nicht dazu qualifiziert sind, deren Ignoranz geradezu
verbrecherisch ist, die über die wissenschaftliche Theologie hochfahrend
schelten, statt sich auch nur einigermaßen mit ihren Forschungen vertraut zu machen, fühlen sich gedrungen, ein Leben Jesu zu schreiben,
um in einer von vornherein unhistorischen Schilderung ihre religiöse
Weltanschauung zur Darstellung zu bringen. Und das Abstruseste findet
Beifall und wird gierig von der Menge verschlungen.
ALBERT SCHWEITZER (1875–1965)

Wer war er? Von wann bis wann hat er gelebt? Wie ist er
gestorben?

Wie alt war er bei seinem Tod? Was für religiöse Vorstellungen
hatte er? Waren es dieselben wie die seiner Zeitgenossen? Wer
oder was ist daran schuld, dass er gerade so gestorben ist, wie er
gestorben ist?

Wie kam es, dass sein Leichnam nicht in einem Grab verwest
ist? Was lässt sich historisch hieb- und stichfest über ihn sagen?

Muss nicht das meiste Spekulation bleiben? Und wie kann man
sicher sein, dass das Ganze nicht bloß ein riesengroßer Schwindel
ist? Vielleicht hat jemand die Leiche gestohlen und die Leute absichtlich an der Nase herumgeführt?

Hypothesen. Behauptungen. Widerlegungen, Meinungen und
Gegenmeinungen. Wer war er?

Wer war er?

Die Öffentlichkeit interessiert sich brennend für ihn. Alles an ihm wird bis ins kleinste Detail erforscht. Sogar Gerichtsmediziner und Kriminalisten legen sich ins Zeug. Experten geraten sich seinetwegen in die Haare. Die einen sind begeistert, die anderen bleiben nüchtern. Aber alle möchten möglichst genau wissen, was es mit ihm auf sich hat. Schließlich wird sogar darüber gestritten, auf welche Seite er eigentlich gehört. Doch er schweigt und gibt sein Geheimnis nicht preis.

Vieles an ihm wird für immer und ewig ein Geheimnis bleiben. Anderes freilich wissen wir mittlerweile sehr genau. Zum Beispiel, wie groß er war – oder dass er nach seinem Tod ganz sicher in kein Leichentuch eingewickelt worden ist. Und so manche verblüffende Einzelheit, nach der zu fragen uns nie in den Sinn gekommen wäre, wurde durch die präzisen Analysen der Wissenschaftler ermittelt. Etwa, dass in seinem Darm Parasiten nisteten – oder dass Teile seiner Haut tätowiert waren.

Wer war er? Wie hieß er? Wir wissen zwar, wie er aussah, aber wir kennen nicht einmal seinen Namen. Der Name, den ihm die Wissenschaft gegeben hat, ist nur ein Hilfsausdruck. Für die Altertumskundler ist er »der Mann vom Hauslabjoch«, das Volk aber nennt ihn liebevoll »Ötzi«.[1]

Ein Déjà-vu-Erlebnis besonderer Art

Der Mann, dessen Leiche das Gletschereis in den Ötztaler Alpen 1991 freigegeben hat, hat nach Meinung von Experten im 4. Jahrhundert vor Christi Geburt gelebt.

Seine Entdeckung fand im hellen Licht des modernen Medienzeitalters statt. Nicht in jenen finsteren Zeiten, wo man in einem zufällig ausgegrabenen Archaeopteryx-Flügel die schwarze Schwinge eines gefallenen Engels erblickte und dann in frommer

Scheu die Knochen als vermeintliche luziferische Reliquie feierlich verbrannte. Ötzis Leiche, Ötzis Kleider und jedes Milligramm von Ötzis Gepäck wurde behandelt wie das Allerheiligste. Und die Neuigkeiten, die die Wissenschaftler verkündeten, wurden Tag für Tag mit Spannung erwartet.

Der Leib Ötzis, zur Schau gestellt. Die interessierte Öffentlichkeit war live dabei und konnte mitverfolgen, wie anhand der aus dem Eis geborgenen sterblichen Überreste eines Menschen aus grauer Vorzeit ganz bestimmte Prozesse abliefen.

Prozesse, die jedem, der sich ein wenig in der Kirchengeschichte auskennt, ein Déjà-vu-Erlebnis besonderer Art bescherten: Hypothesen wurden aufgestellt, Fakten wurden hinterfragt, Theorien wurden entwickelt und wieder verworfen.

Forscher bezichtigten einander der Stümperei und des fahrlässigen Umgangs mit der Wahrheit.

Konkurrierende und einander zum Teil widersprechende Schriften wurden veröffentlicht, von denen jede behauptete, nur sie würde die einzig richtige Wahrheit über das archäologische Großereignis enthüllen.

Rationale Menschen und zur Sachlichkeit verpflichtete Wissenschaftler gerieten ins Schwärmen.

Skeptiker versuchten, die ganze Angelegenheit als eine gezielte Irreführung, als Schwindel und als Fälschung zu erklären.

Eine Betrugshypothese wurde aufgestellt. Einem weltberühmten Bergsteiger wurde zugetraut, er habe die Sache inszeniert, indem er sich irgendwo eine uralte Mumie besorgte, sie heimlich ins Hochgebirge schaffte und im Eis verscharrte.

Sagenforscher fanden das Schicksal des historischen Ötzi in den uralten, mündlich überlieferten Sagen der Alpenbevölkerung bestätigt und versuchten deshalb, mit Hilfe des tradierten Erzählmaterials mehr über die näheren Lebensumstände der Gletschermumie zu ermitteln, als der archäologische Befund hergab.

Menschen gewannen einen persönlichen Zugang zu einem Mann, der Jahrtausende vor ihnen gelebt hatte. Kinder aus der

Gegend, in der der Mann vom Hauslabjoch gefunden worden war, schlossen ihren Ötzi ins Herz und begannen, sich mit ihm als ihrem Urahn zu identifizieren.

Schließlich kam es zum Streit, wem der Ötzi eigentlich gehört. Die eine wie die andere Seite forderte ihn für sich. Gehörte er noch zu Österreich, oder lag er bereits in italienischem Hoheitsgebiet? Um die Frage zu entscheiden, wurde sogar der genaue Verlauf der Grenze im Hochgebirge fein säuberlich nachgemessen.

Und dann hatte auch noch ein visionär begabter Maler seinen Auftritt im Fernsehstudio, um vor laufender Kamera ein Bild des Toten vom Hauslabjoch zu zeichnen und überdies der erstaunten Diskussionsrunde zu offenbaren: Jener Urtiroler habe damals nicht einfach einen tragischen Unfall erlitten, vielmehr sei er mit seiner ehernen Axt, in der man keine Waffe erblicken dürfe, sondern ein Kultgerät, einzig und allein aus religiösen Motiven den Berg hinaufgestiegen, und sein Tod sei im Grunde nichts anderes gewesen als ein freiwilliger Opfertod.

Widersprüchliche Deutungen, Kränkungen hier, Beleidigungen dort, Parteibildungen und Schulterschlüsse gegen echte oder vermeintliche Gegner. Und nicht zu übersehen: trotz hochkarätiger Wissenschaftlichkeit jede Menge Mystifizierung und Mythologisierung.

Da staunt der Laie, doch den Fachmann wundert's nicht. Neutestamentler, Kirchengeschichtler und erst recht die Religionspsychologen hatten ihre helle Freude angesichts der ihnen wohl bekannten Phänomene. Nur dass sie das, was sie im Fall von Jesus in unendlich mühsamer Kleinarbeit aus dem Bestand der erhaltenen Texte rekonstruieren müssen, hier vor dem Fernsehschirm gleichsam wie in einem Reagenzglas beobachten konnten.

Hie Ötzi, hie Jesus. Im zeitgenössischen Streit um den Mann aus dem Eis ging es nicht anders zu als im Streit um Jesus. Das Bemühen, möglichst genau zu erhellen, wer er gewesen ist, war eine jahrhundertelange Auseinandersetzung, bei der die Fetzen nur so flogen.

Man braucht nur in den Dokumenten der offiziellen kirchlichen Lehrverkündigung zu blättern, um einen Eindruck über das Hickhack zwischen rechtgläubiger Meinung und ketzerischer Gegenmeinung zu gewinnen. Da die amtlichen Definitionen meist nur formuliert wurden, um Häresien zu bannen, haben die Texte den diskreten Charme von doppelt belichteten Fotos: Durch das retuschierte Bild schimmert noch das Anstößige des zu retuschierenden Bildes hindurch.

Hickhack im Namen des Glaubens

Unzählige Male wurde – wie im folgenden Beispiel aus dem 6. Jahrhundert, wo es um die »zwei Geburten« Jesu ging – die Formel »anathema sit« verwendet, jener Bannfluch, der besagte, dass derjenige aus der kirchlichen Gemeinschaft auszuschließen sei, der eine bestimmte häretische Meinung vertrat: »Wer nicht zwei Geburten des göttlichen Wortes bekennt, die eine von Ewigkeit aus dem Vater, zeitlos und körperlos, die andere in den letzten Tagen, da er herabkam aus den Himmeln und Fleisch geworden ist aus der heiligen glorreichen Gottesgebärerin und immer währenden Jungfrau Maria und aus ihr geboren wurde, der sei ausgeschlossen.«[2]

Zeter und Mordio schrie ein Papst des 8. Jahrhunderts gegen gewisse Bischöfe auf der Iberischen Halbinsel, die dem so genannten Adoptianismus anhingen – einer aus römischer Sicht irrigen Lehre, der zufolge »das göttliche Wort kraft der ewigen Zeugung aus dem Vater eine natürliche Sohnschaft« besitzt, dem aus Maria geborenen Jesus allerdings nur »eine Sohnschaft durch Kindschaftsannahme« zukommt.

»Zanksüchtige, dem Zorne Gottes verfallene Verleumder« waren die Vertreter dieser Glaubenslehre in den Augen des Stellvertreters Christi auf Erden.

Papst Hadrian I. im Originalton: »Ihr habt euch nicht gescheut, mit gifterfülltem Munde unseren Erlöser einen angenommenen Sohn zu nennen, als wenn er ein bloßer Mensch wäre, der der menschlichen Schwäche unterworfen ist. Ja, man schämt sich, es zu sagen, ihr Ehrfurchtslosen und Undankbaren habt ihn einen Knecht genannt. Scheut ihr zanksüchtigen, dem Zorne Gottes verfallenen Verleumder euch denn nicht, jenen einen Knecht zu heißen, der euch von der Knechtschaft des Teufels befreit hat?«[3] Verglichen mit anderen Wortmeldungen, die im Lauf von fast zwei Jahrtausenden christlicher Glaubensgeschichte über die Lippen gebracht und im Schriftsatz schwarz auf weiß festgehalten wurden, mutet das, was jene adoptianisch gesinnten Bischöfe Jesus nachgesagt haben und wogegen ein Papst so wortgewaltig zu wettern sich bemüßigt fühlte, nachgerade harmlos an.

Jesus – eine »grauenhafte Erscheinung«

Ein Mann wie Bruno Bauer (1809–1882) legte da schon ganz anders los. Die Sache mit Jesus sei eine reine Erfindung, befand er auf Grund seiner kritischen Studien. Das gesamte Neue Testament ist in seinen Augen eine Fälschung aus dem zweiten Jahrhundert. Wäre der Jesus, den die Evangelien zeigen, eine wirkliche geschichtliche Erscheinung gewesen, sagte der aus Sachsen stammende, in einem protestantischen Elternhaus aufgewachsene Bibelkritiker, dann wäre dieser Jesus »eine Erscheinung, vor welcher der Menschheit grauen müsste, eine Gestalt, die nur Schrecken und Entsetzen einflößen könnte«.[4] »Alles, was von Jesus gesagt wird, gehört der Welt der christlichen Vorstellung an und hat »mit einem Menschen, der der wirklichen Welt angehört, nichts zu tun.«[5]

Einen Bannfluch aus Rom hatte der protestantische Theologe des 19. Jahrhunderts nicht zu befürchten. Diesbezüglich gingen die Uhren längst anders als im Mittelalter. Aber sein »Der sei ausgeschlossen!« erlebte er dennoch. Bei aller Liberalität und prinzipieller Lehrfreiheit: So viel Humor hatten die lutherischen Kirchenoberen denn doch wieder auch nicht, einen Mann, der die These vertrat, dass Jesus gar nie gelebt habe, weiterhin auf die Lehrkanzel steigen zu lassen, auf dass er zukünftigen Predigern und Pfarrern seine Spezialwahrheiten über Jesus verkünde.

Gekreuzte Klingen und Kohlköpfe

Der spanische Regisseur Luis Buñuel lässt in seinem Film »Die Michstraße«[6] zwei Landstreicher von Paris nach Santiago de Compostela gehen. Auf dem alten Pilgerweg beginnt für die beiden die Geschichte lebendig zu werden. Die Clochards mit den Apostelnamen Pierre und Jean werden unvermutet in eine Fülle von Episoden aus der abendländischen Kirchengeschichte hineingezogen und erleben teils belustigt, teils interessiert, meist aber verwundert und fassungslos mit, wie Anhänger ein und desselben Jesus wegen unterschiedlicher Auffassungen über seine Lehre einander nicht nur mit Worten fertig machen, sondern sich auch mit gekreuzten Klingen duellieren, und wie schließlich dieselben Leute, die sich eben noch bis aufs Blut befehdet haben, nach einer Art rituellem Palaver dann doch wieder recht prächtig miteinander zu koexistieren vermögen.

Da vorauszusehen war, dass Buñuels »Milchstraße« – nach Einschätzung des *Lexikons des Internationalen Films* eine »Episodenrevue«, die einer »kabarettistischen Dramaturgie«[7] folgt – von den Zuschauern als reichlich übertrieben, ja, als boshafte Ausgeburt der Fantasie eines notorisch blasphemischen und auf Obszönitäten fixierten Kirchenkritikers angesehen werden könnte, erhielten die Zuschauer im Nachspann zum Film gleichsam als Über-Gag die Information: »Alles, was in diesem Film über den katholischen Glauben und über die Häresien, die aus ihm entstanden sind, ausgesagt wird, entspricht genau der dogmatischen Position der Kirche. Die Texte und Zitate sind entweder der Heiligen Schrift

29

entnommen oder stammen aus alten und modernen Werken der Theologie und Kirchengeschichte.«[8]

Apropos dogmatische Positionen der Kirche: Insbesondere in den stürmischsten Phasen der Dogmenentwicklung war es keineswegs immer so klar, was nun gerade jeweils rechtgläubige Lehre und was verwerfliche Ketzerei war. Mit den Worten ließ sich – um mit Goethes Mephistopheles zu sprechen – so trefflich streiten, dass die mit ihnen gebildeten Begriffssysteme wie ein Kaleidoskop in alle Richtungen funkelten. Jede dogmatische Formulierung konnte möglicherweise auch eine Häresie sein. Oder wie Papst Benedikt XVI. – der frühere Kardinal Joseph Ratzinger und Präfekt der Römischen Glaubenskongregation – seinerzeit als Theologieprofessor in Tübingen geschrieben hat: »Jeder der großen Grundbegriffe der Trinitätslehre ist einmal verurteilt worden; sie sind alle nur durch diese Durchkreuzung einer Verurteilung hindurch angenommen.«[9]

Luis Buñuel und sein Drehbuchautor Jean-Claude Carrière haben keineswegs übertrieben; ja, man wird sagen müssen, dass manches in dem dogmatischen Panoptikum der »Milchstraße« sogar noch untertrieben ist. Während sich z. B. in einer Szene des Films der Chefkellner eines Restaurants mit dem Personal über Fragen erhitzt, die so manche Konzilien bewegt haben, haben sich seinerzeit beim Ersten Ökumenischen Konzil von Nicäa im Jahr 325 neben den hochrangigen Kirchenfunktionären auch die Gemüsefrauen auf dem Markt vom Fieber der theologischen Tagespolitik anstecken lassen und die jeweils rechtgläubigen Ansichten über Jesus so eifrig mitdiskutiert, dass sie als flankierende Maßnahme der Argumentation sogar die an und für sich zum Verkauf bestimmten Kohlköpfe als Wurfgeschosse einsetzten und der gegnerischen Seite an den Kopf warfen[10], um sie davon zu überzeugen, dass der Sohn mit dem Vater wesensgleich und Jesus nicht bloß gottähnlich, sondern gottgleich zu nennen ist.

Einen fernen Nachklang dieser auch an der Basis mit großer Ereiferung geführten und ganz gewiss nie von Missverständnissen freien Auseinandersetzung um das rechte Jesus-Bild konnte man in einer Livesendung des Österreichischen Rundfunks vernehmen, als sich eine Anruferin in der Debatte um das Jesus-Buch von Alfred Worm[11] zu Wort meldete und sich darüber entrüstete, dass der Journalist so unverschämt gewesen sei, Jesus Christus als »Fresser und Weinsäufer« hinzustellen.

Nun kann man freilich so manches an Alfred Worms Ausführungen kritisieren, z. B. wenn er alle differenzierenden Einsichten in den spezifischen Charakter der innerjüdischen Polemik im Neuen Testament ignoriert und sich zu Formulierungen wie diesen versteigt: »Solange schon den Kindern diese Bibel in kleinen Dosen eingeflößt und dieses Neue Testament mit den schrecklichen Antijudaismen unter den Christbaum gelegt wird, darf sich niemand über den braunen Bodensatz unserer Gesellschaft wundern.«[12] Und: »Wäre das NT nicht das NT, sondern – im gleichen Wortlaut – ein Produkt der Gegenwart: Die Autoren kämen jedenfalls wegen NS-Wiederbetätigung vor den Strafrichter.«[13] Aber an der für fromme Ohren anstößigen Formulierung, Jesus sei ein »Fresser und Säufer« gewesen, ist der Autor allerdings unschuldig.

Die in Alfred Worms Jesus-Buch referierte Jesus-Bezichtigung stammt nicht von Alfred Worm. Sie stammt auch von keinem anderen Autor, der blindwütig darauf versessen wäre, den von der Kirche propagierten Jesus in die Pfanne zu hauen. Sie steht vielmehr im Neuen Testament und wird dort von niemand Geringerem in den Mund genommen als von Jesus selber. Als ihm seine Gegner vorhalten, dass er und seine Jünger in der Frage des Fastens offensichtlich keineswegs einen allzu strengen Standpunkt einnehmen, antwortet Jesus: »Johannes der Täufer ist gekommen, er isst kein Brot und trinkt keinen Wein, und ihr sagt: Er ist von einem Dämon besessen. Der Menschensohn ist gekommen, er isst und trinkt; darauf sagt ihr: Dieser Fresser und Säufer, dieser Freund der Zöllner und Sünder!«[14]

Was einem Adolf Hitler, einem Lenin oder einem Mao Tse-tung nur mit Hilfe diktatorischer Maßnahmen geglückt ist, schafft Jesus mit dem kleinen Finger. Seine Ideen sind in Millionenauflage erhältlich – und werden freiwillig gekauft und ernst genommen.

Was die publizistische Präsenz betrifft, ist Jesus der Dauerbrenner schlechthin. Über keine andere Persönlichkeit der Weltgeschichte wurde auch nur annähernd so viel geschrieben wie über ihn. Unzählige dieser Jesus-Bücher sind Bestseller – nicht erst in unserem Jahrhundert, sondern bereits seit Erfindung des Buchdrucks.

Selbstverständlich sind diese Bücher nicht alle von gleicher Qualität, die seriösen waren schon immer in der Minderheit. Gute Bücher über Jesus musste man schon immer mit der Lupe suchen bzw. aus einem Stapel frommer Schinken oder süßlichem Kitsch herausfischen. Doch die zwar gut gemeinten, aber nichtsdestoweniger dümmlichen bis schwachsinnigen Jesus-Bestseller interessieren heute keinen mehr. Heute führen vor allem solche Jesusbücher die Bestsellerlisten an, die der Kirche vorwerfen, sie habe Jesus und seine Botschaft verfälscht und sei deshalb auch daran interessiert, alle Dokumente, die das Gegenteil beweisen, unter Verschluss zu halten.

Man könnte meinen, in dieser unendlichen Debatte sei sowieso schon längst alles gesagt, was über Jesus zu sagen ist. Die Diskussion um ihn könnte irgendwann zu Ende sein. Tatsache ist allerdings, dass die Diskussion über ihn unermüdlich weitergeht. Immer wieder gibt es dieselben längst bekannten Frontstellungen: widersprüchliche Deutungen ein und desselben Faktums, Bezichtigungen hier, Verteidigungen dort, leidenschaftliche Behauptungen, leidenschaftliche Leugnungen, Thesen und Gegenthesen. Kann man nicht endlich einmal ein für alle Mal entscheiden, wer Recht hat? Könnte man es nicht zumindest einmal versuchen?

Selbstverständlich könnte man es versuchen. Es wurde unzählige Male versucht. Konzilien haben christologische Wahrheiten definiert und Irrlehren verurteilt – aber der Streit ging weiter. Die Theologie der Neuzeit hat den Unterschied zwischen dem Jesus der Geschichte und dem Jesus der Kirche, zwischen dem »historischen Jesus« und dem »Christus des Glaubens« entdeckt – aber der Streit geht weiter bis zum heutigen Tag.

So gut wie alle kritischen Fragen, die man im Zusammenhang mit Jesus überhaupt stellen kann, wurden bereits seit der Aufklärung gestellt und in einem zähen Ringen, das sich über zwei Jahrhunderte hinzog, in aller Ausführlichkeit erörtert und ausdiskutiert – ohne Rücksicht auf Verluste: ohne Rücksicht auf die Interessen der etablierten Großkirchen und ohne Rücksicht darauf, ob etwa das von den Kirchen propagierte Jesus-Bild auf der Strecke bleiben würde. Gerade die wachsten und kritischsten Köpfe waren es, die sich auf die Suche machten, mit strengen wissenschaftlichen Methoden den »historischen Jesus« hinter dem »Christus des Glaubens« aufzuspüren.[15]

Die Ergebnisse dieses Bemühens werden keineswegs in irgendwelchen düsteren Verliesen des Vatikans oder sonst wo unter Verschluss gehalten. Sie sind Wort für Wort veröffentlicht und jedem, der lesen kann, zugänglich. Dennoch erscheinen nach wie vor Bücher, die so tun, als ginge es darum, das Rad neu zu erfinden.

Jesus belebt das Geschäft

Da werden mit einem Pathos sondergleichen die urältesten Erkenntnisse der Leben-Jesu-Forschung als neue Entdeckungen gefeiert, da werden die trivialsten Binsenwahrheiten hinausposaunt, als ob es sich um sensationelle Enthüllungen handelte – und da werden ohne Scheu immer wieder auch eindeutig falsche und längst widerlegte Antworten aus der Mottenkiste hervorgeholt und als angeblich neue Forschungsergebnisse angepriesen.

Ist es bloß naive Unkenntnis? Ist es bornierte Ignoranz? Oder ist es gezielte Berechnung, aus der heraus dies geschieht? Tatsache ist jedenfalls: Jesus belebt das Geschäft. Clevere Verleger haben erkannt: Bücher mit dem Zauberwort »Jesus« im Titel gehen weg wie die warmen Semmeln.

Natürlich wird nicht jeder Titel der Jesus-Literatur ein Verkaufshit. Aber es ist nicht zu übersehen, dass gerade jene Titel den reißendsten Absatz finden, die dem Leser suggerieren, hier würde ihm endlich reiner Wein eingeschenkt, und die ihm versprechen, sie würden ihm enthüllen, was ihm die Kirchen sorgsam verschweigen.

Es ist immer dasselbe Theater. Die Autoren schreiben. Die Verlage produzieren. Die Buchhändler bieten feil. Die Leute kaufen – und die Fachleute ärgern sich. Weil sie schon wieder dasselbe tun müssen wie jedes Mal: Rezensionen schreiben, Interviews geben, von Talkshow zu Talkshow hetzen, Vortragssäle und Bildungshäuser abklappern – und das alles nur, um hanebüchene Thesen, die schon längst widerlegt worden sind, aus gegebenem Anlass abermals zu widerlegen.

Dass die Auseinandersetzung mit derlei »Neuigkeiten« den ernsthaften Bibelwissenschaftlern wertvolle Zeit stiehlt, die sie nutzbringender verwenden könnten, wäre schon Grund genug, sich zu ärgern. Mehr noch ärgern sich die Bibelprofis freilich über die Tatsache, dass sie in dem ganzen Spiel die Rolle des nützlichen Fachidioten übernehmen müssen.

Das Publikum will es so

Die Strategie, die dem von gewissen Autoren und Verlagen ganz bewusst inszenierten Spiel zu Grunde liegt, ist altbewährt. Ufo-Gläubige, die irgendwelche fliegenden Untertassen gesichtet haben wollen – oder gar heimlich unheimliche Begegnungen der dritten Art gehabt haben –, haben schon immer gewusst, wie man's machen muss – und Fantasiebolde und Scharlatane aller Art haben es ihnen nachgemacht. Das Rezept ist ganz einfach: Man konfrontiere die zuständigen Autoritäten mit seinen angeblichen Forschungsergebnissen und fordere sie zu einer Stellungnahme auf. Sodann lehne man sich getrost zurück und warte ab. Denn wie auch immer die Reaktionen ausfallen werden, man wird sie in jedem Fall zu seinen Gunsten verwenden können.

Im Fall von gesichteten Ufos sah das zum Beispiel so aus. Die Ufo-Gläubigen sagten sich: Kommt die Regierung unserem Ersuchen um Untersuchung des Ufo-Phänomens nach, dann können wir sagen, da seht ihr, wie brisant unsere Beobachtungen sind – sogar die Regierung lässt prüfen und untersuchen! Erfolgt jedoch keine Reaktion oder kommt die von der Regierung betraute Kommission womöglich zu dem Schluss, da sei nichts dran, dann können wir sagen, da seht ihr, wie brisant unsere Beobachtungen sein müssen, wenn man uns totzuschweigen versucht – bzw. wenn die politisch Verantwortlichen, um die Bevölkerung nicht zu beunruhigen, offensichtlich bemüht sind, alles herunterzuspielen, abzustreiten und zu vertuschen.

Tatsächlich laufen die Dinge auch im Fall der Jesus-Bücher sehr oft nach diesem Muster ab. Da kommen Publikationen mit den abenteuerlichsten und hanebüchensten Behauptungen auf den Markt; und je mehr und je wütender kirchliche oder kirchennahe Stellen dagegen wettern, umso freudiger reiben sich die Autoren und die Verlage die Hände. Verrisse schaden dem Buch keineswegs. Ganz im Gegenteil, sie machen auf das Buch aufmerksam und erhöhen die Nachfrage.

Rabiate Kritik von kirchlicher Seite verwandelt sich in eine ebenso kostenlose wie einträgliche Reklamemaßnahme – erbringt doch jeder, der das Buch in Grund und Boden kritisiert, nur den »Beweis« für das vorher suggerierte Vorurteil, dass die Kirche unliebsame Wahrheiten mit aller Gewalt vertuschen will. Plausibel klingende Schlussfolgerung: Wenn an den im Buch aufgestellten Thesen nichts dran wäre, würde »die Kirche« doch nicht so aufheulen!

Ist das Lesepublikum wirklich bereit, sich jeden erdenklichen Unsinn aufschwatzen zu lassen? Von Kurt Tucholsky (1890–1935) stammen die berühmten Verse: »Hochverehrtes Publikum, / sag mal: bist du wirklich so dumm, / wie uns das an allen Tagen / alle Unternehmer sagen? / Jeder Direktor sitzt auf dem Popo / und spricht: Das Publikum will es so! / Jeder Filmfritze sagt: Was soll ich machen? / Das Publikum wünscht diese zuckrigen Sachen! / Jeder Verleger zuckt die Achseln und spricht: / Gute Bücher gehn eben nicht!«[16]

»Surfen auf der Welle des Okkulten« nannte es Jörg Albrecht: »Heutzutage, sagt einer aus der Branche, der es wissen muss, kann man Geld nur noch mit Esoterik verdienen.« Unter den Erfolgsrezepten, die einen Titel unfehlbar zum Bestseller machen, finden sich folgende Ingredienzien: »eine Geheimloge, irgendeine überirdische Instanz, ein Schuss spekulative Naturwissenschaft, Mythen in Tüten, Fieberträume, rituelle Schändungen schöner Frauen sowie das Auffinden alter Palimpseste«.[17]

Tucholsky mag Recht haben: Das Publikum will es wirklich so, zu seiner Zeit und zu unserer Zeit, daran hat sich nichts geändert.

Kritikloser Konsum seichtester Unterhaltungsliteratur zur Zeit der Weimarer Republik und kritikloser Konsum irrationaler Beliebigkeit im Zeitalter der Nachaufklärung. Auch der Markt des Geistes funktioniert nach den ehernen Gesetzen von Angebot und Nachfrage. Die Frage aber ist: *Warum* will es das Publikum so?

Dass die Verleger genau jene Bücher verlegen, die das Publikum will, ist weiter nicht verwunderlich. Aber es fragt sich, warum es das Publikum, diese mächtige Instanz, vor der alle Meinungs-, Geschmacks- und Sinnmacher zu eilfertigen Dienern werden, eigentlich »so« will? Warum erzwingt denn dieses Publikum nicht z. B. ein qualifizierteres Angebot von Büchern, indem es gezielt und beharrlich nach wirklich kritischen Büchern verlangt – d. h. nach Büchern, die Wahrheit von Unwahrheit scheiden, Realität von Fantasie und gesicherte Tatsachen von spekulativen Vermutungen? Warum lässt denn das Publikum die durchaus vorhandenen seriösen Jesus-Bücher links liegen und greift lieber zu Karl-May-gleichen Abenteuergeschichten über einen völlig frei erfundenen Aufenthalt Jesu in Indien oder zu irgendwelchen spinnerten Horrorstorys, die sich gewisse Qumranfantasten und sonstige Jesus-Fälscher ausgedacht haben?

Drei Gründe scheinen dafür ausschlaggebend zu sein. Der Erste: die zunehmende geistige Orientierungslosigkeit unserer Gesellschaft und das Abhandenkommen allgemein gültiger und als verbindlich akzeptierter Bezugssysteme.

Woher soll man beurteilen können, was richtig und was falsch ist, wenn es keine Bewertungsmaßstäbe mehr gibt, an denen man sich unmissverständlich orientieren kann? Besaß ehedem noch die Kirche das Monopol einer weltanschaulichen Orientierung im Abendland, so war es seit der Aufklärung die Wissenschaft, die dem sinnsuchenden Menschen zeigte, wo es langgeht. Doch abgesehen davon, dass die säkularen Wissenschaften mit ihren exakten, nachprüfbaren Methoden selber auch nicht mehr alle an einem Strang ziehen, suchen heutzutage immer mehr Menschen ihr Heil wo anders. Im pluralistischen Warenhaus von Sinnangeboten, in denen von der Astrologie bis zum Schamanismus, von der Indianerweisheit bis zur Neognostik, von der Wiederbelebung keltischer Rituale bis zum angewandten Tantrismus, von der Kristallkugel der Wahrsagerin bis zu Wünschelrute und Pendel, von der esoterischen Mystik bis zu den tausendundein Psychotrips alles gleich gültig und damit letzten Endes auch gleichgültig geworden ist, ist der kleinste gemeinsame Nenner an geistiger Orientierung in der Tat nur das, was auch der Werbespruch für das Zahlenlotto besagt: »Alles ist möglich.«

Neil Postman hat die geistige Lage in einem anschaulichen Beispiel beschrieben. »Zunächst möchte ich von einem Experiment berichten, das ich in den vergangenen Jahren hin und wieder gemacht habe«, sagte der amerikanische Kommunikationswissenschafter in einer Rede bei der Frankfurter Buchmesse, in welcher er vor »kulturellem Aids« warnte.[18]

»Am besten lässt es sich morgens durchführen, wenn ich einen Kollegen erblicke, der nicht im Besitz einer *New York Times* zu sein scheint …

Hast du heute Morgen die *Times* gelesen?, frage ich. Wenn er Ja antwortet, findet an diesem Morgen kein Experiment statt. Antwortet er jedoch Nein, kann das Experiment weitergehen.

Du musst dir heute unbedingt den Wissenschaftsteil ansehen, sage ich. Dort steht ein sehr interessanter Artikel über eine Untersuchung, die an der University of Minnesota durchgeführt wird. – Tatsächlich? Worüber denn? ist die übliche Erwiderung.

Die Zahl der Möglichkeiten, die sich mir an diesem Punkt bieten, ist fast unendlich. Hier kommt die Kreativität ins Spiel. Ich sage also beispielsweise Folgendes: Na ja, sie wollen herausfinden, was man essen soll, wenn man abnehmen will, und nun hat sich herausgestellt, dass man die normale Ernährungsweise am besten beibehält und sie nur durch drei Schokoladen-Trüffel am Tag ergänzt. Diese Trüffel enthalten offenbar einen besonderen Nährstoff – enkomisches Dioxin, das die Kalorien mit einer unglaublichen Geschwindigkeit abbaut.

Eine andere Möglichkeit, die mir immer besondere Freude macht, ist diese: Ich schätze, das wird dich interessieren, sage ich. Die Neurophysiologen an der Johns Hopkins University haben einen Zusammenhang zwischen Joggen und Intelligenzschwund aufgedeckt. Sie haben mehr als zwölfhundert Personen fünf Jahre lang getestet und dabei festgestellt, dass ihre Intelligenz in dem Maße abnahm, wie die Zahl der Stunden, in denen sie joggten, zunahm. Warum, weiß man nicht, aber die Sache an sich steht fest.

Sofern ich es nicht schon zwei- oder drei Mal bei ihnen versucht habe, glauben die meisten Leute, was ich ihnen erzähle, und sei es noch so lächerlich, sie reagieren jedenfalls nicht mit Ungläubigkeit.

Manchmal zögern sie ihre Reaktion hinaus, indem sie erwidern: Wo sagtest du, wurde diese Untersuchung durchgeführt? Aber manche sagen auch: Weißt du, das habe ich auch schon gehört.

Aus diesen Ergebnissen – fährt Postman fort – ließen sich nun verschiedene Schlüsse ziehen:

»Einen hat Henry Louis Mencken schon vor sechzig Jahren formuliert: Eine Idee kann noch so dumm sein – man findet immer einen Professor, der an sie glaubt. Eine andere mögliche Schlussfolgerung hat George Bernard Shaw ebenfalls vor ungefähr sechzig Jahren gezogen: Der Mensch von heute ist genauso leichtgläubig wie der Mensch des Mittelalters. Im Mittelalter glaubten die Leute standhaft an die Autorität der Religion. Wir glauben heute standhaft an die Autorität der Wissenschaft.«

Aber es gibt – so Postman weiterhin wörtlich – »noch eine andere, wichtigere Schlussfolgerung; sie hängt mit der These von Shaw zusammen, steht aber quer zu ihr. Ich meine die Tatsache, dass wir in einer Welt leben, die für die meisten von uns nahezu unbegreiflich ist. Es gibt kaum ein Faktum, weder in der Wirklichkeit noch in der Vorstellung, das im Stande wäre, uns nachhaltig zu irritieren, denn wir verfügen nicht über ein umfassendes, konsistentes Bild der Welt, vor dem sich ein solches Faktum als nicht hinnehmbarer Widerspruch erweisen könnte.«

Der zweite Grund, warum Jesus-Bücher gerade dann bereitwillig konsumiert werden, wenn sie als Enthüllungsstorys aufgemacht sind, ist das Negativ-Image der Institution Kirche in unserer Gesellschaft.

Presseberichten zufolge sollen ultraorthodoxe Rabbiner in Israel gegen Steven Spielbergs Dinosaurierfilm Sturm gelaufen sein. Denn in dem mit allen Raffinessen der Computergrafik bravourös simulierten »Jurassic Park« lauert ihrer Ansicht nach der Sündenfall. Das Dino-Spektakel sei nämlich dazu angetan, den Glauben der Kinder an die Bibel zu erschüttern, da nach biblischer Zeitrechnung die Welt noch keine sechstausend Jahre alt ist, während es nach der im Film popagierten naturwissenschaftlichen Sicht allerdings bereits 64 Millionen Jahre vor der Erschaffung der Tierwelt Tiere gegeben hätte.[19]

Was wird ein durchschnittlicher Zeitungsleser denken, der eine solche Meldung liest? Er wird denken: Wenn sich sogar schon die Juden über eine Verfälschung der biblischen Botschaft aufregen, um wie viel mehr erst die Kirche, von der man schließlich weiß, dass sie einem Galilei aus ähnlichen Gründen den Prozess gemacht hat! Wie will man es einem Durchschnittsleser übel nehmen, wenn er dann auch zu glauben bereit ist, die Kirche sei bestrebt, Wahrheiten unter Verschluss zu halten, und würde am liebsten auch heute wieder mit dem immer noch glimmenden Docht der Inquisition Scheiterhaufen entzünden? Schließlich lässt sich ja tatsächlich nicht leugnen, dass es innerhalb der Kirche harte Auseinandersetzungen gibt. Kurz und gut: Der Vertrauensbonus, den die Kirche ehedem besaß, ist längst verspielt. Vorbei sind die Zeiten, da die Kirche noch unangefochten als Hort der Wahrheit, der Freiheit und der Brüderlichkeit und der Hoffnung auf Veränderung gelten konnte.

Der Anreiz zum Kauf eines Kritik und Enthüllung versprechenden Buches läuft über die das Vorurteil bestätigende Erwartungshaltung. Egal ob das Buch dann im Einzelnen auch hält, was es verspricht, wichtig ist, dass es dem Leser die Genugtuung verschafft, schwarz auf weiß den Beweis nach Hause tragen zu können, dass er Recht hat, wenn er meint, dass einer so üblen

Firma wie der »Jesus-G.m.b.H.«[20] schlicht und einfach alles und jedes zuzutrauen ist.

Einer Institution, die schon einmal auf die Idee gekommen ist, Bücher, die ihr nicht in den Kram passten, durch einen »Index librorum prohibitorum« zu verbieten, einer Institution, die Ketzer verfolgt und Hexen verurteilt hat und unliebsame Kritiker mundtot zu machen im Stande war, traut man sozusagen in vorauseilendem Misstrauen zu, dass sie im Stande sein könnte, irgendwelche peinlichen Wahrheiten über Jesus als Verschlusssache behandeln zu wollen.

Mit anderen Worten: Die als Enthüllungsstorys aufgemachten Jesus-Bücher versprechen neben der Enthüllung der Wahrheit über Jesus auch noch zu enthüllen, dass zwar Jesus ganz toll ist, aber die Kirche nichts taugt. Wieder einmal dieses sattsam bekannte »Jesus ja, Kirche nein«, wobei sich das »Jesus ja« oft genug auch in einer ganz speziellen Art selektiver Jesus-Nachfolge ausdrückt. »Jesus-Nachfolge« allerdings in ironischen Anführungsstrichen: Die von Jesus gepredigte Umkehr und alle sonstigen auf Lebensänderung abzielenden, bewunderns-, wenn auch nicht nachahmenswerten Maximen des unkonventionellen Nazareners bleiben großzügig unbefolgt, aber im Pathos des »Ich-aber-sage-euch«-Sagens erweisen sich auch die hartgesottensten Jesus-Fälscher als die allergelehrigsten Musterschüler des originalen Jesus.[21]

Dass indes unsere Kenntnis von Jesus nur daher rührt, dass es eine Institution wie die Kirche gibt, bleibt bei einer solch simplifizierenden Kirchenkritik außer Betracht. Auch von seiner radikalen Institutionskritik würde man heute nichts mehr wissen, wenn es nicht eine aus Jesus-Anhängern gebildete Gemeinschaft gegeben hätte, der daran lag, die Absichten ihres Herrn und Meisters getreu zu bewahren und in gelebte Praxis zu übersetzen. Schließlich bezog und bezieht sich jeder Neuaufbruch und jede Reformation – von der Aussteigerbewegung der Wüstenväter bis zu Martin Luther, vom Armutsideal eines Franz von Assisi bis zu den lateinamerikanischen Basisgemeinden – immer wieder auf die institutionskritische Potenz des unverfälschten Jesus. Tragische Dialektik dabei: Die Bewahrer der wahren Tradition und die Verräter der Tradition sind immer ein und dieselben Personen. Im Lateinischen wird schon vom Wort her deutlich, dass allem Tradieren etwas Zwiespältiges innewohnt. Die »traditores« sind in des Wortes doppelsinniger Bedeutung sowohl die »Überlieferer« als auch gleichzeitig die »Verräter«. Abzulesen schon an der Figur des Petrus, dem Jesus beim Letzten Abendmahl den feigen Verrat auf den Kopf zusagt und der trotzdem dazu ausersehen ist, den Glauben weiterzutragen und die Brüder zu stärken.[22]

Freilich ist eine solche von der Bibel her begründete realistische Sicht der Institution Kirche schon immer ein Stein des Anstoßes gewesen und wird es weiterhin bleiben. Frommen wie bösen Schwarzweißmalern fällt es leichter, die Kirche bloß weiß oder bloß schwarz zu sehen – entweder bloß heilig und unfehlbar oder bloß sündig und korrupt.

Mit dem unübersehbar vorhandenen Negativ-Image der Kirche spekulieren die Verlage und die Autoren, die ganz gerne auch noch den speziellen Genuss auskosten, sich im Glanz virtuellen Märtyrertums sonnen zu können – sich ausmalend, wie schnell man sie vor 500 Jahren für ihr kühnes Buch auf dem Scheiterhaufen verbrannt hätte. Oder aber sie erheben einerseits den Anspruch, »den Weg zu den Quellen und der universalen und zentralen Wahrheit der religiösen Aussage Jesu wieder zu finden, der durch die Machtgier einer anmaßenden Institution schon in den ersten Jahrhunderten fast bis zur Unkenntlichkeit verschüttet wurde«[23], beklagen andererseits aber, dass »selbst zentrale Inhalte der kirchlichen Tradition« heutzutage »bei Theologen und Nichttheologen ›fragwürdig‹ geworden« sind.[24]

Woraus man sehen kann: Die Kirche kann machen, was sie will, sie hat auf jeden Fall ein Feindbild zu bleiben – egal ob sie ewig gestrig an ihren Dogmen festhält oder womöglich gar einem Paradigmenwechsel zustimmt und damit ohnehin nur das tut, was sie von Anfang an getan hat: den überlieferten Glauben im

Lichte fortschreitender Zeiterfahrung jeweils neu zu interpretieren.

Das altehrwürdige Klischee von der schändlichen Kirche haben die Pforten der Hölle gefälligst nicht zu überwältigen – die Kirche ist schlimm, sie war schon immer schlimm und wird es in Ewigkeit bleiben; und erdreistet sie sich am Ende, sich als vielleicht doch nicht ganz so schlimm erweisen zu wollen – umso schlimmer für die Kirche!

Das Striptease-Syndrom

Neben schwindender verbindlicher geistiger Orientierung in der postmodernen Beliebigkeit und dem Feindbild der schlimmen Kirche ist noch ein dritter Grund zu nennen, der sensationell aufgemachte Jesus-Bücher zu potenziellen Bestsellern macht: Enthüllungen haben nun einmal ihren eigenen Reiz.

Der Appell an den Instinkt, das Angebot eines voyeuristischen Reizes verfehlt fast nie seine Wirkung. Die Verheißung einer Enthüllung weckt eine Neugierde, die befriedigt werden will. Damit spekulieren bekanntlich nicht nur der Buchmarkt und die Medienbranche. Ohne das Mittel der voyeuristischen Reizung wären weder Krimis noch Skandalgeschichten, weder das Programm der TV-Sender noch Quizsendungen, geschweige denn Peepshows und Striptease-Darbietungen erfolgreich. Schließlich und endlich leben sogar altehrwürdige religiöse Bräuche – von der Fronleichnamsprozession bis zur alljährlich gezeigten Glasampulle mit dem verflüssigten Blut des Patrons von Neapel – von einer Indienstnahme der Lust am Schauen. Wer schon einmal erlebt hat, was in Tschenstochau los ist, wenn das Bild der Schwarzen Madonna von Zeit zu Zeit verhüllt und dann unter dem Klang von Pauken und Trompeten feierlich wieder enthüllt wird, wird verstehen, dass nicht nur Salome ihre Lektion gelernt hatte, wenn sie vor Herodes den »Tanz der sieben Schleier« tanzte.[25]

Kurz und gut: Neben dem zunehmend größer werdenden gesellschaftlichen Dissens über das, was glaubwürdig und unglaubwürdig ist, und neben der ebenfalls wachsenden Bereitschaft, einer Institution wie der Kirche alle erdenklichen üblen Machenschaften zuzutrauen, macht nicht zuletzt die Verheißung einer »Enthüllung« – jenes halb bewusste, halb unbewusste Versprechen eines Buches, seine Lektüre werde das Bedürfnis, hinter die Kulissen zu schauen und den Durchblick zu haben, befriedigen – den speziellen Erfolg jenes Typs von Jesus-Büchern aus, dem wir hier unsere kritische Aufmerksamkeit widmen.

2. Die Tricks der Geheimnis-Krämer
Wie man »Jesus-Fälschern« auf die Schliche kommt

Es gibt Leute, die meinen, alles wäre vernünftig,
was man mit einem ernsthaften Gesicht tut.
GEORG CHRISTOPH LICHTENBERG (1742–1799)

Bücher müssen nicht unbedingt ein Vorwort haben. Aber wenn sie eines haben, dann gibt es meist gute Gründe dafür. »Ich habe die Schriften meiner ersten Jahre *ohne* Vorwort in die Welt gesandt, ohne auch nur im Mindesten anzudeuten, wie es damit gemeint sei«, ließ der Dichterfürst Johann Wolfgang von Goethe die Leser seiner berühmten Gedichtsammlung *West-östlicher Divan* wissen, um ihnen sofort umständlich und wortreich zu erörtern, weshalb er sich diesmal entschlossen hatte, seine Dichtung sehr wohl »zu erläutern, zu erklären und nachzuweisen«.[1]

Auch das neutestamentliche Lukasevangelium hat ein Vorwort. »Schon viele haben es unternommen, einen Bericht über all das abzufassen, was sich unter uns ereignet und erfüllt hat«, erklärt der Autor. »Dabei hielten sie sich an die Überlieferung derer, die von Anfang an Augenzeugen und Diener des Wortes waren. Nun habe auch ich mich entschlossen, allem von Grund auf sorgfältig nachzugehen, um es für dich, hochverehrter Theophilus, der Reihe nach aufzuschreiben.«[2]

Wer derjenige ist, der hier »ich« sagt, wissen wir nicht. Jahrhundertelang hat man mit der größten Selbstverständlichkeit angenommen, es sei niemand anderer als ein gewisser Lukas, der von Beruf Arzt war und an einigen Stellen der neutestamentlichen Briefliteratur erwähnt wird.[3]

Dass der Adressat des Vorwortes, der »hochverehrte Theophilus«, keine real existierende Person der Urkirche gewesen ist, haben bibelkundige Gelehrte schon seit immer vermutet. »Theophilus« ist schließlich ein sprechender Name und bedeutet auf Deutsch: »jemand, der Gott liebt«. Das heißt nichts anderes, als dass der Adressat des Evangeliums im Grunde *jeder* Christ ist. Alle Gläubigen, die diese Jesus-Verkündigung in schriftlicher Form erreicht, sollen sich von ihr ganz persönlich angesprochen fühlen.

Aber dass jener Lukas, der mit Paulus bekannt war, das nach ihm benannte Evangelium nicht persönlich verfasst hat – ja, dass überhaupt sämtliche Schriften des Neuen Testaments mit Ausnahme einiger Paulusbriefe, die zweifellos echt sind, nicht von jenen Personen geschrieben wurden, denen sie *zu*geschrieben wurden, ist erst eine Einsicht der Neuzeit.

Dem Scharfsinn und dem Forscherfleiß vieler Generationen von Bibelwissenschaftlern ist es zu danken, dass wir heute über geeignete Methoden verfügen, um zuverlässige Aussagen über den geschichtlichen Informationswert von biblischen Texten machen zu können. Die so genannte »historisch-kritische Methode« ist auch in der katholischen Kirche anerkannt.

So stellte etwa das am 23. April 1993 veröffentlichte Dokument der Päpstlichen Bibelkommission *Die Interpretation der Bibel in der Kirche* fest, die historisch-kritische Methode arbeite »mit Hilfe wissenschaftlicher, möglichst objektiver Kriterien, um so dem heutigen Leser den Zugang zum Inhalt der biblischen Texte zu ermöglichen, deren Sinn oft schwer zu erfassen ist.«[4]

Jesus schreibt ein Vorwort

Bücher – wir sagten es schon – müssen nicht unbedingt ein Vorwort haben, und wenn sie eines haben, kann man nicht immer mit Sicherheit wissen, ob es wirklich von dem stammt, der als Verfasser angegeben wird – wir wollen schließlich nicht vergessen, dass es auch Ghostwriter gibt.

Weder von Lukas noch von Goethe stammt das Vorwort zu

den »Gesammelten Botschaften von Hatara-Siri«.[5] Die einleiten-
den Worte zu diesem Buch hat eine weitaus prominentere Persönlichkeit verfasst.

»Vorwort von Jesus Christus«, steht auf der ersten Seite, und der
Text, der mit den griechischen Buchstaben »Alpha« und »Omega«
unterzeichnet ist, beginnt mit folgenden Worten: »Dieses ›Mein
Wort‹, das Ich Meiner Schreiberin schon vor Jahren offenbart
habe, ist eine große Vorarbeit für die Menschen der kommenden Zeit, denn die Menschenseelen werden dadurch berührt, weil
noch viele diese Berührung brauchen.«[6] Bei dem Buch handle es
sich um ein »Arbeitsbuch«, betont Jesus, mit diesem Buch »soll gearbeitet werden«, fordert er; denn es sei nicht geoffenbart worden,
um nur gelesen und »im Büchergestell abgelegt« zu werden.[7]

Selbstverständlich hat der Verfasser des Vorworts, der sich
am Ende als »Euer Bruder und Euer König, der alle Menschen
liebt«[8] bezeichnet, nicht höchstpersönlich die Feder in die Tinte
getaucht. Er hat es gemacht, wie es jeder Chef dieser Welt in jedem Büro dieser Welt macht: Er hat sein Vorwort einer Sekretärin
diktiert. Im zweiten Vorwort des Buches, dem »Vorwort der He-
rausgeberin«, werden wir davon unterrichtet, dass Frau Hatara-Siri
die Botschaften des Herrn »durch Mental-Telepathie« übermittelt
bekam.[9] Ein »hellsichtiger Mensch«, der sie einmal während des
Schreibvorganges beobachtete, habe gesehen, wie ein »weiß-gol-
denes Licht spiralförmig rotierend« in Frau Hatara-Siri einfloss,
und zwar durch ihr »Scheitel-Chakra«, und dass sich um ihre
Schreibhand ein goldener Handschuh gebildet habe.[10]

Ein Schiff wird kommen

Was Jesus durch Hatara-Siris Schreibhand auf so weihevolle und
keineswegs untheatralische Weise zu Papier brachte, sind Botschaften endzeitlicher Natur.

»Die Schlacht tobt und tobt, und wir haben alle Hände voll zu tun«, heißt es da beispielsweise. Von »entfesselten Mächten« ist die Rede, die sich »entladen« möchten und sich »Nahrung auf dem Planeten Erde« suchen.[11] Und so, wie Jesus seinerzeit die Pharisäer beschimpft hat, empört sich auch dieser kosmische, »sternenge-schwisterliche« Jesus über die Politiker dieser Welt, weil sie ganz genau wissen, was los ist, aber nicht tätig werden. »Große, große Flotten von Raumschiffen sind um Eure Erde aufgezogen, und Eure Führer wissen das auch ganz genau. Aber sie können ihr Gesicht nicht verlieren, denn ihr unbändiger Stolz und ihr Grö-ßenwahn ließe dies nicht zu.«[12]

Glücklicherweise hat Jesus nicht nur Bedrohliches, sondern auch Trostvolles zu vermelden. Zum Beispiel eine frohe Botschaft wie diese: »Ein wunderschönes Mutterschiff wird Euch dereinst aufnehmen. Es ist ein großes Schiff in Glockenform, das viele Stockwerke hat und circa zehntausend Menschen Platz bietet. An der unteren Peripherie sind die Landeplätze für kleine Raumschif-fe, die zur Erde kommen werden, um Euch abzuholen.«[13]

Um zu erkennen, dass die Botschaften dieses Jesus von Hatara-Siri nichts weiter sind als Ausgeburten einer blühenden Fantasie, bedarf es keines großen Scharfsinns. Es ist geradezu mit Händen zu greifen, dass es nicht Jesus ist, der hier das Bedürfnis hatte, sich mitzuteilen. Nur allzu deutlich lassen die Ängste, die sich in die-sen Texten widerspiegeln, erkennen, welchen Bedürfnissen diese angeblichen Offenbarungen über eine Erlösung per Raumschiff entspringen. Wer solche Bedürfnisse hat, wird auf Bücher wie diese fliegen – wer nicht, wird sie eher gelangweilt aus der Hand legen oder gar nicht erst lesen.

Freilich – nicht immer ist es so leicht zu erkennen, wo Jesus-Fäl-schung anfängt und wo sie aufhört. Manchmal merkt der Leser erst nach und nach, dass ihm ein Autor keinen reinen Wein einschenkt. Oft wird er bei der Lektüre solcher Werke eine Zusatzlektüre be-nötigen: die wegweisende Sicht eines Experten, den erläuternden Hinweis eines kritischen und sachkundigen Autors, der ihm hilft, die angebotenen Informationen richtig einzuordnen, um zu wissen, wem er da beinahe auf den Leim gegangen wäre, und um zu durchschauen, welchen Interessen solche Bücher dienen.

In meinen Vorträgen zum Thema »Jesus-Fälscher« beginne ich meine Ausführungen häufig damit, dass ich ein Buch aus der Tasche hole, es in die Höhe halte und für alle gut sichtbar herzeige. Dabei sage ich ungefähr Folgendes.

Die Lehre des Don Camillo

Gestatten Sie, dass ich einen kleinen Test mit Ihnen mache. Oder besser gesagt: Ihnen anbiete, sich in ganz einfacher Weise Klarheit darüber zu verschaffen, wie es um Ihre Bereitschaft zu kritischem Denken bestellt ist.

Ich zeige Ihnen ein Buch. Das Bild auf dem Umschlag haben Sie sicher schon einmal gesehen. Es handelt sich um ein Foto des französischen Schauspielers Fernandel (1903–1971). Wir sehen ihn in der Rolle des Don Camillo, eines ebenso sympathischen wie schlitzohrigen Priesters, der gerade mit Jesus spricht.

Don Camillo, das wissen wir alle, ist eine erfundene Figur. Wir verdanken ihn der Fantasie eines italienischen Autors namens Giovanni Guareschi, der 1908 geboren wurde und 1968 verstorben ist.

»Don Camillo kommt wieder! Bisher unveröffentlichte Geschichten um Don Camillo und Peppone aus der besten Schaffenszeit von Guareschi«, steht in großen Lettern auf der Rückseite des Buches. Erschienen sind diese »neuen Geschichten um Don Camillo und Peppone«[14] im Jahr 1982. Die italienische Originalausgabe wurde zwei Jahre früher, also 1980, verlegt. Allerdings war Guareschi zu diesem Zeitpunkt schon 12 Jahre tot. Er starb, wie erwähnt, im Jahr 1968. Also stellt sich die Frage: Wieso konnte es dann zu diesem Zeitpunkt trotzdem »neue Geschichten« von ihm geben? Und wieso waren sie »bisher unveröffentlicht« geblieben?

Der Verlag schien solche skeptischen Fragen vorausgeahnt zu

haben. Jedenfalls fühlte man sich bemüßigt, im Klappentext zu erklären, wieso diese Geschichten nicht früher erschienen sind. Guareschi habe die Texte »gewissermaßen als stille Reserve aufbewahrt«, heißt es da, »und sie kamen erst vor kurzem zum Vorschein«. Wie, das erfahren wir auf der vorletzten Umschlagseite. Dort findet sich der entscheidende Hinweis: »Sein Sohn, mit einer Tessinerin verheiratet, fand im Nachlass die Geschichten, die dieses Buch enthält.«

An dieser Stelle haben meine Zuhörer meist schon vergessen, dass ich eigentlich einen Test mit ihnen machen wollte. Darum wird es Zeit, sie daran zu erinnern.

Meine Damen und Herren, sage ich also, Sie werden sich vielleicht fragen, wo der Test bleibt, den ich Ihnen angekündigt habe. Hier ist er. Beziehungsweise: Das war er schon ...

Ich habe Ihnen das Angebot gemacht, sich Ihrer Kritikbereitschaft zu vergewissern. Wenn Sie soeben nicht innerlich zusammengezuckt sind, als ich Ihnen diese aufklärenden Worte des Klappentextes vorgelesen habe, dann können Sie Gift darauf nehmen, dass Sie ebenfalls zur idealen Zielgruppe für die Bücher der Jesusfälscher gehören – zumindest ein bisschen. Wenn eine solche Information bei Ihnen nicht einmal den Schatten eines Zweifels ausgelöst hat und Ihnen die Frage abnötigte, ob das, was da gesagt wird, wirklich stimmt, dann ist ernstlich zu befürchten, dass Sie möglicherweise weitaus anfälliger für Suggestionen sind, als Sie bisher dachten.

Wenn dem so wäre, meine Damen und Herren, und Sie sich bei meinem Test tatsächlich dabei ertappt hätten, diese Ankündigung kritiklos zu schlucken, dann muss ich Sie vor der Lektüre jener Art von Enthüllungsliteratur, die wir hier besprechen, eindringlich warnen. Nicht weil ich ein Freund der Zensur wäre oder womöglich die Wiederbelebung des »Index der verbotenen Bücher« herbeisehnen würde; sondern in Ihrem Interesse. Die Lektüre solcher Bücher könnte möglicherweise unerwünschte Wirkungen und Nebenwirkungen für Sie haben und Ihre seelische Gesundheit gefährden. In so einem Fall würde ich Ihnen freilich raten, schleunigst Maßnahmen zu ergreifen, die Sie wacher und kritischer werden lassen als bisher, damit Sie im Stande sind, ein X als ein X und ein U als ein U zu erkennen.

Der Klappentext zu dem 1980 erschienenen Buch mit Guareschi-Geschichten entspricht voll und ganz dem Anforderungsprofil einer guten Legende. Es wird uns etwas erzählt, das uns hilft, Zweifel, die wir haben, zu beschwichtigen – oder sagen wir es wertfreier: Es wird uns etwas erzählt, das uns hilft, gewisse Fragen, die sich uns stellen, zu beantworten. Diese Fragen müssen ja nicht unbedingt Zweifel sein. Es können auch positive Fragen sein; Fragen, in denen sich Wünsche und Sehnsüchte aussprechen. Zum Beispiel: Gibt es nicht doch irgendwo so etwas wie eine heile Welt? Oder: Wann kommt endlich das Christkind? Oder auch eine so faustische Frage wie diese: Bin ich wirklich um so viel dümmer als die anderen, und sind die anderen wirklich um so viel gescheiter als ich, all diese Doktoren, Magister, Schreiber und – wie es bei Goethe heißt – Pfaffen?

Der Stoff, aus dem Legenden sind

Eine Legende ist so etwas wie ein Digestivum, das uns hilft, schwer Verdauliches leichter zu verdauen und schier Unglaubliches glaubhaft zu finden. Legenden sind Suggestivtherapien, um Illusionen für Tatsachen halten zu dürfen.

»Sehe ich wirklich so fürchterlich aus?«, fragt sich Schneewittchens Mutter und eilt zum Spiegel, denn der Spiegel zeigt ihr ihr wahres Gesicht. Da es aber ein Zauberspiegel ist, sagt er ihr, was sie gern hört: »Frau Königin, Ihr seid die Schönste im ganzen Land!« Und die Königin glaubt es und beruft sich auf den Spiegel, denn ein Spiegel zeigt einen doch so, wie man ist – oder nicht?

Selbstbetrug ist der schönste Betrug. Und der wirksamste. Denn wie könnte ich mir etwas ausreden, was ich mir selber einrede? Da müsste ich ja über meinen Schatten springen, und wem gelingt das schon!

Selbstbetrug, Autosuggestion, Wunschdenken – wie auch immer wir es nennen wollen – geht immer einher mit dem Ausschalten der Kritikfähigkeit. Es sind immer dieselben Tricks, die hier angewandt werden, immer dieselben Mechanismen, die ablaufen – und wer das einmal durchschaut hat, hat bereits die Grundausstattung für das geistige Rüstzeug, das er benötigt, um selbst beurteilen zu können, was er von »neuesten Enthüllungen« über Jesus halten soll.

Wenn die Bereitschaft zur Kritiklosigkeit allerdings größer ist als die Kritikbereitschaft, dann hat die Wahrheit schon verloren. Dann siegt die Illusion, das Wunschdenken, die Lüge. Illusionen oder Wunschdenken können ganz harmlos sein und ganz einfache und menschlich verständliche Bedürfnisse befriedigen.

Meine Werte sind nur ganz leicht überhöht!, frohlockt der Risikopatient, der schon gewusst haben wird, wieso er drei Tage und drei Nächte vor der Blutabnahme keinen Alkohol trank und gefastet hat.

Illusionen können noch harmlosere und noch schlichtere Bedürfnisse befriedigen. Zum Beispiel den Hunger nach Lesefutter. Stellen wir uns einmal das folgende – ich betone: fiktive – Szenario vor.

Eine liebenswürdige ältere Dame kommt in die Buchhandlung und hat eine Frage. »Sagen Sie«, sagt sie zum Buchhändler, »jetzt habe ich diese Don-Camillo-Geschichten schon zehn Mal gelesen, kenne sie beinahe schon auswendig und finde sie immer von neuem entzückend. Gibt es nicht irgendwo noch einen Band mit solchen Geschichten?« Und der Buchhändler sagt's dem Verleger, und der Verleger findet auch, dass es schön wäre, wenn es dergleichen gäbe, aber leider, woher nehmen, wenn nicht stehlen – und wie es der Zufall so will, wird eines schönen Tages im Nachlass des Autors ein Stapel vergessener Manuskripte gefunden, und die Druckmaschinen beginnen zu rotieren.

Ich bitte zu beachten, dass ich lediglich von einem fiktiven Szenario gesprochen habe. Ich sage nicht, dass es so war, sondern darf mit der vom Gesetzgeber geforderten Deutlichkeit feststellen, dass mir nichts ferner liegt, als ehrenwerten Leuten, die ich gar nicht persönlich kenne, irgendwelche unlauteren Dinge zu unterstellen. Sehr wohl aber darf ich in Ausübung meines Rechtes auf freie Meinungsäußerung sagen, wie ich über die in diesem Klappentext angebotene Erklärung über das plötzliche Auftauchen neuer Don-Camillo-Geschichten denke: Ich habe gewisse Zweifel.

Ich kann mir schwer vorstellen, dass es wirklich so gewesen sein kann, wie hier behauptet wird – um nicht zu sagen: Mir erscheint die Geschichte von der Auffindung lange verschollen gewesener Manuskripte des Herrn Guareschi wenig glaubwürdig. Sie kommt mir vor wie eine hübsche Legende. Sie erinnert mich zudem ein wenig an die Geschichte von der Auffindung des Heiligen Kreuzes durch die Kaiserin Helena.

Die heilige Helena und das Kreuz

Die Mutter Kaiser Konstantins des Großen hat der Legende nach in Jerusalem das Kreuz Jesu aufgefunden. Aber eben nur der Legende nach. Für den Historiker handelt es sich bei der Geschichte von der Auffindung des Kreuzes durch Helena um den klassischen Fall einer »ätiologischen« Legende, das heißt um eine Begründungsgeschichte. Zuerst ist das Ei da, erst dann kommt die Henne, die es gelegt hat – nicht umgekehrt.

Mit anderen Worten: Zunächst war eine Kirche da, in der der Brauch eingeführt wurde, ein bestimmtes Stück Holz als das Kreuz Jesu Christi zu verehren. Die passende Legende, die dies begründen und legitimieren sollte, wurde erst hinterher erfunden. Sie findet sich erstmals in der vom Mailänder Bischof Ambrosius verfassten Schrift *De obitu Theodosii*[15], aber da war Helena schon seit mehr als 60 Jahren tot.

Die zeitgenössischen Quellen bezeugen zwar die Tatsache der Errichtung der Grabeskirche, wissen aber nichts von Helenas spektakulärem Fund. Für den realistisch denkenden Historiker folgt daraus, dass nicht nur die schreibenden Zeitzeugen, sondern auch die im Jahr 330 verstorbene Kaisermutter Helena selbst noch gar nicht gewusst hat, dass sie eines Tages diejenige gewesen sein würde, der die Christenheit den glücklichen Besitz des später als heilige Reliquie verehrten Holzes zu verdanken hat.[16]

Doch zurück zu Don Camillo und den Manuskripten, die lange nach dem Tod des Autors auf wundersame Weise aufgefunden worden sein sollen. Ich kann gerne sagen, wieso ich auf die kühne Idee komme, die Geschichte von der Auffindung der Manuskripte für eine Legende zu halten. Weil ich mir nicht vorstellen kann, dass es bei Giovanni Guareschi anders gewesen sein sollte als bei anderen freischaffenden Schriftstellern.

Ein Autor, der von seiner Hände Arbeit lebt und jahraus, jahrein – Tag für Tag, Woche für Woche und Monat für Monat – Manuskripte schreiben und rechtzeitig abliefern muss und Drohanrufe bekäme, wenn der Text nicht rechtzeitig da ist, hätte gar nicht die Zeit, sich in seiner Freizeit nochmals an den Schreibtisch zu setzen und noch weitere Manuskripte zu verfassen, die niemand bestellt hat. Und wenn er es täte – glauben Sie mir, es ist ganz und gar unmöglich, dass er sie in einen Schuhkarton legt und »vergisst«. Ganz im Gegenteil: Er hätte sie schleunigst seinem Verleger gezeigt, und der Verleger hätte sie ihm aus den Händen gerissen, falls der Autor gezögert hätte, sie ihm zu überlassen.

Selbstverständlich kann es vorkommen, dass gelegentlich Dinge gefunden werden, die lange verloren waren – sogar Dinge, die zu finden man nicht mehr erwartet hätte. Denken Sie an die Schriftrollen in den Höhlen von Qumran.

Aber kann man sich vorstellen, dass ein so sensationelles Ereignis wie dieser Fund in den Medien »totgeschwiegen« worden wäre? Im Gegenteil! Nicht nur in Kirchenzeitungen und in den Fachzeitschriften der Gelehrten, sondern auch in Boulevardblättern und Illustrierten, die mit Kirche und Bibel sonst nicht viel am Hut haben, wurde in großer Aufmachung über die uralten Schriftrollen berichtet, die am Toten Meer gefunden worden waren.

Ihr gesunder Menschenverstand wird Ihnen sagen, welche Schlussfolgerung daraus zu ziehen ist. Nämlich die, dass es in ähnlich gelagerten Fällen immer so zu geschehen pflegt.

Mit anderen Worten: Auch in der Spätantike wurden Neuigkeiten weitererzählt und über sensationelle Ereignisse in den damaligen Medien berichtet. Wenn Ihnen also jemand einreden möchte, die Legende von der Auffindung des Heiligen Kreuzes sei gar keine Legende, sondern Helena hätte wirklich das echte Kreuz Jesu gefunden, dann muss er Ihnen plausibel erklären können, wieso die Zeitgenossen ein solches Ereignis »totgeschwiegen« haben sollten.

Eusebius von Cäsarea zum Beispiel, der in seinen kirchengeschichtlichen Schriften viel unwichtigere Ereignisse notierenswert fand. Was für einen Grund könnte er gehabt haben, ein so spektakuläres Ereignis nicht zu erwähnen? Es gibt nur einen Grund. Nämlich den gleichen Grund, den er auch heute hätte, gewisse Dinge nicht zu erwähnen.

Nehmen wir an, Eusebius würde heute leben und hätte als Inhaber eines Lehrstuhls für Kirchengeschichte die Aufgabe übernommen, einen Lexikonartikel zum Stichwort »Heiliges Jahr« zu verfassen und darin auch über die wichtigsten Ereignisse zu berichten, die im Zusammenhang mit dem »Heiligen Jahr 2000« in Rom passiert sind. Was würden wir von ihm halten, wenn er in diesem Bericht zwar gebührend würdigen würde, dass Papst Johannes Paul II. am ersten Fastensonntag dieses Jahres eine viel beachtete Vergebungsbitte ausgesprochen hat, aber glatt zu erwähnen vergessen hätte, dass er auch den Pflichtzölibat der Priester abschaffte, verheiratete Männer zu Priestern weihte und die Einwilligung zur Priesterweihe von Frauen gab?

Sie verstehen, was ich sagen will: Wenn ein Mann, dessen Beruf es ist, über wichtige Ereignisse aus dem Leben der Kirche zu berichten, solche Dinge nicht erwähnt, dann gibt es nur eine einzige einleuchtende Erklärung: Diese Ereignisse haben leider nicht stattgefunden.

»Ein Weiser prüft ...«

»Ein Weiser prüft und achtet nicht, was der gemeine Pöbel spricht ...«, heißt es in Mozarts Oper *Die Zauberflöte*, in der nicht nur Wiener Charme versprüht wird, sondern aus der auch der Geist jener Zeit spricht, in der das Werk entstanden ist: der Zeitgeist der Aufklärung.

Weise prüfen, was Sache ist, und sich ihres Verstandes und ihrer kritischen Urteilskraft bedienen – das taten die Menschen nicht erst seit Kant. Den Königsweg zur Entlarvung von Unsinn beschritt man genauso gut auch im Mittelalter oder in der Antike. So ging zum Beispiel der frühchristliche Schriftsteller Tertullian, wenn es galt, Behauptungen auf ihre Glaubwürdigkeit zu prüfen, nach der gleichen Methode vor, die wir vorhin anhand der Behauptungen über die Auffindung des Kreuzes durch Kaiserin Helena vorgeführt haben: Er unterzog bestimmte Informationen, die ihm ungereimt erschienen, einer Plausibilitätskontrolle. Und siehe da, er wurde fündig! Tertullian konnte zeigen, dass Tacitus gelogen hatte.

Nun muss man nicht gleich jeden, der die Unwahrheit sagt, einen Lügner nennen. Wenn sich nachweisen lässt, dass das, was einer sagt, eine falsche Tatsachenbehauptung ist, dann ist damit noch nicht erwiesen, dass die Verbreitung des Unsinns in Täuschungsabsicht geschah. Irren ist menschlich, deshalb kann und darf bis zum Erweis des Gegenteils angenommen werden, dass derjenige, der etwas Falsches behauptet hat, es eben nicht besser gewusst hat und selbst gar nicht ahnte, dass er einer Fehlinformation auf den Leim gegangen war. Wenn sich jedoch nachweisen lässt, dass einer etwas Falsches sagt, obwohl ihm die Wahrheit bekannt ist – oder dass er Quatsch erzählt, obwohl er über Informationen verfügt, denen er hätte entnehmen können, dass es reiner Quatsch sein muss, was er da erzählt –, dann kann man sagen, dass dieser Mensch lügt. Und genau diesen Vorwurf hat Tertullian Tacitus nicht erspart.

Wiederum ging es um die Behauptung, die Christen – und vor ihnen schon die Juden – würden Gott in Gestalt eines Eselskopfs anbeten.

Nun war freilich Publius Cornelius Tacitus (um 56–120 n. Chr.) nicht irgendwer, sondern ein Historiker – ein Fachmann auf seinem Gebiet. Aber Tertullian kannte keine falsche Scheu vor Autoritäten. Sein Respekt galt der Wahrheit. Die Tatsachen waren ihm heilig, nicht die Menschen, die sie vertraten – oder verdrehten.

In seinem *Apologeticum* – einer Schrift zur Verteidigung des christlichen Glaubens – notierte Tertullian, was ihm bei der Lektüre der *Historiae* von Tacitus aufgefallen war. »Denn mit manchen anderen seid ihr auf den Einfall gekommen, ein Eselskopf sei unser Gott. Diese Verdächtigung hat Cornelius Tacitus aufgebracht. Er nämlich beginnt im fünften Buch seiner *Historien* die Erzählung vom Jüdischen Krieg beim Ursprung dieses Volkes, setzt sich mit eben diesem Ursprung und weiter mit dem Namen und dem Glauben dieses Volkes auseinander, wie er es sich vorstellt, und erzählt dann, die Juden seien nach ihrer Auswanderung – oder, wie er meint, *Austreibung* – aus Ägypten in den Wüsten Arabiens in einer völlig wasserarmen Gegend von Durst gepeinigt worden und hätten dabei wilde Esel, die zufällig auf dem Weg von ihrer Weide zu einer Tränke auftauchten, als Wegweiser zu einer Quelle benutzt. Aus Dankbarkeit dafür hätten sie das Abbild eines ähnlichen Tieres zum Gott geweiht. Und daher stammt wohl die Wahnidee, auch wir – als Verwandte der jüdischen Religion – seien dem Kult desselben Götterbildes ergeben.«[17]

Tacitus – so wollen wir zu seinen Gunsten annehmen – wird sich nicht viel Gedanken gemacht haben über den Wahrheitsgehalt der von ihm referierten Eselei. Ihm mochte es durchaus glaubwürdig erschienen sein, dass irgendwo im Orient Leute leben, die einen Eselskopf anbeten. Er dürfte sich gesagt haben: Gläubige glauben nun einmal die kuriosesten Dinge, warum nicht auch so etwas!

Tertullian aber wusste es besser. Und er fand, auch Tacitus hätte es besser wissen müssen. Aber das Spannende ist nun, wie Tertullian vorgeht, um die Unsinnigkeit dieser Behauptung zu entlarven. Er schlägt Tacitus mit dessen eigenen Waffen. Tertullian weist nach, dass das, was Tacitus an dieser Stelle geschrieben hat, dem widerspricht, was er an anderer Stelle geschrieben hat.

»Allein derselbe Cornelius Tacitus«, führt Tertullian aus, »der doch wahrhaftig im Lügen überaus beredt ist, erzählt in demselben Buch der *Historien*, daß Gnaeus Pompeius, als er Jerusalem erobert hatte und daraufhin den Tempel aufsuchte, um sich die Geheimnisse der jüdischen Religion anzuschauen, dort kein Götterbild gefunden habe.«[18]

Tertullians scharfsinniges Argument lautet: »Wenn aber etwas verehrt wurde, was sich in irgendeinem Bilde darstellen ließ, dann hätte es doch an keinem Ort eher zur Schau gestellt sein können als im Innersten seines Heiligtums, und das umso mehr, als der Götterdienst keine fremden Betrachter zu fürchten brauchte, mochte er noch so sinnlos sein.«[19]

Dem ist eigentlich nichts mehr hinzuzufügen. Außer, dass sich jeder, der wissen möchte, wie man Jesusfälschern auf die Schliche kommt, eine Scheibe davon abschneiden könnte.

3. Decodier-Spiel für Leichtgläubige
Die krude Logik der Grals-Erben

> Hüte dich vor den Lehren jener Spekulanten,
>
> deren Überlegungen nicht von der Erfahrung
>
> bestätigt sind.
>
> LEONARDO DA VINCI (1452–1519)

Leonardo da Vinci würde sich wohl im Grabe umdrehen, wenn er wüsste, mit welch windigen Spekulationen sein guter Name in Verbindung gebracht werden würde. Er, der innovative Geist, der so viel Grips hatte wie kaum ein Zweiter, hätte keine Sekunde daran gezweifelt, dass keine der von ihm konstruierten Maschinen funktioniert hätte, wenn er, um sie zu entwerfen, mit keinem leistungsfähigeren Instrumentarium operieren hätte können als mit der kruden Logik derer, die irgendwelche geheimnisvoll klingenden Theorien über den Heiligen Gral ersinnen oder einen »Da-Vinci-Code« erfinden.

Der Autor Michael Baigent spricht von einer »weltweiten Kontroverse«, die ausgebrochen sei, nachdem er – gemeinsam mit Henry Lincoln und Richard Leigh – in dem Buch *Der Heilige Gral und seine Erben* die Theorie vertreten hatte, dass es eine »Ehe zwischen Jesus und Maria Magdalena« gegeben habe und dass dieser Verbindung Nachkommen entsprossen wären, die sich in Südfrankreich in den Genealogien der Fürstenhäuser im frühen Mittelalter nachweisen lassen und Ähnliches mehr. Zwanzig Jahre später habe es wiederum ein »Medienspektakel« gegeben, schreibt Baigent in seinem Buch *Die Gottes-Macher,* denn da – ich zitiere wörtlich – »veröffentlichte Dan Brown seinen Roman *The Da Vinci Code* [dt. *Sakrileg*], in dem er sich zum Teil auf Theorien aus unseren Büchern stützte«.[1]

Es sei deutlich geworden, betont Baigent, »dass die Menschen immer noch nach der Wahrheit hinter den Evangeliumslegenden dürsteten« – zum Beispiel nach Fragen wie diesen: »Wer war Jesus wirklich gewesen? Was wurde von ihm erwartet?«[2]

In diesem Punkt mag der Autor wohl Recht haben. Browns Grals-Krimi *Sakrileg* hätte kaum millionenfach Käufer gefunden, wenn sich die Leserinnen und Leser von der Lektüre nicht Aufklärung über Geheimnisse versprochen hätten. Die Frage ist allerdings: Wird dieser Durst durch solche Bücher gestillt?

Hat der Vatikan Angst vor Qumran?

Wie bereits in *Verschlusssache Jesus*[3] – einem 1991 veröffentlichten Buch über die Qumranrollen, das Baigent zusammen mit Richard Leigh verfasst hat, gestützt auf die Thesen von Robert Eisenman, einem Professor an der California State University in Long Beach – behauptet der Autor auch in seinem 2006 erschienenen Buch *Die Gottes-Macher*, der Vatikan habe ein massives Interesse daran gehabt, die Publikation der in einer Höhle am Toten Meer gefundenen Schriften zu verhindern.

»Es entspricht der Tradition des Vatikans, sich in den Besitz von Schriften zu bringen – und sie zu zerstören –, die dem Mythos widersprechen, den er als authentische Geschichte ausgibt«, schreibt Baigent.[4] Und er meint auch den Grund zu wissen: Die Kirche müsse um ihren Bestand fürchten, da diese Schriften einen anderen Jesus präsentieren als sie, also gelte es, alles zu tun, um die Publikation dieser Texte zu unterdrücken und zu verhindern, dass diese Erkenntnisse öffentlich bekannt werden.

»Die Jesus-Tradition ist jüdischer Herkunft, der Christus-Mythos nicht«, erklärt Michael Baigent seinen Leserinnen und Lesern. Deshalb gebe es »eine gewaltige Kluft zwischen dem Jesus der Geschichte und dem Jesus des Glaubens. Die dogmatischen Hüter der christlichen Theologie behaupten, die beiden seien identisch, aber jeder Historiker, der die Details betrachtet, erkennt die Unrichtigkeit dieser Position sofort.«[5]

Ich möchte gewiss nicht unhöflich erscheinen, kann aber nicht umhin, zu widersprechen. Erstens, weil es einfach nicht stimmt, was da gesagt wird. Und zweitens, weil die Konsequenz, die aus einer falschen Annahme gezogen wird, einfach absurd ist.

Wenn Michael Baigent feststellt, die Theologen würden behaupten, der Jesus der Geschichte und der Jesus des Glaubens wären identisch, beweist er lediglich, wie wenig Ahnung er von den Dingen hat, über die er spricht.

Selbstverständlich bekommt jeder Theologiestudent in den Vorlesungen, die er nicht nur besuchen, sondern über deren Inhalte er auch Prüfungen ablegen muss, von seinem Professor etwas über das Problem des Unterschieds zwischen dem »historischen Jesus« und dem »Christus des Glaubens« zu hören. Ein so wichtiges Thema könnten die Professoren für Neutestamentliche Wissenschaft ihren Studenten schon deswegen nicht vorenthalten, weil man dieser Frage gar nicht ausweichen kann, sobald man beginnt, sich ernsthaft mit Jesus zu beschäftigen.

Entsprechend dem Motto von Bert Brecht »Das Volk will viele Beweise, dem Einsichtigen genügt ein einziger« will ich nur ein einziges winziges Beispiel anführen, das jedoch eindrucksvoll belegt, wie weit weg von der Realität das ist, was Baigent behauptet.

Ich erlaube mir auf die Vorlesungen zu verweisen, die der katholische Neutestamentler Wolfgang Beilner zu ebendiesem Thema bei den »Salzburger Hochschulwochen« gehalten hat – im Rahmen einer beliebten Sommerveranstaltung in Mozarts Geburtsstadt, deren Sinn es ist, nicht nur Theologen zu informieren, sondern gerade auch »interessierte Laien« – also Leute aus anderen Fachgebieten, die sich für theologische Fragen interessieren – mit einschlägigen Forschungsergebnissen bekannt zu machen.

Schon der erste Satz, den Beilner damals sagte, beweist das glatte Gegenteil dessen, was Baigent für wahr hält: »Ein wesentliches Resultat der wissenschaftlich-kritischen Erforschung des Neuen

Testamentes ist die Erkenntnis, dass die Verkündigung Jesu (bzw. sein Leben überhaupt) weitgehend zur Verkündigung *über* Jesus geworden ist (aus Jesus wird Christus).«[6]

Doch Baigent sagt, die Hüter der christlichen Theologie würden behaupten, die beiden seien identisch. Und Baigent ist zweifellos ein ehrenwerter Mann[7], aber er ist offensichtlich ein wenig uninformiert.

Die Uninformiertheit von Michael Baigent ist die eine Sache. Was aber viel schwerer wiegt, sind die Schlüsse, die er aus seinen falschen Annahmen zieht: »Der Vatikan ist seit langem gezwungen, seinen Standpunkt durch Verdrängung und Manipulation zu behaupten, aber es wird immer schwieriger für ihn, seine starre Haltung beizubehalten. Die Anstrengung ist nicht mehr zu verkennen, der Damm beginnt zu brechen. Irgendwann wird die gesamte Konstruktion unter dem Gewicht ihrer falschen Voraussetzungen, ihrer krassen Unwahrheiten und bewussten Fehlinterpretationen zusammenbrechen.«[8]

Die besondere Ironie an dieser Diagnose ist allerdings, dass exakt das, was der Autor dem Vatikan unterstellt, auf ihn selbst zutrifft.

Kurios, aber wahr: Baigents Formulierungen kann man als spiegelverkehrtes Selbstporträt lesen. In der Tat lässt es sich kaum treffender beschreiben, was ihn und all die Bücher mit ihrer fixen Idee über die Befindlichkeit des Vatikans gegenüber irgendwelchen Forschungsergebnissen charakterisiert: dass es sich um nichts weiter handelt als um »Konstruktionen«, die auf »falschen Voraussetzungen« beruhen, »krasse Unwahrheiten« enthalten und »Fehlinterpretationen« darstellen.

Mit dem Ausdruck »bewusst« allerdings würde ich nicht so großzügig umgehen wie Michael Baigent. Ich möchte mich hüten, ihm oder anderen Autoren zu unterstellen, dass es sich um »*bewusste* Fehlinterpretationen« handelt. Denn ich werde nicht etwas behaupten, das ich nicht beweisen kann.

Mit anderen Worten: Ich weiß schlicht und einfach nicht, ob es sich so verhält oder nicht. Ich weiß zwar, dass es sich bei den Thesen, die Michael Baigent vor uns ausbreitet, um Fehlinterpretationen handelt. Aber ich habe keine Ahnung, ob ihm selber bewusst ist, dass es Fehlinterpretationen sind. Aus dem Text, der im Buch steht, kann ich nicht entnehmen, welche der beiden Möglichkeiten zutrifft. Es könnte durchaus sein, dass Baigent nur so tut, als ob. Genauso gut könnte es aber auch sein, dass es dieser Autor tatsächlich nicht besser weiß und schlichten Herzens glaubt, was er da sagt – obwohl es objektiv Unsinn ist und ihm niemand verbieten würde, sich genauer zu informieren – oder, um es mit Immanuel Kant zu sagen, den Schritt aus einer selbst verschuldeten Unmündigkeit zu tun.

Ich will es noch unverblümter sagen: Der Autor des Buches *Die Gottes-Macher* erspart mir, seinem Leser, leider nicht die Beschämung, mir klüger vorkommen zu müssen als er. Seine These ist wenig durchdacht.

Der vergiftete Brunnen

Wenn man sich die Mühe macht und sich die Sache etwas genauer ansieht, dann wird einem schnell klar, was für eine seltsame Logik dahinter steckt, wenn dem Vatikan unterstellt wird, er würde mit allen Mitteln verhindern wollen, dass gewisse Dinge öffentlich bekannt werden. Drei Fragen drängen sich auf.

Erstens: Gibt es diese Dinge, deren Bekanntwerden der Vatikan angeblich zu fürchten hätte, tatsächlich?

Zweitens: Falls es diese Dinge tatsächlich gibt, wieso hätte sie der Vatikan denn zu fürchten?

Drittens: Nehmen wir an, die Ersten beiden Fragen ließen sich im Sinne des Vorwurfs beantworten und es gäbe tatsächlich Dokumente, deren Vorhandensein die Kirche tatsächlich in ihrer Existenz gefährden würde – wieso bitte schön muss dann nur der Vatikan davor Angst haben?

Die Fantasie der Leute, die solche Verschwörungstheorien über den Vatikan erfinden, und die Fantasie jener, die sie ihnen abkaufen und denen es ebenfalls glaubwürdig erscheint, was da behauptet wird, reicht offenbar nicht sonderlich weit. Sie hat den Charme edler Einfalt.

Es ist absolut nicht einzusehen, wieso immer nur vom Vatikan die Rede ist. Wenn es wirklich eine ernsthafte Gefahr für die Kirche gibt, dann sind doch die anderen Kirchen genauso betroffen. Könnte es dem Protestantimus und der Orthodoxie völlig egal sein, wenn sich herausstellt, dass es – in Widerspruch zu dem, was in der Bibel steht und was man bisher immer geglaubt hat – nun doch irgendwelche »Pforten der Hölle« gibt, die die Kirche überwältigen? Und was ist mit den restlichen Konfessionen und all den anderen christlichen Gemeinden in aller Welt, die sich auf Jesus Christus berufen: Würden sie Daumen drehend oder in anderer Weise erst einmal abwartend seelenruhig zusehen? Nur der Vatikan, irr wie ein Stier, raste los auf das rote Tuch, das irgendein Qumranforscher aus einem Tonkrug zieht?

Ich erzähle in meinen Vorträgen an dieser Stelle gerne das Gleichnis vom vergifteten Brunnen.

An einer Oase im Nahen Osten gab es gutes Wasser, und ein findiger Beduine kam auf die Idee, dieses Wasser zur Herstellung eines guten Getränks zu verwenden. Und er hatte Erfolg. Seine Limonade – er nannte sie »Catho-Cola« – schmeckte den Leuten, wurde gern getrunken und erzielte hohe Umsätze. Da kam ein anderer Beduine und dachte, was mein Nachbar kann, kann ich auch, und stellte ebenfalls ein gutes Getränk her. Und er hatte ebenfalls Erfolg und erzielte hohe Umsätze. Seine »Evangeli-Cola« wurde von manchen noch lieber getrunken als die »Catho-Cola«. Und weil Konkurrenz das Geschäft belebt, versuchte auch noch ein dritter Beduine auf dem Getränkemarkt Fuß zu fassen, und auch seine Limonade war süß wie Honigseim, und die Leute an der Oase tranken und tranken, und nie sah man jemand, der Durst litt. Doch dann kam ein neidischer Mann aus den nördlichen Ländern und hatte eine böse Idee. Er berief die Getränkehersteller heimlich zu sich und sprach zu ihnen: »Ich will euch etwas Wichtiges sagen. Euer Geschäft ist ruiniert. Der Brunnen, aus dem ihr schöpft, um eure Limonaden zu bereiten, ist vergiftet. Wenn ihr weiterhin Catho-Cola, Ortho-Cola und Evangeli-Cola herstellt und an die Leute verkauft, seid ihr nichts weiter als gemeine Mörder. Dieses Papier hier in diesem Tonkrug beweist, dass Gift im Brunnen ist.«

Als der Fremde so gesprochen hatte, erfassten den Erzeuger von »Catho-Cola« Angst und Schrecken. Er versuchte mit allen Mitteln, des verräterischen Dokumentes habhaft zu werden. Er bot dem Fremden dreißig Silberlinge an, doch es half nichts. Da heuerte er in seiner Verzweiflung Kreuzritter an, die sollten den Fremden jagen und ihn mit ihren Bußgürteln zu Tode peitschen. Die anderen Getränkeproduzenten aber ließen sich nicht verdrießen und fuhren fort, Wasser aus dem Brunnen zu schöpfen und ihre Limonaden wie eh und je zu brauen.

»Meine Damen und Herren«, sage ich dann immer am Ende meiner Geschichte, »wenn jemand von Ihnen das Verhalten dieser Getränkehersteller, die alle aus demselben Brunnen schöpfen, logisch findet, dann kann ich ihm nicht helfen. Ich frage mich nur, wieso es so viele Leute mit gesunden Menschenverstand gibt, die irgendwelche Schauermärchen von Qumranrollen und der krummen Rolle, die der Vatikan dabei spielt, völlig logisch finden.«

Dan Browns Sicht der Dinge

Auch bei Dan Brown gehört der Vatikan zu den üblichen Verdächtigen. Hierin ist er gewissermaßen ein »Synoptiker« von Michael Baigent – in dem Sinn, wie die Verfasser der ersten drei Evangelien des Neuen Testaments Synoptiker waren, weil sie nicht nur in grundsätzlichen Dingen übereinstimmten, sondern in manchen Passagen wortwörtlich das Gleiche schrieben.

In Browns *Sakrileg* lesen wir: »In einer Höhle bei Qumran in der Wüste von Judäa wurden im Jahr 1950 die Schriftrollen vom Toten Meer entdeckt …« Diese Dokumente würden, genauso wie die »koptischen Schriftrollen von Nag Hammadi« in einer »sehr menschlichen Weise« vom Wirken Jesu erzählen. Und dann, wieder auf die Funde von Qumran bezogen, heißt es weiter im Text: »Natürlich hat der Vatikan in Fortsetzung seiner Tradition der Verschleierung und Informationsunterdrückung mit allen Mitteln versucht, die Veröffentlichung dieser Schriften zu verhindern. Grund dazu hatte er genug. Anhand der Schriftrollen treten augenfällige historische Ungereimtheiten und Fälschungen zutage, die klar erkennen lassen, dass unser heutiges Neues Testament von Männern zusammengestellt und herausgegeben wurde, die eine politische Absicht damit verbunden haben. Zur Untermauerung ihres eigenen Machtanspruchs musste aus dem Menschen Jesus Christus der Sohn Gottes gemacht werden.«[9]

Wer von »augenfälligen historischen Ungereimtheiten und Fälschungen« spricht, sollte vorsichtig sein und darauf achten, ob er das Glashaus, in dem er sitzt, nicht leichtfertig zu Bruch gehen lässt – noch dazu mit einem Stein, den zu werfen sich gar nicht lohnt.

Wir reiben uns schon beim ersten Satz verwundert die Augen, wenn wir lesen, die Schriftrollen vom Toten Meer wären im Jahr 1950 entdeckt worden. Haben wir uns verlesen? Nein, das Datum steht wirklich so da. Wenn das richtig wäre, hätten wir schon wieder eine sensationelle Enthüllung vor uns. Denn dann wären die Schriftrollen erst zu einem Zeitpunkt entdeckt worden, nachdem über den Jahrhundertfund die ersten wissenschaftlichen Aufsätze publiziert wurden! Man stelle sich vor: Bibelwissenschaftler veröffentlichen bereits Aufsätze, in denen sie Überlegungen anstellen, ob jene Leute, denen die Tonkrüge gehörten, in welchen die Schriftrollen versteckt waren, eventuell jene Essener gewesen sein könnten, von denen uns Josephus Flavius berichtet hat – aber diese Funde, auf die sie sich beziehen, wurden noch gar nicht gemacht, und die betreffenden Tonkrüge warten noch darauf, bis endlich die Ziege des Beduinen kommt und meckert, damit der spektakulärste Handschriftenfund des 20. Jahrhunderts über die Bühne gehen kann!

Wollen wir zu Gunsten von Dan Brown eher annehmen, dass es sich hier um einen Flüchtigkeitsfehler handelt, den niemand bemerkt hat und der daher leider unkorrigiert blieb. Schließlich weiß heutzutage wenn schon nicht jedes Kind, so doch jeder Fernsehzuschauer, der beim Zappen irgendwann einmal bei einer der zum x-ten Mal wiederholten Sendungen zum Thema Qumran hängen geblieben ist, dass die Schriftrollen bereits 1947 gefunden wurden.

Aber, halt! Wer weiß, ob Brown hier nicht mit voller Absicht einen kleinen Webfehler eingebaut hat, weil er – wie der Torero in der Arena – seinen Kritikern ein kleines rotes Tüchlein hinhalten wollte, um sie zum Widerspruch zu reizen und dann den triumphierenden Besserwissern eine lange Nase zu drehen und ihnen treuherzig zu entgegnen: Aber bitte, das sage doch nicht *ich*, der Autor! Das ist doch nur der Text einer Romanfigur – hier spricht lediglich eine von mir erfundene fiktive Gestalt, die in Wirklichkeit gar nicht existiert! Ich werde doch nicht so leichtsinnig sein, mich mit dem Unsinn zu identifizieren, den meine Figuren erzählen. Ihr cleveren Theologen, die ihr immer darauf pocht, man müsse beim Lesen der Bibel die »literarische Gattung« berücksichtigen, in der ein Text verfasst ist, um den Wahrheitsgehalt einer bestimmten Aussage beurteilen zu können – macht bitte nicht den Fehler, zu übersehen, dass ich einen Roman geschrieben habe, kein Sachbuch.

Der Gedanke ist nicht so abwegig, wie man auf den ersten Blick meinen könnte. So ähnlich hat Dan Brown übrigens tatsächlich argumentiert – nämlich in dem an den Roman als Anhang abgedruckten Interview.

Ein Osterhase mit Brille

Auf die Frage »Hat Sie der Erfolg des Buches überrascht?« antwortet er: »Und wie! Ich habe sehr hart an diesem Roman gearbeitet, und ich habe sicherlich erwartet, dass die Leser ihn genießen würden, doch ich hätte niemals damit gerechnet, dass so viele Menschen ihn so sehr lieben würden. Ich habe im Grunde genommen eine Gruppe fiktiver Charaktere erschaffen und sie mit Ideen konfrontiert, die ich persönlich faszinierend finde ...«[10]

Diese Antwort hat es in sich. Fiktive Romanfiguren vertreten irgendwelche Theorien, und der Autor freut sich mit ihnen und findet die Idee die sie vertreten auch »faszinierend«. Wer glaubt, dass Dan Brown damit zugibt, dass er selber glaubt, was er seine Figuren sagen lässt, ist selber schuld. Eine solche Aussage verpflichtet zu gar nichts. Eine Idee faszinierend finden heißt noch lange nicht glauben, dass sie wahr ist.

In meinen Vorträgen zum Thema »Jesus-Fälscher« verwende ich immer gern das Beispuiel von der Kurzsichtigkeit des Osterhasen. Ich kann die Idee, dass der Osterhase ein Brillenträger ist, ungemein faszinierend finden. Aber glaube ich deswegen, dass es wahr ist? Das Gegenteil ist wahr: Ich fürchte, ich glaube nicht einmal an den Osterhasen.

An einer anderen Stelle dieses Interviews äußert sich Dan Brown direkt zur Frage nach dem »Wahrheitsgehalt von *Sakrileg*«. Da spricht er etwas deutlicher. Einige dieser Theorien, die seine Figuren diskutieren, seien seiner Ansicht nach »möglicherweise nicht von der Hand zu weisen«, aber letztlich schiebt er den schwarzen Peter an seine Leser weiter. Jeder Leser müsse »die Standpunkte dieser Charaktere selbst erkunden und zu seiner eigenen Interpretation gelangen«.[11]

Es lohnt sich, wenn wir uns diese wichtige Passage, in der es um die Wahrheitsfrage geht, genauer ansehen, um zu erkennen, wie sich der Autor hier windet, um sich nicht eindeutig festlegen zu müssen.

Dan Brown im Originalton: »*Sakrileg* ist ein Roman und daher ein fiktives Werk. Während die Charaktere in diesem Buch und ihre Handlungen offensichtlich nicht real sind, existieren die in diesem Roman beschriebenen Kunstwerke, die Architektur, die erwähnten Dokumente und geheimen Rituale, beispielsweise Leonardo da Vincis Gemälde, die gnostischen Schriften, die heilige Hochzeit, sehr wohl. Diese realen Elemente werden von fiktiven Charakteren interpretiert und debattiert. Ich glaube zwar, dass einige der Theorien, die von ihnen diskutiert werden, möglicherweise nicht von der Hand zu weisen sind, doch jeder Leser muss die Standpunkte dieser Charaktere selbst erkunden und zu seiner eigenen Interpretation gelangen.«[12]

In der Passage »Fakten und Tatsachen«, die dem Roman vorangestellt ist, spricht Dan Brown die Frage des Wahrheitsgehaltes noch deutlicher an. »Sämtliche in diesem Roman erwähnten Werke der Kunst und Architektur« – heißt es hier klipp und klar – »und alle Dokumente sind wirklichkeits- bzw. wahrheitsgetreu wiedergegeben.«[13]

Aber was heißt das letztlich? Es bedeutet lediglich, dass sich der Autor dafür verbürgt, dass es die Gemälde von Leonardo da Vinci, die im Buch erwähnt werden, wirklich gibt. Sonst nichts. Ebenso die Dokumente.

Dies ist jedoch eine Aussage, die zu nichts verpflichtet. Ob die Dokumente echt sind oder das, was auf ihnen enthalten ist, auch nur einen Funken Wahrheitsgehalt hat, ist damit nicht gesagt. Wahrheitsgetreu wiedergeben kann ich auch ein Dokument wie die Zeichnung, die ein Schulkind angefertigt hat und die ich mit eigenen Augen gesehen habe. Sie zeigt einen Hasen mit Brille. Es ist der Osterhase. Wenn ich einen Roman schreibe und diese Zeichnung erwähne und detailliert beschreibe, habe ich genau das getan, was Dan Brown in seinem Roman getan hat – nicht mehr und nicht weniger. Ich habe ein bescheidenes Werk menschlicher Kunst oder jedenfalls ein Dokument kindlichen Ausdrucksvermögens »wirklichkeits- und wahrheitsgetreu wiedergegeben«.

Na und? Heißt das, dass es den Osterhasen deswegen wirklich gibt?

Mit Interpretationen verhält es sich genauso. Sie können richtig oder falsch sein. Wer sagt denn, dass die Interpretationen, mit denen mir der *Da-Vinci-Code* aufwartet, Hand und Fuß haben?

»Der Heilige Gral ist eine Frau. In Sophies Kopf drängten sich die zusammenhanglosen Theorien, die keinen Sinn zu ergeben schienen«, lesen wir im 58. Kapitel des Thrillers.[14]

»Sie haben gesagt, Sie hätten ein Bild jener Frau, die Ihrer Behauptung zufolge der Gral ist…«, sagt sie – und eineinhalb Seiten später *sieht* sie die Frau auf dem Bild von da Vinci.

»Sophie konnte den Blick nicht von der Frau neben Christus wenden. Wer war diese Frau auf dem Bild, auf dem doch eigentlich dreizehn Männer sein sollten?«

Und sie wundert sich, dass ihr das, was sie jetzt sieht, noch nie zuvor aufgefallen war. Teabing gibt die Erklärung. »Diese Szene ist durch unsere vorgefasste Meinung so eindeutig definiert, dass unser Hirn die Unstimmigkeit nicht zur Kenntnis nimmt und den Augenschein unterdrückt.«[15]

Von wegen!

Wer ist diese Frau?

Ich darf mich rühmen, dass ich bereits als achtjähriger Junge eine Frau auf Leonardos »Letztem Abendmahl« entdeckt habe. Nicht auf dem Original, sondern auf dem farbig gedruckten Buchumschlag jener Ausgabe des Neuen Testaments, das ich damals von meinem Pfarrer geschenkt bekam.

»Wer ist denn diese Frau?«, fragte ich meinen Pfarrer.

»Was für eine Frau meinst du?«, fragte er verwundert.

Ich deutete auf das Bild.

»Das ist keine Frau«, belehrte er mich. »Das ist unser Herr Jesus Christus.«

Den Lieblingsjünger an Jesu Seite habe ich nie mit einer Frau verwechselt. Dass sein Gesicht feminine Züge enthält, will ich gerne zugeben. Aber das Gesicht jener Figur in der Mitte, die angeblich Jesus von Nazareth sein soll, finde ich immer noch feminin – Entschuldigung – und viel femininer als das Gesicht des Apostels Johannes. Man muss nur genau hinsehen, dann sieht man es.

Im Ernst: Könnte es nicht sein, dass Dan Brown bzw. die von ihm erfundenen Figuren nur deshalb nicht gesehen haben, was mir damals in meiner kindlichen Unbefangenheit[16] sofort ins Auge stach, weil ihnen eine »vorgefasste Meinung« verbietet, etwas anderes zu sehen als das, was sie schon immer gesehen haben?

Wer sehen will, sieht in diesem grandiosen Decodier-Spiel alles, was er will – nicht nur den *Da-Vinci-Code*, sondern jeden erwünschten Code. Darum möchte ich sagen: *Sakrileg* ist keine empfehlenswerte Lektüre für Gläubige.

Gläubige könnten sich, vor allem wenn sie unter Humorarmut leiden, über dieses Buch ärgern. Allerdings ist Dan Browns *Sakrileg* – davon bin ich ehrlich überzeugt – eine ideale Lektüre für Leichtgläubige. Ihnen kann ich das Buch nur empfehlen.

4. Der Unsinn hat Methode
Fantasien in wissenschaftlichem Gewand

Welcher Gebildete dieser Zeit, deren Wissen dem herrlichen Punkte nahe gekommen ist, wo paradox und falsch ganz einerlei sind, könnte es ertragen, fast auf jeder Seite Gedanken zu begegnen, die dem, was er doch selbst ein für alle Mal als wahr und ausgemacht festgesetzt hat, geradezu widersprechen?

ARTHUR SCHOPENHAUER (1788–1860)

Die Schausteller, die zu den Jahrmärkten fuhren und dem Volk etwas zum Gaffen gaben, wussten schon damals: Das Abnorme erregt mehr Aufmerksamkeit als das Normale. Das ist – wen möchte es wundern – beim Thema Jesus nicht anders. Selbstverständlich stoßen die *un*seriösen Jesus-Bücher auf weit größeres Interesse als die seriösen – und werden meist ernster genommen als die ernsthaften.

Fernsehredakteure verhalten sich nicht anders als damals ihre Kollegen an den Jahrmarktsbuden. In der tagtäglichen Schlacht um die Aufmerksamkeit des zappenden TV-Konsumenten herrscht das Faustrecht. Wer nicht auffällt, fällt durch. Wer auf das Gediegene setzt, den bestraft das Leben. Nur der, dessen Programm es besser versteht, den Zuschauer zu fesseln, hat gewonnen.

Von den Auswirkungen auf das Niveau des Gebotenen, die die Jagd nach der größeren Einschaltquote nach sich zieht, weiß auch der Wissenschaftspublizist Alexander Schick ein Lied zu singen. Schick, der eines der größten Qumran-Archive verwaltet, hat – wie er in seinem Buch *Das wahre Sakrileg. Die verborgenen Hintergründe des Da-Vinci-Codes* schreibt – »leider immer wieder erleben müssen, dass mit Vorliebe jene Theorien bevorzugt werden, von denen man sich eine höhere Einschaltquote verspricht.« Ein konkretes Beispiel: »Nach einer Qumransendung, die wieder einmal fälschlicherweise behauptete, dass man in den Qumranhöhlen Schriftrollen mit Geheiminformationen über Jesus entdeckt habe, sagte mir ein leitender Mitarbeiter einer der größten deutschen Fernsehanstalten: Was wollen Sie denn? Wir hatten eine der höchsten Einschaltquoten mit unserer Qumransendung. Das allein rechtfertigt schon die Thesen unserer Sendung!«[1]

Das Jesus-Karussell

Die Autoren von Jesus-Büchern schreiben nicht im luftleeren Raum, sondern lassen sich von dem inspirieren, was in der Luft liegt. Die Nase vorn haben dabei immer die, die den Zeitgeist erkennen und ihren Lesern genau jenen Jesus präsentieren, den sie sich wünschen – einmal mit Maschinengewehr, ein anderes Mal mit da Vinci. Das Jesus-Karussell dreht sich und dreht sich.

Anfang der 70er-Jahre ließ das Jahr 1968 grüßen. Damals, zur Zeit des Vietnamkriegs und der Befreiungsbewegungen in Lateinamerika, war die Entdeckung des revolutionären Jesus der große Hit. Es wurde behauptet, dass Jesus gar nicht so friedliebend, gewaltlos und aufs Jenseits vertröstend gewesen sei, wie die Kirche immer tue, sondern dass er in Wirklichkeit ein politisch motivierter Kämpfer war, der eine Revolution anzetteln wollte, um Israel vom Joch des römischen Imperialismus zu befreien. Aber leider ging es ihm wie Che Guevara und seinen Mitstreitern: Der Geist war zwar willig, aber das Waffenarsenal zum Verzagen. Zwei Schwerter – das reicht vielleicht für eine Theorie, aber nicht für die Praxis.

Später in den 80er-Jahren, in der Spätphase des Kalten Krieges und des atomaren Wettrüstens, war es der friedensbewegte Jesus, der plakativ ein Maschinengewehr nach dem andern übers Knie brach, damit die zerbrochenen Waffen in Pflugscharen umgeschmiedet werden konnten.

Jesus der Ökofreund, der sogar Verständnis für das Wachsen

des Unkrauts mitten im Weizen hatte, entzückte die Herzen der Latzhosengeneration. Biobauer, Aussteiger, Kommunardinnen und Kommunarden, Feministinnen und Feministen, Schwule und Lesben sowie institutionsfrustrierte Kirchgänger und Kirchendavongänger entdeckten Jesus für sich.

Zu Beginn des neuen Jahrtausends hatte Mel Gibson den richtigen Riecher und drehte ein mit Getöse vermarktetes Passionsspektakel – als passendes Beiprogramm zu den täglich frei Haus gelieferten Schockbildern vom Golfkrieg. Die einen waren ergriffen, den anderen drehte es den Magen um.

Und dann düste Dan Brown an und bescherte dem Jesus-Geschäft den Harry-Potter-Effekt. Der publizistische Glückspilz durfte mit Cäsar sprechen: »Veni, vidi, vici.« Sein in vielfacher Millionenauflage verkaufter Da-Vinci-Code-Thriller fuhr einen Erfolg ein, wie ihn kein Jesus-Buch je erreicht hatte.

Tausend Thesen über Jesus

»Alles auf der Welt hat seine Zeit«[2], heißt es im Buch eines Autors aus dem alten Israel, der unter dem Pseudonym Kohelet bekannt wurde. Dieser Mann, in dessen Wortschatz das Adjektiv »schnelllebig« naturgemäß noch nicht vorkam, hätte wohl nur ungläubig geguckt, wenn ihm jemand prophezeit hätte, dass es einmal eine Zeit geben werde, in der alles gleichzeitig seine Zeit hat. Zumindest in Sachen Jesus-Literatur ist diese Zeit längst da.

Früher schwappte die »Jesus-Welle« in schöner Regelmäßigkeit etwa alle zwanzig bis fünfundzwanzig Jahre hoch. Da stapelten sich dann in den Schaufenstern der Buchhandlungen wieder serienweise neue Bücher, die einen Jesus präsentierten, der nach der neuesten Mode frisiert war. Inzwischen hat sich die Lage grundlegend geändert. Es gibt keine Wellen mehr – keine Abfolge und kein Hintereinander, sondern es ist alles gleichzeitig vorhanden.

Man sehnt sich beinahe zurück nach den etwas langsameren

Zeiten, in denen jeweils nur ein einziges neues Jesus-Bild vermarktet wurde, weil es gerade Saison hatte. Heutzutage hingegen wartet gleich eine ganze Kollektion von unterschiedlichsten Jesusen auf Kundschaft, und jeder von ihnen beansprucht, der einzige und einzig wahre zu sein.

Das Wettrennen ist eröffnet: Wer hat besseren Chancen, in den Warenkorb gelegt zu werden? Der feministische Jesus, der esoterische Jesus, der sexuell befreite Jesus oder der Raumschiff-Jesus, der Rauschgift-Jesus, der »Universelles-Leben«-Jesus oder der »Uriella«-Jesus, Jesus als Vegetarier, Arier und Planetarier, dessen wahre Heimat nicht in Bethlehem und nicht in Nazareth zu suchen ist, sondern in Qumran, in Indien, in Ägypten, in Arabien bzw. auf dem Mars oder auf den Plejaden, Jesus, der keinesfalls am Kreuz gestorben ist, sondern ganz sicher in Kaschmir begraben liegt bzw. in Japan, wo es ebenfalls ein echtes Jesus-Grab gibt, sowie in Südfrankreich in der Nähe von Rennes-le-Château, wo die noch echteren sterblichen Überreste beigesetzt sind.

Möglicherweise liegt der tote Jesus sogar in Rom begraben. Aber wir können die Toten getrost begraben lassen, da im Land der unbegrenzten Möglichkeiten bereits an der Auferstehung und Wiedergeburt des Nazareners gearbeitet wird. Gentechnologen versuchen, Jesus nach allen Regeln der Kunst zu klonen. In der Blutbank einer texanischen Universität ist bereits seine Erbinformation gelagert, entnommen dem garantiert echten Blut Christi aus dem garantiert echten Turiner Grabtuch.

Wer war Jesus wirklich? Und ist der als wahr angepriesene Jesus wirklich der wahre?

Wer ernsthaft vorhat, das Jesus-Warenhaus zu betreten und sich mit den tausend Thesen über Jesus auseinander zu setzen, die dort lagern und von denen die eine so widersprüchlich ist wie die andere, dem kann ich nur mit Immanuel Kant empfehlen: »Haben Sie Mut, sich Ihres Verstandes zu bedienen!«[3] Schärfen Sie Ihr logisches Denkvermögen, denn Sie werden es brauchen, um den vielen Behauptungen nicht so leicht auf den Leim zu gehen.

Sie können sich natürlich auch auf den Standpunkt stellen, dass Ihnen nichts wirklich Wichtiges entgeht, wenn Sie sich mit solchen unseriösen Büchern erst gar nicht beschäftigen. Doch Vorsicht: Selbst wenn Sie sich entschlossen hätten, Ihre Zeit keinesfalls damit zu verschwenden, unnötige Dinge zu lesen, und die Geistesblitze dieser Autoren samt und sonders zu ignorieren – es wird Ihnen nichts nützen.

Auch wenn Sie nicht im Traum daran denken würden, sich Bücher wie *UFOs und ihr Zeuge Christus*, *Das White-Eagle-Jesus-Buch* oder *Das wahre Jesus-Horoskop* zu Gemüte zu führen; auch wenn Sie Eide geschworen hätten, Titel wie *Jesus starb nicht am Kreuz*, *Scheintod auf Golgatha. Die Wahrheit über das Leben von Jesus* oder *Jesus lebte in Indien* in den Regalen der Buchhändler verstauben zu lassen oder Druckwerke wie *Der Ur-Jesus. Die buddhistischen Quellen des Christentums* oder *Also sprachen Jesus und Zarathustra* unter keinen Umständen in die Hand zu nehmen; selbst wenn Sie öffentlich bekannt gemacht hätten, Bücher wie *Der wirkliche Jesus*, *Das Jesus-Komplott* oder *Die Nazareth-Tafel. Das letzte Rätsel der Jünger Jesu* nicht einmal geschenkt haben zu wollen; Sie ein feierliches Gelübde abgelegt hätten, in marktschreierisch angepriesene Schmöker wie *Verschlusssache Jesus*, *Jesus und die Urchristen. Die Qumran-Rollen entschlüsselt* oder *Das Geheimnis des Rabbi J. – Was die Urchristen versteckten, verfälschten und vertuschten* nie und nimmer einen Blick zu werfen; ja selbst dann, wenn Sie bereits durch den bloßen Anblick von Publikationen wie *Der Heilige Gral und seine Erben*, *Das Vermächtnis des Messias* oder *Das verheimlichte Wissen. Tempelgeheimnisse, verschollene Evangelien und das unbekannte Leben Jesu* von Übelkeit gepackt würden und allein die Nennung der Titel von Schriften wie *Briefwechsel zwischen Abgarus Ukkama, Fürst von Edessa, und Jesus von Nazareth*, *Die drei Tage im Tempel. Gespräche des zwölfjährigen Jesus* oder *Das Barnabas-Evangelium. Wahres Evangelium Jesu, genannt Christus, eines neuen Propheten von Gott der Welt gesandt, gemäß dem Bericht des Barnabas seines Apostels* ebenfalls einen heftigen Brechreiz bei Ihnen auslösen würde; selbst wenn Sie der Meinung wären, dass es besser wäre, sich die Lektüre eines zwölfbändigen Mammutwerkes wie *Der Gottmensch. Leben und Leiden unseres Herrn Jesus Christus. Erstes, zweites und drittes Jahr des öffentlichen Lebens Jesu* zu ersparen, und auch um Bücher wie *Jesus 2000. Das Friedensreich naht, In den letzten Tagen. Jesus kommt wieder! Sind Sie bereit?* oder *Die großen kosmischen Lehren des Jesus von Nazareth an Seine Apostel und Jünger, die es fassen konnten* einen Bogen machten – es nützt nichts. Sie entkommen dieser geballten Ladung Botschaften nicht! Der verfälschte Jesus kommt über alle Kanäle zu Ihnen.

Jesus war kein Zimmermann

Sie schlagen in der Früh die Zeitung auf, und schon lesen Sie die Schlagzeile: »Neues zu Jesus von Nazareth«. Und ganz nebenbei, zwischen Frühstücksbrot und Kaffee, erfahren Sie, wie falsch das Bild ist, das Sie sich bisher von Jesus gemacht haben. Der Mann aus Nazareth sei weder arm noch ein Tischler gewesen, vielmehr müsse man sich ihn eher als einen »Mittelständler« vorstellen, wie ein Professor namens Giovanni Mangani enthüllte. Jesus sei »tief von der gehobenen urbanen griechischen Kultur geprägt« gewesen, habe lesen und schreiben können, mehrere Sprachen gesprochen und »vermutlich antikes Theater besucht«. Auch Zimmermann sei er keiner gewesen, sondern eher ein Architekt oder ein Bauunternehmer.[4]

Paulus hat etwas ganz anderes gesehen

Oder Sie schlagen das *Deutsche Ärzteblatt* auf und erfahren von einer anderen sensationellen Enthüllung. Bisher haben Sie immer geglaubt, dass Paulus, wenn er in seinem ersten Schreiben an die Korintherinnen und Korinther beteuert, er habe »Jesus, unseren Herrn, gesehen«[5], seine Vision meint, bei welcher er laut eigener Aussage ein »helles Licht vom Himmel her«[6] sah, das »heller als die Sonne«[7] strahlte. Und dann lesen Sie, ein Augenarzt namens Guido Kluxen aus Wermelskirchen im Bergischen Land habe herausgefunden, dass Paulus infolge des plötzlichen und intensiven Sonnenblitzes, der ihn auf dem Weg nach Damaskus umstrahlte, eine »UV-Licht-Keratitis« erlitt – auf Deutsch: eine Hornhautentzündung auf Grund ultravioletter Lichtstrahlung – und dass er sich bei dieser Gelegenheit auch noch eine »Retinopathia solaris« – eine schmerzhafte Netzhauterkrankung – einhandelte.

Wie werden Sie auf so eine Nachricht reagieren: Werden Sie an der Seriosität der Bibel zweifeln – oder an der Seriosität einer solchen »Enthüllung«? Und wie werden Sie erst reagieren, wenn Sie erfahren, was sich zutrug, als die eben erwähnte »Paulus-Affäre« durch die Medien ging: Eine Flut von Leserbriefen, durch welche die Auflage des *Deutschen Ärzteblattes* kurzfristig in die Höhe schnellte, hatte nämlich zur Folge, dass der Augenarzt schließlich zugab, seine medizinische Deutung von Pauli Bekehrung sei »selbstverständlich spekulativ« gewesen.[8]

Nicht von den Römern gekreuzigt

Mit der Schlagzeile »Neue These zum Mord an Jesus« vermeldete eine Zeitung das Erscheinen der Erkenntnisse eines britischen Autors namens Enoch Powell. Laut Powell sei Jesus nicht von den Römern gekreuzigt, sondern von den Juden gesteinigt worden.[9]

Als Österreicher fühlt man sich, wenn man so etwas liest, sofort an Bruno Kreisky erinnert. Der 1990 verstorbene Bundeskanzler der Alpenrepublik kanzelte bekanntlich in einer seiner legendären Pressekonferenzen einen Journalisten, der sich mit einer dümmlichen Frage eine arge Blöße gegeben hatte, mit den mittlerweile zum geflügelten Zitat gewordenen Worten ab: »Lernen Sie Geschichte, Herr Redakteur!«

So »neu«, wie die in Sachen Bibel und Bibelkritik leider meist ziemlich ahnungslosen Journalisten oft meinen, sind solche »Thesen« normalerweise nicht – und die von der Steinigung Jesu schon gar nicht. Hätte der Verfasser der vorhin zitierten Zeitungsmeldung »Geschichte gelernt«, dann würde er gewusst haben, dass Herrn Powells These bereits etliche Jahrhunderte auf dem Buckel hat.

Die *Toledoth Jeschu*, wo diese Geschichte zu finden ist, gab es bereits im Mittelalter. Ziel dieser gegen die Christen gerichteten jüdischen Kampfschrift war es, den antisemitischen Spieß einmal umzudrehen und mit plump gefälschten Informationen über das Leben Jesu den Begründer der Kirche verächtlich zu machen.

Statt so zu tun, als hätte hier irgendein Forscher etwas Neues über Jesus enthüllt, stünde es kritischer Medienberichterstattung besser an, die keineswegs schwer zu erratenden Motive zu enthüllen, die hinter dem Lancieren einer solchen »These« stehen – nämlich das Schüren ganz bestimmter Vorurteile. Wieder einmal sollte der Nachweis erbracht werden, dass es die Juden waren, die Jesus umgebracht haben. Wenn man weiß, dass es sich bei diesem Autor, der eine uralte These aufzuwärmen versuchte, um einen für extreme Ansichten bekannten britischen Politiker handelt[10], sehen die Dinge gleich ein wenig anders aus.

Jesus hat gar nicht gelebt

Aufwärmen von alten Thesen zählt überhaupt zu den Lieblingsbeschäftigungen der Jesus-Fälscher. Schon lange hat niemand mehr behauptet – oder zu behaupten gewagt –, eine Person namens Jesus hätte es überhaupt nicht gegeben. Die These, Jesus sei gar keine reale Person, sondern ein Produkt der Fantasie, wurde vor allem im 19. Jahrhundert und zu Anfang des 20. Jahrhunderts propagiert. So etwa von Bruno Bauer (1809–1882), für den das Leben Jesu »eine Erfindung des Urevangelisten« war, von Albert Kalthoff (1850–1906), der in Christus den »personifizierten Gemeindeheros« sah, oder von Arthur Drews (1865–1935), bei dem der gekreuzigte Jesus in einer »astralmythischen Deutung« lediglich der zum Gottmenschen gewordene Orion war, der mit ausgebreiteten Armen am Weltbaum der Milchstraße hängt und von den Gestalten des Tierkreises wie von einer Rotte von Bösewichtern umgeben ist.[11]

Dieses fast schon vergessene Leugnen der Existenz Jesu gleichsam aus ihrem Mauerblümchendasein erlöst zu haben, ist das Verdienst eines Franzosen. Für Jean Magne ist Jesus die Erfindung von Gnostikern. Nicht eine »militant-jüdische Gründerfigur« sei am Anfang der Bewegung des Christentums gestanden, sondern »ein schlichtes Brotritual«.[12]

Die Frage, was von dieser »Enthüllung« zu halten sei, lässt sich mit sechs Buchstaben beantworten: »Nichts.« Was hier behauptet wird, ist reine Fantasie, die sich auf keinerlei Tatsachen stützen kann.

Er war schon tausend Jahre früher auf dieser Welt

Nicht anders verhält es sich hinsichtlich der These von Ahmed Osman, welcher behauptet, es gebe »nicht den geringsten zeitgenössischen Beweis« dafür, dass Jesus »in der Regierungszeit Herodes' des Großen geboren und im ersten Jahrhundert nach Christus zum Tod verurteilt wurde«.[13]

Dem in Kairo geborenen Professor für ägyptische Geschichte kommt das Verdienst zu, das bunte Spektrum der Jesus-Fälschung um die Variante bereichert zu haben, dass Jesus schon um mehr als tausend Jahre früher gelebt habe, als wir meinen, und dass »die Figur, die wir heute als Gottessohn verehren«, in Wirklichkeit identisch sei mit Josua, dem aus dem Alten Testament bekannten Schüler und Nachfolger des Mose, und obendrein noch mit dem Pharao Tutenchamun, der Ägypten zwischen 1361 und 1352 vor Christus regierte, während Mose seinerseits in Wirklichkeit niemand anderer war als der Pharao Echnaton.

81

Noch weiter entrückt finden wir Jesus bei Walter Hain. Für den in Österreich ansässigen »Marsforscher« war der Mann aus Galiläa ein »Außerirdischer«. In seinem Buch *Sein Reich war nicht von dieser Welt* meint der Autor, Beweise für eine »außerirdische Herkunft Christi« vorgelegt zu haben.

Walter Hain bezieht sich in seinen fantasievollen Spekulationen auf das so genannte »Marsgesicht«. Damit ist eine gewisse Hell-und-dunkel-Schattierung gemeint, die auf manchen Fotos unseres Nachbarplaneten zu sehen ist und die einem bei einiger Fantasie tatsächlich wie ein riesiges, in die Marslandschaft gemeißeltes Gesicht vorkommen kann. Dieses »Marsgesicht«, findet Hain, habe eine frappante Ähnlichkeit mit dem Gesicht des Mannes auf dem Turiner Grabtuch, und das sei ein Beweis dafür, dass es sich bei dem Mann aus Nazareth um einen Außerirdischen handelte.[14]

Um zu beurteilen, was von einem solchen Beweis zu halten ist, genügt es, sich im Sinne Immanuel Kants mutig des eigenen Verstandes zu bedienen. Die meisten von diesen spektakulären »Enthüllungen« über Jesus sind nichts weiter als Fantasien in wissenschaftlichem Gewande, und nicht wenige davon liegen auf der Ebene jener Wissenschaftlichkeit, über die schon Erich Kästner die Nase rümpfte, als er in seinem berühmten Gedicht über den Fortschritt der Menschheit sagte: »Und sie stellen durch Stiluntersuchungen fest, dass Cäsar Plattfüße hatte.«[15]

Der geklonte Jesus

Schlagzeile in einer auflagenstarken österreichischen Tageszeitung: »US-Wissenschaftler wollen Jesus klonen – Wissenschaftler in Texas haben bereits das Gen isoliert.«[16] Wenn man so etwas am frühen Morgen als Lektüre zum Frühstück serviert bekommt, fragt man sich natürlich, woher wohl die zur Isolierung des Gens erforderliche Blutprobe genommen wurde. Elmar R. Gruber und Holger Kersten haben es enthüllt: »In der Blutbank einer texanischen Universität lagert inzwischen die Erbinformation des Mannes vom Grabtuch.«[17]

Auf das so genannte Grabtuch Christi, jene weltberühmte Reliquie, die in der zweiten Hälfte des 14. Jahrhunderts in Lirey aufgetaucht ist und seit 1578 in Turin aufbewahrt wird, beziehen sich die Theorien einer ganzen Reihe von Enthüllungsautoren. Sie behaupten, mit diesem Linnen ließe sich beweisen, dass Jesus nicht am Kreuz gestorben ist; denn auf dem Tuch befinde sich eine Blutspur, der man entnehmen könne, dass Jesus noch geblutet habe, als er in dieses Tuch eingewickelt war – und Leichen bluten bekanntlich nicht.

Dieses Tuch sei kein Leichentuch, sondern eine Art »Heiltuch« gewesen[18], mit welchem Joseph von Arimathäa und seine Hintermänner den scheintoten Jesus, der zwar lebensgefährlich verletzt war, aber glücklicherweise noch lebte, hurtig gesund gepflegt haben, sodass er am dritten Tag nach seiner Kreuzigung – oder genauer gesagt: knappe 36 Stunden später – trotz des Blut- und Flüssigkeitsverlustes, die ihm die schweren Verwundungen durch Geißelung, Dornenkrönung und Durchbohrung an Händen und Füßen beschert hatten, bereits wieder so weit wiederhergestellt war, dass er die im Felsengrab eingerichtete Intensivstation aus eigener Kraft verlassen konnte und somit eben nicht auferstanden, sondern lediglich »aufgestanden« sei.

Das Copyright an dieser fantastischen Theorie hat eigentlich ein Mann namens Hans Naber. In einer vom Autor selber in der Aufmachung einer Illustrierten herausgegebenen Schrift mit dem Titel *Ilustrierte Sonderausgabe* schrieb Hans Naber, der sich auch Kurt Berna, John Reban u. Ä. nannte, im Jahr 1957: »Jesus Christus ist laut seinem eigenen Linnen nicht am Kreuz gestorben.« Naber behauptet, niemand Geringerem als Jesus selbst den entscheidenden Hinweis zur Entdeckung des lange übersehenen Befundes zu verdanken. Er beruft sich auf Visionen, die er in der Zeit vom

16. bis zum 23. Februar 1947 hatte. In diesen Visionen habe ihm Christus mitgeteilt: »Höret mein Geheimnis – ich bin nicht am Kreuz gestorben!«[19]

Aber mit einer solchen Antwort stellt sich sofort eine neue Frage: Wenn es stimmt, dass Jesus nicht am Kreuz starb, wo starb er denn dann? Wo liegt er begraben?

Die vielen Gräber des Nazareners

Viele sind davon überzeugt, dass Jesus nach seiner nicht erfolgten Auferstehung nach Indien ging. Felsenfest davon überzeugt ist jedenfalls die Ahmadiyya-Sekte. In deren Besitz befindet sich nämlich das so genannte Jesus-Grab in Kaschmir.[20] Die anderen meinen, Jesus sei noch etwas weiter östlich begraben – nämlich in Japan. Felsenfest behauptet dies jedenfalls die Mahikari-Bewegung. Auch sie haben ein Jesus-Grab, das jährlich von mehr als hunderttausend Menschen besucht wird, und die Besucher pflegen Früchte und Geld als Opfergabe niederzulegen.

Nach einer in Japan verbreiteten Legende soll Jesus vor den Römern nach Japan geflohen sein, eine Japanerin geheiratet haben und im nahezu biblischen Alter von 106 Jahren gestorben sein. Seit 1935 geistert die von der Mahikari-Bewegung kolportierte Story durch die Weltgeschichte, dass Jesus nicht selber am Kreuz starb, sondern ein anderer an seiner Stelle gekreuzigt wurde, während er nach Asien emigrierte. Dieser andere war niemand anderer als Jesu Bruder namens »Isukiri«, dessen Leichnam »später nach Japan überführt und genau wie Jesus selbst dort begraben« worden sei.[21]

Japanischen Zeitungsberichten aus dem Jahr 1997 war zu entnehmen, dass dieses angebliche Grab Jesu in der Stadt Shingo mutwillig beschädigt worden war. Unbekannte Täter hatten die beiden großen Gedenkkreuze abgesägt, die über dem so genannten »Grab Christi« errichtet waren.

Noch ein weiteres Grab wurde ausfindig gemacht, in dem die sterblichen Überreste jenes Mannes begraben sein sollen, der schon zu Lebzeiten kein Freund von Gräbern und Friedhöfen war; jenes Jesus, der die Schriftgelehrten und Pharisäer mit »übertünchten Gräbern« verglich, die außen schön aussehen, aber innen voll Knochen, Schmutz und Verwesung sind[22], und der seine Anhänger mit Sprüchen wie diesem schockierte: »Lass die Toten ihre Toten begraben!«[23]

Jesu Grab sei in Frankreich zu finden, verkündeten Richard Andrews und Paul Schellenberger der staunenden Öffentlichkeit.[24] Es befinde sich im Pech Cardou, einem Berg in der Nähe von Rennes-le-Château in Südfrankreich, und zwar in einem circa 250 Meter langen Stollen, der in den 795 Meter hohen Berg getrieben wurde. Die Autoren beriefen sich dabei auf ein von der Kirche angeblich jahrhundertelang unterdrücktes »explosives Geheimwissen«, das in kryptischen geometrischen Sequenzen überliefert wurde, z. B. auf Kunstwerken wie der »Lancelot-Miniatur« oder einem Bild von Nicolas Poussin.

Die reichlich abstruse Theorie wurde als das entlarvt, was sie ist: eine pure Erfindung. Längst wurde aufgezeigt, dass die angeblich aus dem Mittelalter stammenden Pergamente fantasievolle Fälschungen sind – was die beiden Autoren übrigens gar nicht bestritten, sondern vor laufender Fernsehkamera sogar behaupteten, sie hätten in ihrer Theorie die Möglichkeit mit berücksichtigt, dass die Dokumente aus dem 19. oder 20. Jahrhundert stammen könnten.[25] Und wieder musste die »Sacra Sindone di Torino« als Beweismittel herhalten: Andrews und Schellenberger schlugen allen Ernstes vor, zur Überprüfung ihrer Thesen die »unter Tausenden von Tonnen Felsgestein« verborgenen Gebeine Jesu freizubuddeln und »den einbalsamierten Körper mit dem Abbild auf dem Grabtuch von Turin« zu vergleichen.

Verglichen mit dermaßen spektakulären »Enthüllungen«, nimmt es sich nachgerade harmlos aus, wenn uns Jesus auch noch als ein visionärer Manager präsentiert wird. Laurie Beth Jones, Präsidentin eines amerikanischen Werbe-, Marketing- und Wirtschaftsentwicklungsunternehmens, empfiehlt ihrer Klientel eine ganz spezielle Form von Jesus-Nachfolge. Sie rät den Managern in Wirtschaftsbetrieben nämlich, sich an Jesus ein Beispiel zu nehmen und seine Managementmethoden nachzuahmen.

Der Führungsstil »jener Person, die zwölf Menschen schulte«, ist »dafür bestimmt, von uns angewandt zu werden«, weiß die Autorin[26], und man kann ihr nicht einmal vorwerfen, dass sie Jesus dabei in irgendeiner Weise verfälschen würde. Frau Jones' Analyse ist lediglich von erschreckender Banalität. Die clevere Marketing-Expertin, die ihre »Erkenntnisse« aus der aufmerksamen Lektüre der Heiligen Schrift gewonnen haben will, hat ja keineswegs Unrecht, wenn sie der staunenden Leserschaft enthüllt, dass sich Jesu »Führungstechnik« auf drei Stärken konzentriere – nämlich auf die »Stärke der Selbstführung und Persönlichkeitsentwicklung«, auf die »Stärke der Handlung« und auf die »Stärke der Beziehung« – und dass die Kombination dieser drei »Stärken« eine unabdingbare Voraussetzung sei, um in der heutigen Geschäftswelt durchschlagende Managementerfolge zu erzielen.

Gut und schön, aber was, bitte sehr, ist daran jesuanisch, oder gar *typisch* jesuanisch? Keine Führungspersönlichkeit der Welt, deren Aufgabe es ist, Menschen zu führen, hat Menschen je anders führen können als so – also sicherlich auch Jesus. Mit anderen Worten: Die Ausführungen über die »visionären« Managementmethoden des »Managers« Jesus sind ungefähr so aufschlussreich wie die Feststellung, dass Wasser nass ist.

Der schmerzhafte Rosenkranz meditiert bekanntlich die Leidensgeschichte des Herrn, aber er berücksichtigt keineswegs alle Stationen dieses Leidensweges. Jesus wird nämlich nicht nur gegei-
ßelt, verspottet, geschlagen und mit Dornen gekrönt – er befindet
sich auch in den Klauen der »Enthüller«.

In meinen Vorträgen wurde ich schon oft gefragt: Kann und
darf man über Jesus eigentlich allen erdenklichen Unsinn behaupten und mit Hilfe des Buchdrucks und der elektronischen Medien
bekannt machen? Leider kann ich darauf keine andere Antwort
geben als: Ja. Offensichtlich kann und darf man. Jedenfalls tut
man es unentwegt; und wenn es kein gutes Geschäft wäre, solche
unseriösen Jesus-Bücher zu machen, dann hätten die Verleger sicher schon längst die Finger davon gelassen.

Der Bibel-Code hieß ein Buch, das bereits einige Jahre vor Dan
Browns *Da-Vinci-Code* die Gemüter bewegte.[27] Michael Drosnin –
ein amerikanischer Jude, der nach eigener Aussage nicht an Gott
glaubt – behauptete, der hebräische Text der Bibel enthielte ver-
steckte Botschaften über zukünftige Ereignisse und es gäbe ein
Verfahren, den »Code« dieser Botschaften zu entschlüsseln und
auch sehr detaillierte Aussagen über die Zukunft zu machen. So
wollte der Autor z. B. eine präzise Voraussage des Attentats auf
den israelischen Premierminister Yiztak Rabin in der Bibel codiert
gefunden haben.

Drosnins *Bibel-Code* wurde nicht nur erfolgreich verkauft, er
wurde auch erfolgreich kritisiert. Es fehlte nicht an Skeptikern,
die an der hier propagierten Methode zweifelten. Sie hielten dem
Autor vor, dass man auf diese reichlich willkürliche Weise alles
und jedes aus der Bibel herauslesen kann. Und als der Autor, um
seinen Gegnern den Wind aus den Segeln zu nehmen, in einem
Interview öffentlich erklärte, wenn einer seiner Kritiker im Stande
wäre, eine Botschaft über die Ermordung eines Premierministers
verborgen im Text von *Moby Dick* zu entdecken, dann wolle er

sich geschlagen geben, wurde er prompt beim Wort genommen. Brendan McKay machte die Probe aufs Exempel und fand, unter peinlich genauer Anwendung der »Bibel-Code-Methode«, im englischen Text von *Moby Dick* gleich mehrere solcher Mordanschläge vorhergesagt: den auf Indira Gandhi, den auf Trotzki, den auf Martin Luther King und noch ein paar andere.

Was war nun erwiesen: dass offenbar auch ein Bestsellerautor wie Herman Melville (1819–1891) hellseherische Fähigkeiten besessen haben muss – oder war erwiesen, dass die Sache mit dem Bibel-Code nichts weiter ist als pure Scharlatanerie?

Sehr treffend vermerkte ein Rezensent, dass Drosnins *Bibel-Code* vor allem »Esoteriker elektrisiert«, und übertitelte seine Ausführungen mit den Worten: »Erleuchtung kurz vor dem Dritten Weltkrieg«.[28] Denn der Dritte Weltkrieg ist laut Drosnin in der Bibel selbstverständlich ebenfalls schon längst vorausgesagt. Doch wir dürfen aufatmen: Wir heute Lebenden, ja nicht einmal unsere Kinder haben Chancen, ihn noch zu erleben. Michael Drosnins computerunterstützter biblischer Kaffeesatzlektüre zufolge wird es erst im Jahr 2116 so weit sein ... Und an diesem Detail entdecken wir plötzlich den tieferen Sinn der ganzen Sache.

Die Botschaft vom Dritten Weltkrieg

Die Botschaft ist ganz klar: Der »Dritte Weltkrieg«, dieser Inbegriff von Angst und Schrecken, diese fürchterliche Horrorvision der totalen Weltvernichtung, findet zwar statt, aber nicht hier und heute und auch nicht demnächst, sondern zu einem Zeitpunkt, in dem es uns persönlich nicht mehr trifft.

Siehe da, so fällt es uns wie Schuppen von den Augen: Zwei so völlig unterschiedliche Dinge wie der banale Raumschiff-Jesus von Hatara-Siri und Drosnins kompliziert ausgetüftelter »Bibel-Code« haben einen gemeinsamen Nenner! Botschaften dieser Art sind dazu da, bestimmte Bedürfnisse zu stillen. Wer solche Sachen liest und bereitwillig glaubt, dem geht es gar nicht um Information. Er liest aus ganz anderen Gründen. Die Lektüre spendet ihm Trost.

Pervers, aber wahr: Die Bibel, die wirklich Trost spenden könnte, bleibt ungelesen, aber der *Bibel-Code* wird zum Tröster.

Und wer sich trösten lassen möchte, wird sich in jeder Lage und um jeden Preis trösten lassen – auch nach dem 11. September 2001, jenem Tag, von dem es heißt, dass »nichts mehr so sein wird, wie es war.«

Warum werden solche Bücher gelesen?

Das schreckliche Attentat auf das World Trade Center hat Michael Drosnin mit seinem *Bibel-Code* zwar nicht vorausgesagt – aber was besagt das schon! Nur sarkastische Gemüter, denen nichts heilig ist, könnten auf die Idee kommen, Gorbatschows Spruch zu variieren und zu sagen: »Wer zu früh prophezeit, den bestraft die Geschichte«. Nur notorische Zyniker würden ätzen, dass Drosnin, falls er eine Möglichkeit gehabt hätte, schon im Vorhinein zu wissen, dass sich schon ein paar Jahre nach Erscheinen seines Buches etwas so Schreckliches ereignen würde, ganz bestimmt auch haarklein nachweisen hätte können, dass auch der Einsturz der beiden Türme in New York längst schon in codierter Form in der Bibel prophezeit war. Alle anderen aber werden doch einsehen, dass man das doch ganz anders sehen muss: nämlich dass es sich hier nur scheinbar um ein Versagen der prophezeienden Kraft des »Bibel-Codes« handelt; denn in Wirklichkeit ist es doch ungemein tröstlich, dass der 11. September *nicht* vorausgesagt wurde. Oder nicht?

So schlimm, wie viele meinen, *kann* es gar nicht sein! Denn wenn dieses Ereignis in New York wirklich so weltbewegend wäre, dann wäre es doch in der Bibel, die sogar das Attentat auf Yiztak Rabin präzis vorausgesagt hat, bestimmt berücksichtigt worden. Nein, *wirklich* schlimm wird es erst in mehr als hundert Jahren werden, wenn der Dritte Weltkrieg ausbricht; aber dann tut uns Gott sei Dank ohnehin kein Zahn mehr weh.

Drosnins Buch ist ein typisches Beispiel für jenes Genre pseudowissenschaftlicher Bücher mit mystischem Touch, bei deren Lektüre man sich kopfschüttelnd fragt: Warum werden solche Fantasien im wissenschaftlichen Gewande eigentlich so gerne gelesen?

Auf diese Frage habe ich mehrere Antworten. Meine erste Antwort lautet: Sie werden deswegen gerne gelesen, weil sie es verstehen, auf ganz raffinierte Weise sozusagen an das »Kind im Manne« zu appellieren.

Solche Bücher befriedigen den Spieltrieb, der auch im Erwachsenen mächtig ist, und sie geben der Abenteuerlust Nahrung, die in jedem Leser und jeder Leserin steckt. Darüber hinaus kompensieren sie Verlustängste und lindern tief verborgenen Schmerz. Denn mit der gleichen Wehmut, mit der sich der erwachsen gewordene Mensch in stillen Stunden an die schönen Tage der Kindheit erinnert und sich mit Marcel Proust auf die *Suche nach der verlorenen Zeit* begibt, denkt auch der Mensch der Moderne und Postmoderne an die gute alte Zeit zurück, als die Welt noch heil war – an die Zeit vor Kopernikus, Kant, Einstein, Freud und Bill Gates, wo alles noch so einfach und übersichtlich war; wo man stets wusste, wo's langgeht; wo man noch so viele Sicherheiten hatte und wo die Erde noch der Mittelpunkt der Welt war.

Das Verlangen nach Sicherheit, das so genannte »Sekuritätsbedürfnis« des Menschen, liefert den entscheidenden Kick. Es startet – um im Bild und Gleichnis des Computers zu sprechen – im Betriebssystem der menschlichen Psyche bestimmte Programme, die still und heimlich unter der Benutzeroberfläche ablaufen und sich nur hin und wieder durch bestimmte Eingabeaufforderungen bemerkbar machen. Dann kann die Lektüre einer gewissen Art von Literatur zu einer das seelische Gleichgewicht aufrechterhaltenden Notwendigkeit werden. Bücher, die bestimmte Illusionen nähren, werden dann im wahrsten Sinne des Wortes »verschlungen wie ein Stück Brot«, und der unkritische Konsument dieser Bücher ist sich nicht im Mindesten bewusst, warum diese Bücher für ihn eigentlich so attraktiv sind und weshalb er sie so dermaßen unkritisch konsumiert.

Maßgeschneiderte Bedürfnisbefriedigung

Der aufgeklärte Mensch, der Mensch im Zeitalter des World Wide Web und der Gentechnik, ist gar nicht so cool, wie er meint. Wenn er in stillen Stunden ein wenig in sich hineinhorcht, spürt er, wie sehr er unter der Komplexität der modernen Welt leidet; wie sehr er diese ganze Rationalität satt hat und wie sehr er die Welt, in der er lebt, eigentlich hasst. Und dann werden in ihm uralte Sehnsüchte wach, und er sehnt sich in die Zeit des »Es war einmal« zurück; in jene märchenhafte Zeit, als das Wünschen noch geholfen hat. Auch im so nüchternen und rationalen Menschen von heute sitzt tief drinnen der archaische Wunsch, die Welt möge eine heile Welt sein – ein Land der unbegrenzten Möglichkeiten, ein Märchenland voller Wunder und Überraschungen.

In einer solchen Situation wäre eigentlich der Glaube gefragt. Ein starker Glaube, ein »Glaube, der die Erde liebt«, wie Karl Rahner gesagt hat. Ein Glaube, der uns wieder zeigt, wie man das eigentlich macht: die Erde zu lieben und ihr Nichtheilsein zu bestehen. Was aber tun, wenn kein Glaube mehr da ist? Was tun, wenn vom ehemaligen Glauben nur noch ein brüchiges Satzgefüge übrig geblieben ist, das einen nicht mehr zu tragen vermag? Was tun, wenn der Glaube aus dem Leben verdunstet und der Mensch nicht mehr im Stande ist, sich in einem Akt des Urvertrauens in jenem Geheimnis festzumachen, welches man mit dem Wort Gott benennt?

Die Antwort ergibt sich von selbst: Einem Menschen, der keinen Glauben hat – wobei es um den Glaubensakt geht, nicht um dogmatische Inhalte dieser oder jener Provenienz –, dem bleibt gar nichts anderes übrig, als sich in Illusionen zu flüchten. Wir erleben es allenthalben: Auf vielerlei Weise versuchen vielerlei Menschen, aus den vielfältigen Gebrochenheiten unserer Welt zu flüchten, statt – wie es wahre Nachfolger Jesu tun sollten – ihnen standzuhalten und die Welt glaubend zu bestehen. »Habt Mut, ich habe die Welt besiegt«, lautet die Botschaft, die der Jesus der johanneischen Abschiedsreden seinen Jüngern auf den weiteren Lebensweg mitgibt.[29]

Zwischen Glaube und Aberglaube

In der Tat: Es gehört *Mut* dazu, zu glauben und die Welt glaubend zu bestehen. Bequemer und einfacher ist das andere: der Sehnsucht nachzugeben, aus dieser komplexen Welt zu flüchten. Der Drang zum Eskapismus ist größer denn je; und die Bücher der Jesus-Fälscher bieten sich gleichsam als Reisebüros an, in denen man den Trip in die Scheinwelt buchen kann. Sicher ist es nur bloßer Schein, was einem da geboten wird, aber es ist schön. Und es beruhigt, gibt Sicherheit.

Anders gesagt: Die Thesen der Jesus-Fälscher – wir haben es schon an einigen Beispielen gesehen – sind maßgeschneiderte Bedürfnisbefriediger; sozusagen Designerdrogen, einsetzbar gegen ganz bestimmte Ängste. Es handelt sich um nichts anderes als um Religionsersatz; um ein Imitat, welches echter Religion zum Verwechseln ähnlich sieht: um geklonte Religion. Wenn man will, kann man es auch mit den Kategorien der marxschen Religionskritik benennen: Opium – nicht für das Volk, sondern für den Durchschnittsintellektuellen. Denn allzu dumm darf man nicht sein, etwas Bildung ist schon nötig, um solche Bücher lesen zu können. Aber allzu kritisch darf die Kundschaft auch wieder nicht sein, denn sonst funktioniert's leider nicht. Eine Illusion, die ich durchschaue, ist keine Illusion mehr und kann mir nicht helfen.

Um es ganz unverblümt zu sagen: Diese Bücher sind Psychopharmaka aus bedrucktem Papier. Und sie sind umso wirksamer, je unbewusster einem die Sehnsüchte bleiben, die man eigentlich hat und die man auf diese Weise stillt. Denn was ich weiß, macht mich heiß. Wie schlimm für mich, wenn ich gleich von Anfang an durchschauen würde, dass ich drauf und dran bin, genau das zu tun, wovor mich das Neue Testament warnt – nämlich mir, weil ich die »gesunde Lehre« nicht mehr ertrage, »nach eigenen Wünschen« immer neue Lehrer zu suchen, die »den Ohren schmeicheln«![30]

Wenn ich das falsche Spiel, das ich mit mir selber treibe, durchschauen würde, dann könnte ich es nicht ertragen. »Vater, verzeih ihnen, denn sie wissen nicht, was sie tun«, hat Jesus am Kreuz gebetet, wie im Lukasevangelium berichtet wird.[31] Der barmherzige Vater Jesu würde mir vermutlich sogar verzeihen, wenn ich weiß, was ich tue. Aber ich? Wie könnte ich mir verzeihen? Wie sollte meine Seele den ersehnten Frieden finden, wenn mein Über-Ich den psychoanalytischen Zeigefinger erhebt und mir spielverderberisch zuruft: »Pfui, du regredierst ja schon wieder!«

Je weniger einem Leser bewusst ist, welche Programme unter der Oberfläche ablaufen, umso glücklicher wird ihn die Lektüre solcher Bücher machen. Diese Bücher ermöglichen es ihm, sich wie ein Kind fühlen zu dürfen, ohne sich kindisch vorkommen zu müssen. Sie gaukeln ihm vor, Sachbücher zu sein. Er braucht sie also nicht mit der Taschenlampe unter der Bettdecke zu lesen wie einst die Bücher von Karl May. Er braucht sich nicht von seinem kritischen Bewusstsein vorwerfen zu lassen, dass er sich ja bloß in eine erfundene Traumwelt begibt, wenn er liest, dass der Meister nach Indien ging oder dass sogar ein so tadelloser und vollkommener Typ wie Jesus seine liebe Not mit der Ehe hatte und eines Tages als wieder verheirateter Geschiedener dastand. Vielmehr kann sich der Leser ruhigen Gewissens sagen: Das sind doch ernsthafte Leute, die das schreiben, und ernsthafte Verlage, die das drucken; es klingt doch alles so vernünftig und so wissenschaftlich, was in diesen Büchern steht – da kann man doch nichts dagegen sagen!

Hier Esoterik, dort Fundamentalismus

Der Zerberus der Vernunft, der die Regression ins infantile Bewusstsein verwehren will, wird auf diese Weise erfolgreich beschwichtigt und lässt nicht mehr sein störendes Kläffen vernehmen. Aber was noch viel wichtiger ist: Der Leser bekommt etwas wiedergeschenkt, das er schon längst verloren hatte und im Grunde für unwiederbringlich hielt – die heile Welt seines Kinderglaubens. Oder sagen wir besser, er bekommt einen herrlichen Ersatz dafür.

Statt an den allmächtigen und allwissenden Gott, an den er nicht mehr zu glauben vermag, darf er hier nach Herzenslust an die Allmacht der Wissenschaft glauben und über deren Allwissenheit staunen. Die Wissenschaft weiß alles und kann alles erklären. Selbst die unglaublichsten Rätsel und Geheimnisse löst sie im Handumdrehen: Cäsars Plattfüße, den Landeplatz der Arche, das Geheimnis der Pyramiden, die Wahrheit über Atlantis und nicht zu vergessen: den Bibel-Code.

Aber dies alles ist nur die eine Spielart des Eskapismus: die atheistische oder agnostische. Komplementär zu ihr gibt es noch eine fromme oder besser gesagt: *vermeintlich* fromme Fluchtbewegung, jene Variante des Eskapismus, die wir als die fundamentalistische. Der Regensburger Dogmatiker Wolfgang Beinert spricht mit guten Gründen von einer »Sternstunde des Fundamentalismus« und sagt, der Startpunkt dieses Denkens sei »die Angst vor der Komplexität der Moderne, die in der Postmoderne höchst verdächtig geworden ist«.[32]

5. Der Meister und seine Herz-Dame
Jesus im Ehebett

Ein Buch ist ein Spiegel: Wenn ein Affe hineinguckt,
so kann freilich kein Apostel heraussehen.
GEORG CHRISTOPH LICHTENBERG (1742–1799)

Brennende Kerzen und demonstrativ gebetete Rosenkränze, lautstarke verbale Proteste, vereinzelte Sachbeschädigungen und Bombendrohungen gegen Kinos. Der Spielfilm »Die letzte Versuchung Jesu«[1] hat für einige Aufregung gesorgt, als er 1988 erstmals in den Kinos zu sehen war. Sogar die katholischen Oberhirten Deutschlands sahen sich veranlasst, in ihrer Herbstvollversammlung in Fulda am 28. August 1988 zum Scorsese-Film Stellung zu nehmen: »Die Deutsche Bischofskonferenz ist befremdet darüber, dass ein solcher Film überhaupt dem Publikum zugemutet wird. In völliger Willkür verfälscht und verzerrt der Film die biblische Gestalt Jesu. Er beleidigt die religiösen Gefühle der Gläubigen. Er missachtet Leben und Sterben Jesu Christi. Er kränkt alle, die ihre Hoffnung auf den Erlösungstod des menschgewordenen Sohnes Gottes gründen. Wer in dieser Weise die Überzeugungen anderer verletzt, verhält sich intolerant und kann sich dafür nicht auf die Freiheit der Kunst berufen.«[2] In den Jahren danach hat sich die Aufregung gelegt. Der Streifen, den Martin Scorsese nach einem Roman von Nikos Kazantzakis gedreht hat, ist mehrfach im Fernsehen gezeigt worden, sogar im renommierten deutsch-französischen Kulturkanal Arte, der gewiss nicht im Verdacht steht, ein eiskalt auf Einschaltquoten schielender Schmuddelsender zu sein.

Ein nüchterner Betrachter, der den Film zum ersten Mal sieht, wird sich vermutlich verwundert die Augen reiben und nur schwer begreifen, wogegen eigentlich damals so viele wackere Katholiken auf die Barrikaden stiegen.

Warum gab es um diesen Film einen solchen Skandal? Was ist so schlimm an dieser »letzten Versuchung« Jesu?

Die letzte Versuchung

Der Stein des Anstoßes ist weiblich und heißt Maria von Magdala. Bereits uralte christliche Fantasie hat jene Frau, aus der Jesus nach biblischem Zeugnis »sieben Dämonen ausgetrieben« hat[3], für eine Hure gehalten und mit der anonymen Sünderin identifiziert, die Jesus im Haus eines Pharisäers die Füße salbte.[4] Insofern war der Scorsese-Film keineswegs originell. Neu ist lediglich das Motiv, aus welchem Magdalena zur Hure wurde. Es war enttäuschte Liebe zum Meister. Auch wenn sich Jesus und Magdalena schon als Kinder kannten und seit jeher zärtliche Gefühle füreinander empfunden haben, eines steht fest: Jesus muss Gott mehr gehorchen als dem Lockruf irdischer Liebe. Ehe er in die Wüste geht, um sich auf sein öffentliches Auftreten vorzubereiten, sucht er die aus Verzweiflung Hure gewordene Magdalena im Haus der Sünde auf und bittet sie um Verzeihung. Leider ohne Erfolg. Erst als man sie später steinigen möchte und Jesus die Steinigung vereitelt, wird sie seine treueste Anhängerin.

Und dennoch bleibt die Gestalt der Magdalena im Scorsese-Film seltsam blass. Sie spielt im wahrsten Sinne des Wortes nur eine Nebenrolle. Der Film interessiert sich ausschließlich für Jesus und dessen Ringen um seine Sendung. Magdalena kommt erst wieder ins Spiel, als der Menschensohn auf raffinierte Weise versucht wird.

Jesus hängt bereits am Kreuz, da erscheint ihm der Satan als Engel verkleidet und gaukelt ihm vor, die Passion sei zu Ende. Gott habe Jesu Bereitschaft zur Hingabe gesehen, und ganz so wie seinerzeit bei der Opferung des Isaak müsse es nicht zum Äußersten kommen. Jesus brauche den bitteren Kelch nicht zu Ende trinken, sondern könne an der Seite eines Eheweibs ein ganz normales Leben führen. Und schon sehen wir, wie Jesus Magdalena heiratet, eine Schar von Kindern in die Welt setzt und altert, bis er endlich erkennt, dass alles nur Lug und Trug war. Gerade noch rechtzeitig kann er dem Satan widersagen. Kurz und gut: Jesus besteht auch diese letzte Versuchung seines Lebens, sagt Ja zum Willen Gottes und stirbt den Opfertod, um die Welt zu erlösen.

So gesehen müsste man dem vermeintlichen Skandalfilm eigentlich das Prädikat »besonders erbaulich« verleihen. Jeder Zuschauer des Films, der seine fünf Sinne beisammenhat, muss doch sehen, dass Jesu Eskapade als Ehemann hier nicht für bare Münze genommen, sondern lediglich als fiktive Möglichkeit gezeigt wird – als eine Versuchung, die zweifellos auch für den historischen Jesus existierte.

Selbst der fundamentalistischste Bibelleser wird zugeben müssen, dass es im Leben Jesu nicht bloß jene klassischen drei Versuchungen gab, von denen Matthäus und Lukas in stilisierter Form erzählen. Immerhin redet Jesus im Plural, als er beim Letzten Abendmahl dankbar erklärt: »In allen meinen Versuchungen habt ihr bei mir ausgeharrt«[5] – und auch später auf dem Ölberg empfiehlt er seinen Jüngern Wachen und Beten als Gegenmittel, um nicht »in Versuchung« zu fallen. Nicht zuletzt wird Petrus von Jesus sogar ausdrücklich »Satan« gescholten[6], weil er den Meister vom Weg des Leidens abhalten will. Warum also sollte fromme Fantasie sich nicht ausmalen dürfen, dass es für Jesus eine naheliegende Versuchung gewesen sein könnte, sich vorzustellen, dass er, statt sich selbst zu verleugnen und das Kreuz auf sich zu nehmen, genauso gut auch ein biederes Familienleben hätte führen können?

Falls wirklich etwas im Sinne der Lehre der Kirche Anstößiges im Scorsese-Film zu finden gewesen wäre, dann höchstens das Selbstverständnis dieses Jesus, das sicherlich nicht in allem und jedem von christologischer Correctness geprägt ist, doch pflegen derlei Anstößigkeiten in der Regel lediglich von dogmatischen Experten und Glaubenswächtern wahrgenommen zu werden, nicht aber von so genannten einfachen Gläubigen.

Bleibt als anstößiger Rest in der Tat bloß die im wahrsten Sinne des Wortes nackte Tatsache übrig, dass Jesus im Scorsese-Film ein paar Filmsekunden lang – zwar diskret fotografiert, aber doch – in liebender Vereinigung mit Magdalena zu sehen war.

Der Jesusknabe und die Hormone

Wie jedes normal entwickelte Kind wurde auch Jesus eines Tages geschlechtsreif. Da die biblischen Schriften über die Jahre zwischen Kindheit und dem ersten öffentlichen Auftreten Jesu nichts berichten, berichten sie auch nichts über die Entwicklung des Sexuallebens Jesu. Aber so wie der seriöse Journalismus stets von der auf Klatsch und Tratsch, Sex and Crime, Banalitäten und Skandalgeschichten abzielenden Regenbogenpresse begleitet wird, hat auch die seriöse Jesus-Berichterstattung ihr Gegenstück in einem von den ersten Apokryphen bis heute florierenden Zweig sensationsgieriger Jesus-Schreiberei, die schlechthin alles sieht – selbst das, was in dunkler Nacht und unter der Bettdecke geschieht.

Wer neugierig ist, was mit Jesus geschah, als die Sexualhormone in seinem Körper die Pubertät einläuteten, wird bei Gerald Messadié umfassend informiert. Im Roman *Ein Mensch namens Jesus* erzählt der französische Autor von einer überaus aufschlussreichen Begegnung zwischen dem Nährvater und dem mannbar werdenden Gottessohn.

»Eines Morgens fasste der alte Zimmermann seinen Sohn bei den Schultern und sah ihm lange prüfend ins Gesicht. Dabei kam er ihm so nahe, dass Jesus jedes Haar, jede Pore auf seiner knolligen Nase und jede Falte um seine Augen hätte zählen können. Josef runzelte die Augenbrauen. Jesus fragte nicht, warum. Und er fragte auch nicht, weshalb Josef seit neuestem nahezu allmorgendlich das Bettzeug seines Sohnes zu untersuchen pflegte; er tat, als bemerkte er es nicht. Nur eines Morgens, während einer dieser inquisitorischen Untersuchungen, blieb er neben dem Bett stehen und sah den Vater fest an. Der Alte erwiderte den Blick. Jesus wich ihm nicht aus. Von diesem Tag an gab es keine Inspektionen mehr. Doch der Flaum auf Jesu Oberlippe war für jedermann sichtbar.«[7]

Wenn man beginnt, an dieser Geschichte eine Plausibilitätskontrolle vorzunehmen und sie anhand bekannter Fakten über den Alltag und die Wohnverhältnisse im Palästina der Zeitenwende auf einen möglichen Realitätsgehalt zu überprüfen, wird man sehr schnell zum Spielverderber. Darum wollen wir lieber darauf verzichten zu fragen, wie wohl das »Bettzeug« ausgesehen haben mag, in welchem hier der halbwüchsige Jesus seinen Leib barg. Nicht ohne Pikanterie ist es freilich, sich zu vergegenwärtigen, wie alt dieser Josef eigentlich ist, der sich hier so massiv dafür interessiert, ob der junge Jesus schon seinen ersten Samenerguss hatte oder nicht. Messadié erwähnt es zwar nicht, aber da wir das Rechnen nicht verlernt haben, können wir leicht selber herausfinden, dass hier ein 97 Jahre alter Nährvater in der Bettwäsche eines Zwölfjährigen herumfummelt, um Anzeichen von dessen beginnender Mannbarkeit aufzustöbern. Denn bei Jesu Geburt ließ der Autor den heiligen Josef stattliche 85 Jahre alt sein.

Es ist klar, dass sich Gerald Messadié damit lediglich an die fromme Tradition anhängt, der zufolge der Zimmermann aus Nazareth bei der Geburt Jesu bereits so alt gewesen sein muss, dass er gar nicht erst in den Verdacht geraten kann, etwa doch nicht bloß der Nährvater, sondern der echte Vater zu sein. Nur hat er offenbar nicht bedacht, dass er sich, wenn er so maßlos übertreibt, ein neues Problem einhandelt. Was sollen wir uns denken, wenn ein 85-Jähriger, der nicht bloß Großvater, sondern bereits Urgroßvater sein könnte, frisch-fröhlich darangeht, eine Familie zu gründen? Was treibt einen Mann in fortgeschrittenem Pensionsalter dazu, sich mit einer blutjungen Jungfrau zu verloben? Mit Georg

Kreisler möchte man fragen: »Ist das legal? Ist das normal? Ist das erlaubt?«[8] Und wenn es erlaubt ist, ist es auch gottwohlgefällig und im Sinne der Bibel?

Man wird daran zweifeln dürfen. In der biblischen Erzählung von der Erschaffung des Menschen erklärt Gott am Schluss: »Darum wird der Mann Vater und Mutter verlassen und der Frau anhangen, und sie werden ein Fleisch sein.«[9] Die Vorstellung, ein Greis von 85 Jahren entschlösse sich, seine bereits über hundert Jahre alten Eltern zu verlassen, um mit einem heiratsfähigen Teenager »ein Fleisch« zu werden, ist noch grotesker als die niedliche Vorstellung von einer neuzeitlichen Schlafzimmereinrichtung im Zimmermannshaushalt von Nazareth.

»Noli me tangere!«

Sexualität wird – um ein Wort von Wilhelm Busch zu variieren – von religiösen Menschen oft weniger als betörende Lust denn als störende Last empfunden, zumal sie mit Moral verbunden. Dass es auch und gerade für einen wie Jesus so war, hat uns Jakob Lorber (1800–1864) aufgeschrieben.

Während gewöhnliche Schriftsteller nur auf ihre Vorstellungskraft angewiesen sind, beanspruchte der »Neuoffenbarer« Lorber, der sich als »Schreibknecht Gottes« verstand, freilich einen ungleich höheren Wahrheitswert für die von ihm zu Papier gebrachten Informationen über Jesu Umgang mit seinem Triebleben. Nach dem zu schließen, was er uns in seinem *Jakobusevangelium* berichtet, haben die sexuellen Regungen dem halbwüchsigen Jesus jedenfalls ganz schön zu schaffen gemacht.

»Die Weiberlust bekämpfte Er durch nicht selten schwere Arbeit, durch magere Kost, durch Gebet und durch den Umgang mit weisen Männern. Ja, in diesem Punkte hatte Er ungemein viel auszustehen, indem Sein Äußeres und der Ton Seiner Rede von höchst einnehmender Art waren, aus welchem Grunde die fünf überaus schönen Cyreniusschen Mädchen in Ihn durch die Bank sterbensverliebt waren und untereinander wetteiferten, Ihm am besten zu gefallen. Ihm gefiel solche Liebe wohl; aber dennoch musste Er allezeit zu jeder sagen: Noli me tangere!«[10]

Wollen wir hoffen, dass die fünf Hübschen Latein verstanden und dass es Jesus nicht ergangen ist wie dem wackeren Don Gonzalos in Max Frischs Stück *Don Juan oder Die Liebe zur Geometrie* – wo dieser christliche Kämpfer seinem Beichtvater anvertraut, was ihm widerfuhr, als er nach dem Sieg über die Mohammedaner in einen Harem geriet: »Die Mädchen verstehen bloß arabisch, sonst wäre es nie so weit gekommen. Als sie mich entkleideten, wie sollte ich ihnen erklären, dass ich verheiratet bin und was das bedeutet für unsereinen?«[11]

Der Galiläer bei der Morgentoilette

Hatte Jesus einen Körper, der ihn für Frauen begehrenswert machte? In den Jesus-Filmen kann der Leinwandheld, der Jesus mimt, gar nicht attraktiv genug sein, und doch kann er sich nicht benehmen wie ein normaler Leinwandheld, weil genau jene Dinge für ihn tabu sind, die einen Leinwandhelden auszeichnen: sich mit starken Männern prügeln und hinreißend schöne Frauen umarmen.

Man könnte meinen, in Büchern, wo der Fantasie des Lesers größerer Spielraum gelassen ist, sei es unproblematischer, in die intimeren Zonen einzudringen. Doch in puncto Körperlichkeit Jesu beherzigen auch die gedruckten Versionen im Grunde die gleichen Tabus wie die klassischen Jesus-Filme. Das höchste der Gefühle ist schon, dass uns Jesus bei der Morgentoilette vorgeführt wird.

So können wir im *Augenzeugenbericht eines Zeitreisenden von den letzten elf Tagen des Jesus von Nazareth* lesen, einem Science-Fiction-Roman, den der spanische Bestsellerautor Juan José Benitez verfasst hat: »Eine Frau riss den Meister aus dieser beschaulichen Stimmung, indem sie ihm mitteilte, sie habe eine Tonschüssel mit Wasser für ihn bereitgestellt. Jesus dankte mit einem Lächeln, und ganz unbefangen streifte er sich die weiße Tunika über den Kopf. Unter diesem Kleidungsstück trug der Rabbi eine Art Lendenschurz. Der Galiläer kniete vor dem breiten Gefäß nieder. Er steckte die Hände ins Wasser und bespritzte sich Gesicht, Brust, Achselhöhlen und Arme; in wenigen Sekunden war der ganze Körper mit Wasser übergossen. Hierauf nahm er ein viereckiges, knochenfarbiges Täfelchen in die Hand und rieb sich kräftig damit ab. Nach kurzer Zeit hatte sich etwas weißer Schaum gebildet. Dann beugte er sich wieder über die Schüssel und wusch sich ab. Die Frau, die ihm das Wasser eingegossen hatte, reichte ihm ein Tuch, mit dem er sich den Körper abtrocknete. Bevor der Rabbi wieder die Tunika überstreifte, streckte er die Hände vor, und die Frau goss ihm ein paar Tropfen einer öligen Flüssigkeit auf die Handflächen. Der Nazarener verrieb die Essenz in den Achselhöhlen, am Hals, am Oberkörper und in den Haaren. Danach zog er sich an.«[12]

Seife im heutigen Sinn war »in der Antike nicht bekannt«, steht in einem renommierten Lexikon der Antike.[13] Wenn das wahr ist – und warum sollten wir dem *Kleinen Pauly* misstrauen –, dann versetzt uns der »Augenzeugenbericht« im Fantasy-Roman von Benitez in tiefes Grübeln. Kann es sein, dass Jesus zwar der Versuchung widerstanden hat, Steine in Brot zu verwandeln, jedoch nicht der Versuchung widerstehen konnte, etwas so Praktisches wie ein Stück Seife auf wunderbare Weise zu erfinden?

Ein sexueller Versager

Wie man aus dem Neuen Testament weiß, erregte Jesus in der Öffentlichkeit Anstoß, weil er auch gesellschaftlichen Außenseitern – wie den Freudenmädchen und den verhassten Zollpächtern – die

Freundschaft Gottes zusprach.[14] Als historisch gesichert kann gelten, dass Jesus Frauen, die im ältesten Gewerbe der Welt tätig waren, persönlich gekannt hat. Es kann nicht verwundern, dass sich die Fantasie gewisser Jesus-Schreiber nicht damit begnügen konnte, dass Jesu Kontakte zu dieser Art von Damen lediglich seelsorglicher Art gewesen seien.

Bei Dagobert Runes lesen wir von einem Besuch Jesu bei einer Prostituierten, der für Jesus einigermaßen blamabel endet. Für diesen Autor, der in den Jahren nach dem Ersten Weltkrieg in Wien ein Anti-Jesus-Buch veröffentlicht hat[15], das auf jeder Seite mit aufklärerischem Pathos gegen eine so schändliche Institution wie die Kirche geifert und alles, was Gläubigen heilig ist, in den Schmutz zu ziehen versucht, ist Maria Magdalena eine Hure, die eine Schwester namens Martha hat, mit der sie in Magdala wohnt. Diese Martha, die Magdalena zum Verwechseln ähnlich sieht, führt den »ärmlichen Haushalt« und leidet »seit Jahren an einem Aussatz«.

Eines schönen Tages geht die Tür auf, und im Türrahmen erscheint »ein Mann in wallendem Mantel, barfuß, ein hohes Kopftuch am Haupt: Jeschu, der Meschiach«. Martha ist seltsam entrückt, als sie ihn sieht, fällt auf die Knie und murmelt ein Gebet, während »Mirjam, die Hure aus Magdala«, sich daranmacht, ihren Beruf auszuüben.

Dagobert Runes wörtlich: »Mirjam hatte sich erhoben und starrte fassungslos auf ihre kniende Schwester, hiebei entrollte sich ihr Gewand und gab den blanken Körper frei. Jeschu fühlte ein seltsames Bewegen in sich aufsteigen. Er hob die Rechte, und Martha verschwand. Jeschu trat näher auf Mirjam zu, seine Augen gewannen einen seltsamen Glanz und versenkten sich in die Brüste des Weibes. ›Komm!‹, flüsterte sie und sank schwer auf das Lager. Keuchend neigte sich Jeschu über das nackte Weib. Seine heißen Hände berührten ihren Leib und strichen bebend über die vollen Brüste. Mirjam seufzte auf und wandte sich ihm begehrend zu. Da fuhr ein Zucken durch den Körper Jeschus. Seine Hände erkalteten und fielen kraftlos zur Seite. Und des entzündeten Weibes Blick fiel auf die eingesunkene Gestalt. ›Du‹, schrie sie zitternd, ›Du – Du bist – kein Mann!‹ ›Ich bin doch der König der Juden‹, sprach Jeschu dumpf. Dann erhob er sich und schritt langsam hinaus.«[16]

Der »wahre Jesus«, wie Dagobert Runes sein Buch nennt, ist also beides: einerseits geiler Hurenbock, andererseits sexueller Versager. Noch dazu einer, der aus seiner Not eine Tugend macht. Denn einige Seiten später verkündet er dann: »Höret, ihr Heuchler, es sind etliche Entmannte, die sind aus dem Mutterleibe also geboren, sie werden ins Himmelreich kommen, und es sind etliche Entmannte, die von Menschen entmannt sind, auch sie werden ins Himmelreich kommen, und es sind etliche entmannt, die sich selbst entmannt haben um des Himmelreiches willen. Selig sind die, wer es fassen kann, der fasse es.«[17]

Runes zitiert also den berühmten Eunuchen-Spruch von den »Verschnittenen um des Himmelreiches willen«.[18] Kleiner, aber psychologisch feiner Unterschied zur Bibel: Der seiner mangelnden Männlichkeit überführte Runes-Jesus macht eine Seligpreisung daraus.

Obszöne Praktiken im Gottesdienst

Weil wir schon dabei sind, seien an dieser Stelle noch zwei Texte erwähnt, in denen Jesus in einem eindeutig obszönen Zusammenhang erscheint. In gewissen gnostischen Schriften aus frühchristlicher Zeit wird Jesus als Offenbarer bestimmter obszöner Praktiken dargestellt, die in den Sektengemeinden wie Sakramente gespendet wurden. So sollen die so genannten Borborianer – der Name bedeutet »Schmutzfinken« – in ihren Gottesdiensten männlichen Samen, der durch Masturbation gewonnen worden war, als »Leib Christi« und weibliches Menstruationsblut als »Blut Christi« verwendet haben.[19]

In der gnostischen Schrift *Die Fragen Marias* wird berichtet, Jesus habe Maria Magdalena »beiseite genommen auf den Berg, gebetet und eine Frau aus seiner Seite hervorgebracht und begonnen, sich mit ihr zu vereinigen, und so habe er dann, indem er seinen Samenausfluss nahm, gezeigt, dass man so handeln müsse, auf dass wir leben. Als Maria bestürzt zu Boden gefallen sei, habe er sie wieder aufgerichtet und zu ihr gesagt: Weswegen hast du gezweifelt, Kleingläubige?«[20] Allerdings ist diese apokryphe Schrift nicht mehr erhalten. Wir wissen von ihr nur durch Epiphanius von Salamis (315–403), einen Kirchenschriftsteller, der sich als Autor eines Standardwerks über Ketzereien einen Namen gemacht hat. In seinem in den Jahren 374 bis 377 entstandenen *Panarion* – zu Deutsch: Arzneikasten, heute würden wir eher Giftschrank sagen – werden nicht weniger als 80 Ketzereien abgehandelt, unter ihnen eben auch die der Borborianer.

Mit anderen Worten: Ohne die Fleißarbeit dieses Ketzerbekämpfers, der sich nicht scheute, auch die unglaublichsten und frivolsten Dinge getreulich zu notieren, würden wir den Wortlaut der »Fragen Marias« nicht einmal in indirekter Rede kennen. Freilich muss dazu gesagt werden, dass Epiphanius von Salamis nicht mit geziemender wissenschaftlicher Sorgfalt vorgegangen ist, sondern ziemlich unkritisch alles und jedes für bare Münze nahm, was irgendwo irgendwer irgendwelchen Ketzern nachgesagt hat. So hat er zwar einerseits durch seine Exzerpte viele Informationen vor dem Untergang bewahrt, doch hat er sich auf der anderen Seite – wie Heinrich Kraft sagt – »nicht nur nicht gescheut, auch die wildesten und unwahrscheinlichsten Nachrichten als Fakten mitzuteilen und notfalls sogar eigene Zeugenschaft zu behaupten, sondern er hat auch aus von der Polemik erfundenen Ketzernamen neue Ketzereien und Sekten sich ausgedacht«.[21] Gut möglich also, dass die mysteriöse Story von dem rituellen Sexualverkehr Jesu gar nicht wirklich von wirklichen Ketzern stammt, sondern lediglich der überbordenden Fantasie eines frommen Ketzerbekämpfers entsprungen ist.

»Ich habe immer nur eines gewusst: Er war Er. Und ich wusste, was er mir war: Alles.«[22] So leidenschaftlich und schwärmerisch spricht Maria Magdalena bei Luise Rinser. *Mirjam* ist der Titel eines 1983 erschienenen »biblischen Romans«, in dem die deutsche Autorin die Prominenteste aus der Gruppe der Frauen um Jesus als eine »Rebellin, die zu Freiheit und Bindung findet«, schildert.

»Ich habe ihn immer verstanden. Er war ein glühender Patriot und ein so leidenschaftlich Liebender wie kein andrer von uns«[23], erklärt Mirjam selbstbewusst. Darum müsse sie vieles »zurechtrücken«, und sie sei dazu auch in der Lage, denn »ich bin das lebendige Gedächtnis. Nichts ging mir verloren, denn ich habe nichts als meine Erinnerungen. Frisch und klar sind die geblieben. Nichts zerstreut mich mehr. Doch gibt es Tage, an denen meine gesammelte Stille zerreißt: immer dann, wenn mich Nachrichten ereilen aus meiner Heimat, wenn ich höre, was aus der reinen Lehre Jeschuas wurde und wie nicht unsre Feinde, sondern unsre Freunde sich ihrer bemächtigen und sie benutzen, in guter Absicht oder als Vorwand zu diesem oder jenem Zweck, der unendlich weitab liegt vom Eigentlich-Gemeinten.«[24]

Rinsers Mirjam-Roman zählt *nicht* zum Typ der unseriösen Jesus-Literatur, sondern ganz im Gegenteil: Die Autorin will ausdrücklich gegen die Verfälschungen anschreiben, die Jesus auch und gerade von seinen Anhängern angetan werden; und sie tut es, indem sie eine idealisierte Magdalena-Figur zeichnet, die gegen die Windmühlen der Männerkirche kämpft.

An der Gestalt jener Jüngerin, die aus einem am Nordwestufer des Sees Genezareth gelegenen Ort namens Magdala stammte, hat sich die Fantasie zahlreicher Autorinnen und Autoren mit ganz unterschiedlichen Interessen entzündet. Dass Jesus mit dieser Frau, die zu seinen treuesten Anhängerinnen zählte und ihm auch in seiner Todesstunde noch die Treue hielt und unter dem Kreuz ausharrte, ein Verhältnis gehabt haben könnte, wurde schon oft vermutet.

Bereits in einer in koptischer Sprache überlieferten apokryphen Schrift, dem *Evangelium nach Maria*, wird von einer auf Maria Magdalena bezogenen Eifersuchtsszene der Apostel berichtet. Zuerst bittet Petrus Magdalena, ihm und den anderen Jüngern etwas von der besonderen Offenbarung mitzuteilen, die sie von Jesus empfangen hat, der sie »mehr als die übrigen Frauen« geliebt habe. Doch nachdem Magdalena dieser Bitte nachgekommen ist, bezweifelt Andreas, »dass der Erlöser das gesagt hat«. Auch Petrus schlägt in die gleiche Kerbe und fragt: »Sprach er denn mit einem Weibe heimlich vor uns und nicht offen? Sollen wir umkehren und alle auf sie hören? Hat er sie uns gegenüber bevorzugt?« Aber ein anderer Apostel – Levi, der Sohn des Alphäus – nimmt die angegriffene Magdalena gegen die frauenfeindlichen Insinuationen des Chefs in Schutz: »Petrus, du bist von jeher aufbrausend. Nun sehe ich, wie du dich gegen die Frau ereiferst wie die Widersacher. Wenn der Erlöser sie aber würdig gemacht hat, wer bist denn du, dass du sie verwirfst? Sicherlich kennt der Erlöser sie ganz genau. Deshalb hat er sie mehr als uns geliebt.«[25]

Noch deutlicher kommt der frauenfeindlich eifersüchtelnde Charakterzug des Petrus im ebenfalls apokryphen *Thomasevangelium* zum Ausdruck. Dort beschwert sich Simon Petrus über Maria Magdalena und möchte Jesus dazu bringen, dass er sie aus dem Jüngerkreis rausschmeißt: »Simon Petrus sprach zu ihm: Maria soll von uns weggehen! Denn die Frauen sind des Lebens nicht wert.«

Was der Autor des apokryphen Evangeliums dann Jesus als Antwort in den Mund legt, ist zwar an und für sich als versöhnender Vermittlungsversuch gemeint, dürfte aber nicht nur Feministinnen in Hohngelächter ausbrechen lassen. Jedenfalls zeigt es, dass das Thema Stellung der Frau in der Männerkirche auch schon in den frühchristlichen Gruppierungen ein heißes Eisen gewesen sein muss.

»Jesus sprach: Ich werde sie ziehen, dass ich sie männlich mache, damit sie auch zu einem lebendigen Geist wird, der euch Männern gleicht. Denn eine Frau, die sich zum Manne macht, wird eingehen ins Reich der Himmel.«[26]

Kerzen und Rosenkränze zu Jesu Hochzeit

Wie sich die Bilder gleichen! Brennende Kerzen und demonstrativ gebetete Rosenkränze empörter Katholiken, wie sie anlässlich der Aufführung des Spielfilms »Die letzte Versuchung Jesu« zu sehen waren, wurden auch schon aufgeboten, als im Wiener Akademietheater die Uraufführung der Oper *Jesu Hochzeit* stattfand.

Der Titel allein war schon geeignet, für Aufregung zu sorgen. Man braucht sich nur auszumalen, was für Konsequenzen es nach sich zieht, wenn nicht nur der erste Papst eine Schwiegermutter hatte[27], sondern auch Jesus die Wonnen und Wehen des Verheiratetseins am eigenen Leib erfahren hätte: Der Traum von der trauten Zweisamkeit an der Seite eines Weibes, den Jesus im umstrittenen Streifen von Martin Scorsese träumte, wäre gar kein Traum, und er schritte wirklich Arm in Arm mit seiner Lieblingsjüngerin zum Traualtar, um fortan Tisch und Bett mit ihr zu teilen. Der von der Kirche propagierte Jesus wäre der Doppelmoral überführt: Einer, der das große Vorbild einer auf eiserne Linientreue eingeschworenen zölibatären Kirchenmannschaft sein sollte, hätte selber mit dem Zölibat so gar nichts am Hut gehabt!

Gar nicht zu reden von den Millionen jungfräulich gebliebener Nonnen, die ihrem Herrn und Meister bereitwillig ihr Leben geweiht haben, weil sie glaubten, er wäre ein Freund keuscher Seelen, und nicht ahnen konnten, dass ihr Angebeteter in Wirklichkeit still und heimlich der irdischen Liebe frönte und mit einem ehemaligen Flittchen auf Flitterwochen ging. Ja, wenn sich dieser Jesus als Ehemann wenigstens seine eigenen Eltern zum Vorbild genommen hätte und Manns genug gewesen wäre, mit seiner Maria bloß eine Josefsehe zu führen! Aber nichts da. Keine Rede davon, dass er sich damit begnügt hätte, mit seiner besseren Hälfte wie Bruder und Schwester bzw. wie seine Mutter und sein Nährvater zusammenzuleben – er musste mit dieser Magdalena auch noch eine Schar fröhlicher Kinder in die Welt setzen!

Doch woher will man eigentlich wissen, dass Jesus verheiratet war? Haben die Archäologen am Ende irgendwo seinen Trauschein ausgegraben? Schließlich weiß schon jedes Schulkind, dass Jesus von Nazareth zeitlebens Junggeselle war. Von einer Hochzeit, bei der Jesus nicht als Gast, sondern als Bräutigam teilgenommen hat, kann also gar keine Rede sein. In der Bibel steht jedenfalls nichts davon, dass Jesus jemals auf Freiersfüßen gewandelt wäre. Oder doch?

Also schön, im letzten Buch des Neuen Testaments – in der so genannten Geheimen Offenbarung des Johannes – ist tatsächlich die Rede von einer Hochzeit, bei welcher Jesus der Bräutigam ist: es ist die »Hochzeit des Lammes«.[28] Aber mit diesem Lamm ist ganz eindeutig *nicht* der irdische Jesus gemeint, der im Prinzip natürlich ein heiratsfähiger Mann war. Das »Lamm« ist der himmlische Christus, der sich in der ebenso komplizierten wie fantasievollen Bildersprache der Geheimen Offenbarung mit der heiligen Stadt Jerusalem vermählt, durch welches Bild wiederum das neue Gottesvolk symbolisiert wird.[29] Diese »Hochzeit des Lammes« ist also alles andere als eine Trauungszeremonie zwischen Jesus und einer real existierenden Frau. Sie ist symbolisch gemeint.

Genauso symbolisch gemeint ist freilich auch die mystische Vereinigung zwischen Jesus und der »Tödin«, dem archetypisch als Frau auftretenden Tod, in der Oper *Jesu Hochzeit*, die Lotte Ingrisch (Libretto) und Gottfried von Einem (Musik) seinerzeit für die Wiener Festwochen geschaffen haben. In dieser Oper hat Jesus die »Tödin« als Partnerin und Widersacherin, die z. B. auf Golgatha an seiner statt das Wort spricht: »Es ist vollbracht« und dann zu ihm sagt: »Der Du mit den Füßen auf dem Regenbogen stehst, mach Hochzeit mit der Nacht!«[30]

Klar, dass es sich auch bei diesem zweiaktigen Stück nebst einem Vorspiel und Nachspiel um keine christliche Verkündigung im kirchlich erwünschten Sinn handeln konnte. Von keinem bischöflichen Ordinariat hätte es das »Imprimatur«[31] bekommen. Stattdessen wurden der Oper die Prädikate »Blasphemie« und »Verletzung religiöser Gefühle« verliehen.

Schon der Titel *Jesu Hochzeit* ist aus jenem Stoff, aus dem die roten Tücher gewebt sind, denen die Fähigkeit innewohnt, schlichte Gemüter in Rage zu bringen. Hätte das musikalische Kunstwerk beispielsweise »Die Hochzeit des Todes« geheißen, wären die religiösen Gefühle gleich um etliches unverletzter geblieben. Durchaus nicht unwahrscheinlich, dass manch einer der Demonstranten, die gegen die Wiener Uraufführung der Einem-Oper mit brennenden Kerzen und Rosenkränzen protestierten, gar nicht wusste, worum es in diesem unverkennbar mit esoterisch-theosophischem Geist parfümierten Musikdrama eigentlich ging.

Jesu Hochzeit entzweite denn auch die katholische Presse der Alpenrepublik. Während der Chefredakteur der offiziösen *Wiener Kirchenzeitung* seine Leser zur Unterstützung einer Unterschriftenaktion gegen diese Verhöhnung des christlichen Glaubens aufrief, sah der Chefredakteur einer anderen katholischen Wochenzeitung die Protestaktion als einen Schuss, der nach hinten losging. Wer werde Unterschriftenaktionen denn noch ernst nehmen, wenn sie für derart lächerliche Dinge missbraucht würden, meinte er. »Gott braucht die Verteidigung durch eifernde Hasser nicht«, schrieb Hubert Feichtlbauer: »Kitsch kann man zu einem solchen Werk allemal noch sagen, aber nicht Gotteslästerung unterstellen, die Wissenschaftsministerin vor dem Theater anpöbeln, die Textbuchautorin als ›Hexe‹ verbrennen wollen, alle sonst noch denkbaren Morddrohungen übers Telefon ausstoßen, Bischöfe zu Protesten drängen, noch ehe man das Libretto gelesen oder gar die Aufführung gesehen hat, und ahnungslose Gläubige zu Unterschriften gegen etwas überreden, das sie nicht kennen.«[32]

Welche Frau war des Meisters Herz-Dame?

Wie von den christlichen Kirchen gelehrt wird, lebte Jesus zölibatär. Auch ein Mann wie Karl August von Hase (1800–1890), der dreißig Jahre lang Theologieprofessor in Jena war und eines der vielen »Leben Jesu« geschrieben hat, die Albert Schweitzer in seiner *Geschichte der Leben-Jesu-Forschung* behandelt, zweifelte nicht daran, dass Jesus unverheiratet war. Allerdings meinte er, dass es sich nur deshalb so verhielt, weil Jesus, anspruchsvoll, wie er war, schlicht und einfach nicht die richtige Frau gefunden hatte.[33]

Bei Karl Heinrich Venturini (1768–1849) hätte der Meister zwar an und für sich die richtige gefunden, tat aber dann doch nicht den Schritt ins bürgerliche Eheglück. Die unglückliche Glückliche, in die Jesus verliebt war, ohne entsprechende Konsequenzen zu ziehen, war Maria von Betanien, die Schwester des Lazarus. Bei Venturini verzichtet Jesus, obwohl er »von dem stillen Reiz der demütigen Maria überwältigt« ist, sozusagen aus beruflichen Gründen auf eine Lebensgefährtin, da der Dienst für das Himmelreich »ihn frei fordert«.[34]

Für Nicolai Notowitsch, den Erfinder des »Jesus-in-Indien-Märchens«, war der Verzicht nur durch eine strapaziöse Reise zu haben. Als Jesus merkt, dass seine Eltern Vorbereitungen treffen, eine Ehe für ihn anzubahnen, hält ihn nichts mehr in Nazareth. Asien ist ihm lieber als der Hafen der Ehe, und so zieht er mit einem indischen Händler in das Land am Ganges.[35]

In eine ganz andere Richtung wird Jesus von Henry Lincoln, Michael Baigent und Richard Leigh geschickt. In ihrem Buch mit dem Titel *Der Heilige Gral und seine Erben* erzählen diese Autoren die liebliche Mär, dass Maria Magdalena – ehemals Ehefrau Jesu, nach der Kreuzigung nunmehr seine Witwe – zusammen mit einem Sohn Jesu und den Utensilien der späteren Grallegende – das heißt mit der Schale, in der Joseph von Arimathäa das aus der Herzwunde strömende Blut Christi aufgefangen hat, und mit dem Speer, den Longinus dem Gekreuzigten in die Seite stieß – in Südfrankreich gelandet sei, wo sich die leiblichen Nachkommen Jesu fortgepflanzt hätten bis zum heutigen Tag.[36]

Bleibt noch eine weitere Variante zu erwähnen: Jesus war zur Zeit seines öffentlichen Wirkens zwar unverheiratet, jedoch nicht Junggeselle, sondern bereits Witwer.

Die Pest macht Jesus zum Witwer

Schon der Jurist Dr. De Jonge, der mit seinem 1904 erschienenen Buch – ganz im Sinne der heutigen Jesus-Fälscher – die »Zerstörung des kirchlichen Jesus-Bildes« bezweckte, hielt es für ausgemacht, dass Jesus ein Witwer war.[37] Er unterschob ihm auch gleich ein Kind, nämlich jenes im Johannesevangelium erwähnte »Knäblein«, das bei der wunderbaren Speisung am See von Tiberias fünf Gerstenbrote und zwei Fische dabeihatte.[38]

Für den Franzosen Jean-Claude Barreau, der einfühlsame »Memoiren« von Jesus schrieb, ist Jesus ebenfalls Witwer, allerdings beinahe aus einem gegenteiligen Grund. Barreaus meditatives und durchaus erbaulich gemeintes Jesus-Buch ist gewissermaßen aus dogmatischen Gründen daran interessiert, dass Jesus diesen wichtigen menschlichen Erfahrungsbereich hautnah erlebt hat – eben um zu zeigen, dass er im Vollsinn Mensch war.

Und so hört es sich an, wenn sich Jesus an seine Hochzeitsnacht und sein kurzes Eheglück erinnert: »Wie es der Brauch verlangt, sah ich Saras Gesicht erst, als man uns nach der langen Hochzeitszeremonie in das Schlafgemach geführt hatte. Sie legte stumm ihre Schleier ab. Als sie nackt war, hob ich den Blick zu ihr und glaubte alle Herrlichkeit der Welt zu sehen. Nichts im Reich der Schöpfung ist so schön wie eine nackte Frau im Zustand der Unschuld, nichts. Als die Ehe vollzogen war, begann ein friedliches Zusammenleben. Ich liebte Sara sehr und stellte fest, dass diese Liebe nicht geringer war als die, die ich für den Vater im Himmel fühlte. Es war die gleiche Liebe. Die Welt, die mich oft so grausam gedünkt hatte, kam mir nach einigen Monaten des Glücks wie ein einziges Gedicht vor. Da wurde Nazareth von der Pest heimgesucht.«[39]

Die Quadratur des Kreises

In dem von Gideon J. R. Ouseley (1835–1906) verfassten *Evangelium Jesu* wird die Sache mit Jesu Heirat und Witwerschaft folgendermaßen geschildert: »Als Jesus achtzehn Jahre alt war, wurde Er mit Mirjam verheiratet, einer Jungfrau aus dem Stamme Juda, und Er lebte mit ihr sieben Jahre lang; und sie starb; denn Gott nahm sie zu sich, damit Er weiterschreiten könne zu den höheren Aufgaben, die Er zu vollbringen hätte, und zu leiden für alle Söhne und Töchter der Menschen.«[40]

Doch wir sind gut beraten, wenn uns zur Botschaft, die wir hören, ein wenig der Glaube fehlt. So wie es da geschrieben steht, ist es nämlich nicht ganz richtig – teilt uns Jesus durch seine Prophetin Gabriele Wittek mit: »Ich war niemals verheiratet. In dieser Generation hat das Wort ›verheiratet‹ eine andere Bedeutung. Für den Menschen dieser Zeit bedeutet es Verehelichung vor dem Standesamt und eventuell eine Zeremonie in einer irdischen Kirche vor und mit einem Priester. In diesem Buche hat das Wort ›verheiratet‹ die Bedeutung: verbunden durch Gottes Liebe.«[41]

Der Wittek'sche Jesus »erklärt, berichtigt und vertieft« des Weiteren, dass er seinerzeit als Menschensohn »diese Verbindung zum weiblichen Geschlechte erfahren« musste, um das weibliche Geschlecht »zu verstehen und ihm helfen zu können«: »Als Jesus von Nazareth hatte Ich eine tiefe, reine Verbindung zu dieser Frau, die Meinem Wesen sehr nahe war. Das Gesetz lautet: Gleiches zieht Gleiches an. Diese Frau hatte einige Meiner Seele ähnlich schwingende Wesensaspekte. Durch diese standen wir in tiefer Kommunikation. Ich empfand Mich in ihr und sie sich in Mir. Dabei erlebte Ich die Empfindungswelt des weiblichen Prinzips im Erdenkleid und verstand dadurch auch die vielen Frauen, die in den Jahren Meiner Lehrtätigkeit mit Mir waren.«[42]

Wenn das nicht die Quadratur des Kreises ist! Da haben wir also Jesus in allen Nuancen, in denen er gebraucht wird: Er ist unverheiratet für die, denen ein verheirateter Jesus anstößig erschiene, aber er ist trotzdem einer, der einer ganz bestimmten menschlichen Frau in Liebe verbunden ist und durch sie zum großen Frauenkenner und Frauenversteher wird – und für alle, die schmerzlich zusammenzucken, wenn sie daran denken, dass die Liebe zwischen Mann und Frau im Schöpfungsplan auch eine sexuelle Komponente hat, ist festgehalten, dass Jesus bloß tief und rein liebt.

Etwas freilich berührt dennoch merkwürdig. Dieser überaus geschwätzig plaudernde Wittek-Jesus ist bei aller anerworbenen weiblichen Feinsinnigkeit doch noch Manns genug geblieben, die Dinge nur aus seiner – der männlichen – Sicht betrachten zu können. Wie diese beglückende Begegnung für jene so früh verstorbene Mirjam ausgesehen haben mag, wird uns nicht offenbart.

Überhaupt verliert dieser Würzburger überirdische »Christus-Gottesgeist«-Jesus kein persönliches Wort über seine angeblich so innig geliebte Nicht-Ehefrau und scheint sie eigentlich nur als Mittel zum Zweck benutzt zu haben – eben um »die vielen Frauen«, denen er in den Jahren seiner Lehrtätigkeit begegnen würde, besser verstehen zu können.

Und noch etwas: Wenn das Gesetz gilt »Gleiches zieht Gleiches an« und jene Mirjam sich in Jesus genauso empfand wie er sich in ihr, ist sie dann womöglich in den Rang einer Art Gottmenschin aufgestiegen? Hat die Fast-Schwiegertochter der Muttergottes etwa auf diese Weise Kompetenzen erhalten, die diejenigen der Maria aus Nazareth noch übersteigen? Wird die herkömmliche Mariologie umgeschrieben werden müssen? Wir wissen es nicht. Ungeduldig warten wir auf ein erklärendes, berichtigendes und vertiefendes Wort des »Christus-Gottesgeistes«, das uns diese brennenden Fragen beantwortet.

Bei Anna Katharina Emmerick (1774–1824), deren Visionen

zwar ebenfalls mit Vorsicht zu genießen sind, die wir aber doch keinesfalls mit den Eingebungen der Prophetin vom Würzburger »Universellen Leben« auf dieselbe Stufe stellen wollen, hat der unverheiratete Jesus eine ganz spezielle Mission für Eheleute und solche, die es wieder werden sollten: Er ist darauf trainiert, unzufriedene Ehepaare zu versöhnen und die Ehen von Ehebrecherinnen »neu einzusegnen«.[43]

Jesus und Magdalena lieben sich ohne Trauschein

Den in anstößiger Nacktheit im Ehebett liegenden Jesus bei Martin Scorsese und die Proteste, die sein Film provozierte, haben wir bereits erwähnt. Allerdings ist diese Bettszene in der »Letzten Versuchung Jesu« geradezu ein Andachtsbildchen gegen das, was Marianne Fredriksson in ihrem Magdalena-Roman schildert. Insofern muss man sich eigentlich wundern, dass es nicht zu ähnlichen Protesten kam, als – gut zehn Jahre nach dem Scorsese-Film – dieses Buch der schwedischen Bestsellerautorin auf den Markt kam.[44]

Von Verletzung religiöser Gefühle keine Rede. Von öffentlicher Erregung über ein unzumutbares blasphemisches Machwerk keine Spur. Im Gegenteil: Das Buch wurde überraschend positiv aufgenommen. Beispielsweise bescheinigte die Rezensentin einer katholischen Wochenzeitung dem Roman, von ihm ginge »so viel Ruhe, Wärme und Zuversicht« aus.

Von Ehe oder wenigstens von der fiktiven Möglichkeit einer Ehe zwischen Magdalena und Jesus kann bei Fredriksson überhaupt keine Rede sein. Wenn sich der Meister und seine Herz-Dame körperlich lieben, dann kann dies nicht einmal als ein vielleicht gerade noch lässlich sündhafter »vorehelicher« Geschlechtsverkehr durchgehen. Vielmehr treiben es der Meister und seine Herz-Dame miteinander, ohne an Heirat geschweige denn an die Zeugung von Nachwuchs zu denken.

Beim ersten Mal ergreift die erfahrene Magdalena die Initiative: »Still nahm sie seinen Kopf in ihre Hände und küsste seinen Mund. Und es geschah, was geschehen musste, ihre Lust sprang auf ihn über.«[45] Freilich haben die Liebenden »nur selten Gelegenheit, allein zu sein«[46], und eine dieser seltenen Gelegenheiten bietet sich, als Magdalena und Jesus kurz entschlossen einen Fluss durchschwimmen, statt wie alle anderen auf das Fährboot zu warten: »Sie schwammen trotz der Strömung mühelos wie im Tanz. Nass und erfrischt erreichten sie das andere Ufer, wo die Erde samten von grünen Kräutern war und wo hohe Zypressen wuchsen. Sie setzten sich eine Weile in die Sonne und ließen ihre Kleider trocknen, ehe sie den Schatten unter den Bäumen aufsuchten.«[47]

Ein nüchterner Leser des Romans wird sich vermutlich verwundert fragen, wo es in Israel wohl einen Fluss gibt, den man nur mit einem »überlasteten Fährboot«[48] überqueren könnte. Aber skandinavisch geprägte Vorstellungen irrlichtern auch sonst durch das Buch. So bringt die in Göteborg geborene Autorin das Kunststück zu Stande, Magdalena zwar als waschechte Jüdin mit aramäischer Muttersprache zu beschreiben, sie aber trotzdem blond und blauäugig sein zu lassen wie ein Schwedenmädel aus dem Bilderbuch. Magdalenas Haare sind »gelb«[49] »wie reifer Weizen«[50] sowie »herausfordernd blond«[51] und »golden«[52] »wie Sonnenlicht«[53] – und ihre Augen sind »tiefblau«[54], »strahlend blau wie der Enzian«[55] bzw. so blau »wie die Iris auf den Wiesen im Frühling«.[56]

Esoterischer Kitsch

Was an Fredrikssons Buch wirklich ärgerlich ist, ist nicht der ästhetische Befund, dass eine Bestsellerautorin hier ein Stück Literatur von schier atemberaubender Trivialität zu Papier gebracht hat; auch nicht, dass lebhafte Einbildungskraft und Fantasie eingesetzt werden, um der Gestalt Jesu nahe zu kommen und seine Botschaft besser zu verstehen. Ärgerlich ist vielmehr, dass Fredriksson den

Mann aus Nazareth zur esoterischen Kitschfigur verfremdet und das Produkt einer späteren Entwicklung auf die Zustände in der Urkirche zurückprojiziert, gleichzeitig aber mit großem kirchenkritischen Pathos so tut, als wäre der historisch-kritische Befund das Verfälschte und das forsch propagierte Wunschbild – der »faszinierend spannende Blick für ein weibliches Christentum«[57] – in Wahrheit das Ursprüngliche.

Wenn überhaupt irgendetwas im Leben Jesu hundertprozentig sicher ist, dann der Umstand, dass der Nazarener die Vorstellung einer Nah-Erwartung vom Reich Gottes hegte. Marianne Fredriksson hingegen will uns weismachen, dass es umgekehrt war. Nicht das Ausbleiben der Wiederkunft Christi habe nach und nach eine Umdeutung der Reich-Gottes-Vorstellung bewirkt, sondern die Christen hätten später einfach »vergessen«, was Jesus eigentlich gemeint hatte, und von sich aus die Idee entwickelt, das Reich Gottes komme »bald«. Fredriksson lässt ihre Maria von Magdala sagen: »Jesus sprach von dem neuen Reich, das nicht von dieser Welt ist. Das Himmelreich ist nahe, sagte er. Aber das wurde, wie so vieles andere auch, missverstanden. Man vergaß seine Worte, die besagten, dass das Himmelreich in uns sei und dass das neue Reich sich auf ein unablässiges Miteinander gründe.«[58]

Aber was soll's? Die Autorin nimmt es auch sonst nicht besonders genau mit historischen und geografischen Gegebenheiten. So verwechselt sie Betanien mit Betsaida[59] und Sabbatmahl mit Paschamahl[60], bringt Kanaan und Kana durcheinander[61] und versündigt sich gerade an dem, was wir von Jesu Lieblingsjüngerin am zuverlässigsten wissen: dass Jesus sieben Dämonen aus ihr ausgetrieben hat. Fredrikssons Magdalena erklärt die diesbezügliche Überlieferung kurzerhand für unwahr und versichert der staunenden Nachwelt: »Ich war nicht von Dämonen besessen.«[62]

Da wundert es einen kaum noch, wenn sogar die jüdische Identität Jesu in Frage gestellt wird – eines Mannes, den der Eifer für Gottes Haus verzehrte, der den Schriftgelehrten im Namen der Schrift die Leviten las und der in der Synagoge seiner Heimatstadt ein Prophetenwort auf sich bezog. Fredrikssons esoterischer Jesus wagt allen Ernstes zu behaupten: »Meine Ohren nahmen die Tora auf – ich kenne die Schrift –, aber die schönen Worte haben mein Herz nie wirklich bewegt.«[63]

Gewiss, Papier ist geduldig, und fantasieren kann man viel. Aber wenn derlei Fantasien mit dem Anspruch der richtigen oder gar der »richtigeren« Sicht geschehen, dann ist Einspruch vonnöten. Das durchaus berechtigte Anliegen, wider die Verkrustungen der Männerkirche anzuschreiben, heiligt noch lange nicht unlautere Mittel. Sosehr wir uns auch Bücher wünschen mögen, die es verstehen, die lange unterdrückt gewesen oder gar nicht wahrgenommene weibliche Perspektive in der christlichen Tradition aufzuzeigen und zum Leuchten zu bringen – leider muss es gesagt werden: Keineswegs alles, was sich »feministisch« nennt und beansprucht, eine vertiefte Sicht der Dinge zu geben, gibt tatsächlich eine vertieftere Sicht der Dinge. Auch Feminismus schützt vor Torheit nicht. Die von Fredrikssons blonder Magdalena allzu blauäugig durch die Hintertür geschmuggelte Prise Antisemitismus ist jedenfalls ausgesprochen töricht und durch nichts zu rechtfertigen.

Der Engel auf dem Ölberg

Besser begreifbar und biblisch korrekter als bei Scorsese oder Fredriksson, aber immer noch kühn genug dargestellt finden wir die Frau aus Magdala in dem von Hejo Müller verfassten Drama *Joschua oder Die Mitte der Nacht ist der Beginn des Tages*, das in den USA uraufgeführt wurde und auch beim Katholikentag in Aachen zu sehen war.[64]

In diesem Theaterstück eines deutschen Autors sind Jesus und Magdalena bzw. Joschua und Mirjam ebenfalls schon seit Kindertagen miteinander befreundet. Sie haben gemeinsam im See Genezareth gebadet, den Fischern bei der Arbeit zugesehen und das plötzliche Aufkommen gefährlicher Stürme beobachtet. Doch die unbeschwerte Verliebtheit der beiden gerät eines Tages in die Krise. Joschua, der sich den Bund mit Mirjam als schönstes Ziel seines Lebens ausgemalt hat, gibt seine Beschäftigung als Zimmermann auf und brütet über der Heiligen Schrift. Er wird von einer Stimme getrieben, die ihm sagt, er müsse den Leuten erzählen, wie Gott wirklich ist; und als er seinen besonderen Weg zu gehen beginnt, entschließt sich Mirjam, mit ihm zu gehen. Sie kann gar nicht anders. Denn sie erkennt: »Er hat sich mir eingebrannt.« Und während die anderen meinen, Jesus sei »ein dummdreister Spinner«, mutmaßt Hejo Müllers Magdalena: »Vielleicht spinnt er ein Garn, aus dem ihr euch alle noch einmal ein paar wunderbare Kleider weben könnt!«[65]

Die Schlüsselszene des Stücks, von welcher es auch eine frühere Fassung – die Meditation *Mirjam aus Magdala* aus dem Zyklus *Ein Mann aus Galiläa* – gibt[66], spielt im Garten Gethsemane. Hejo Müller hatte die fantastische Idee, Magdalena in die Ölbergszene hineinzunehmen. In der Nacht vor dem Leiden, als im Garten Gethsemane die Todesangst über Jesus kommt und alle Jünger außer Judas schlafen, ist Mirjam da. Sie spricht Joschua Mut zu, als er Gott anfleht: »Abba, mein Vater, es wird mir zu viel! Es wird zu viel für mich! Ich kann nicht!« Und die Nachfolgerin Jesu wird gewissermaßen zur Stellvertreterin Jesu, indem sie nun genau das tut, was er die ganze Zeit getan hat: Hilflosen helfen und Darniederliegende aufrichten.

Mirjam behält einen klaren Kopf und ein unerschütterliches Vertrauen in Gottes Güte. Sie habe es kommen sehen, und nun gebe es kein Zurück mehr, denn Jesus sei bereits »zu tief in die Sache hineingeritten«, sagt sie in Anspielung auf den spektakulären Einzug in Jerusalem. Jesus habe sich dem Vater versprochen, nun müsse er seinen Weg gehen. Aber Joschua hat Angst, Todesangst.

»Was weißt denn du!«, entgegnet er: »Kennst du die wild-geile römische Soldateska? Hast du gesehn, wie sie foltert und quält?« Mirjam macht sich keinerlei Illusionen. Sie weiß, was Jesus erwartet. Dennoch sieht sie einen Ausweg. Der himmlische Vater werde den Gottesknecht nicht im Finstern liegen lassen, sondern ihn wieder »rausholen aus der finsteren Grube des Grabes«. Darum gibt es nur einen einzigen Fluchtweg, sagt Mirjam: »Den Weg nach vorn. In die Nacht. In die finstere Nacht. Aber jede Nacht hat eine Mitte, und die Mitte der Nacht ist die Stunde des beginnenden Tags.«

Der Zuspruch, den Hejo Müllers Magdalena Jesus zuteil werden lässt, hat Erfolg. In neu gestärktem Vertrauen steht Joschua auf, als Mirjam zu ihm sagt: »Geh jetzt, Joschua, Judas wartet schon!«

In der 1976 entstandenen früheren Fassung der Ölbergszene schreibt der Autor: »Als der Heiland heulend im Garten lag in jener Nacht, siehe, da war jene Frau bei ihm, jene Frau aus Magdala. Und hat ihm Mut gemacht. Lukas wird später sagen, ein Engel sei es gewesen; und was ist daran nicht wahr?!«[67]

Solche und solche Fantasien

Der Dramatiker hat völlig Recht. Was sollte falsch daran sein, wenn uns die poetische Fantasie eines zeitgenössischen Autors die Augen dafür öffnet, dass im Grunde genau die gleiche poetische Fantasie auch bei jenem frühchristlichen Autor am Werk war, der die Szene vom Blut schwitzenden Jesus entwarf und die klassischen Worte schrieb: »Da erschien ihm ein Engel vom Himmel und gab ihm Kraft«[68] – und damit ausdrückte, wie sehr Jesus bei seiner Entscheidung, den Weg des Leidens bis zum bitteren Ende zu gehen, auch von all dem mitgetragen wurde, was er im Lauf seines Lebens an Stütze und Trost von der Treue und vom Glauben derer, die ihn liebten, als Stärkung empfangen durfte.

Nur damit es keine Missverständnisse gibt: Hejo Müllers Joschua-Stück wird hier nicht deswegen so ausgiebig besprochen, weil es auch zu jener Art Literatur zu rechnen wäre, deren Absicht es ist, den Jesus der Bibel zu verfälschen und sich nach Lust und Laune einen neuen Jesus zu basteln. Ganz im Gegenteil: Das Drama des Berliner Autors setzt alle Mittel ein, um den echten Jesus zu zeigen und seine Botschaft zum Leuchten zu bringen.

Wir haben es schon in der Auseinandersetzung mit dem Magdalena-Roman von Marianne Fredriksson gesagt: Anstößig ist nicht, dass lebhafte Einbildungskraft und Fantasie eingesetzt werden, um der Gestalt Jesu nahe zu kommen und seine Botschaft besser zu verstehen, es kommt darauf an, wie die Einbildungskraft und die Fantasie eingesetzt werden. Es geht um die Unterscheidung der Geister, denn es gibt eben solche und solche Fantasien.

In den vorhin erwähnten Jesus-Memoiren von Jean-Claude Barreau werden Einbildungskraft und Fantasie tatsächlich eingesetzt, um den echten Jesus besser zu verstehen. Das Gleiche gilt für Luise Rinsers Magdalena-Roman. Mag die pathetische Art von Rinsers *Mirjam* auch nicht nach jedermanns Geschmack sein oder mag es auch aus exegetischer Sicht das eine oder andere zu hinterfragen geben, vom Ansatz her ist gegen diese Art, sich auf literarische Weise mit Jesus zu beschäftigen, nicht das Mindeste einzuwenden. Auch Hejo Müllers dichterischer Entwurf zur Gestalt des Mannes aus Galiläa setzt Fantasie ein, nicht um Jesus zu verfälschen, sondern um den echten Jesus zu finden, und wurde an dieser Stelle eben deshalb so ausführlich präsentiert, um zu demonstrieren, dass das, was Marianne Fredriksson beabsichtigt haben mag und woran sie letztlich gescheitert ist, auch in gelungener Form verwirklicht werden kann.

Dennoch will ich nicht versäumen zu sagen: Gemessen an anderen unseriösen Hervorbringungen in der Sparte Jesus-Literatur, schneidet die schwedische Bestsellerautorin mit ihrer Version der Lovestory von Jesus und der Frau aus Magdala immer noch gut ab. Die Verzerrung und Verfälschung zur esoterischen Kitschfigur, die Jesus bei Marianne Fredriksson widerfahren ist, ist noch harmlos gegen das, was die australische Bestsellerautorin Barbara Thiering in die Welt gesetzt hat. Die Story, die sie so virtuos auf geduldiges Papier beförderte, dass sich die Balken der seriösen Jesus-Forschung nur so bogen, ist die bislang bizarrste und fantastischste Version unter allen bizarren und fantastischen Versionen über Jesu Leben als Mann.

Geschieden und wieder verheiratet

Die an der Universität von Sydney Altes Testament, Hebräische und Feministische Theologie lehrende Forscherin hat wahrlich nicht zu viel versprochen, wenn sie für sich in Anspruch nimmt, das Leben Jesu »neu geschrieben«[69] zu haben. Wir erfahren bei ihr nicht nur, dass Maria von Magdala dem Meister ihr Jawort gab, wir erfahren auch, wo, wie, wann und wie oft. Barbara Thiering weiß alles vom Menschensohn und seiner Erwählten, sowohl den Tag als auch die Stunde.

Verlobt haben sich Jesus und Maria Magdalena am Dienstag, dem 6. Juni 30. Die Verlobungsfeier dauerte von 18.00 bis 22.00 Uhr. Geheiratet wurde ein Vierteljahr später, nämlich am Samstag, dem 23. September 30. Allerdings kam es, wie Frau Thiering formuliert, »noch nicht zu einer Empfängnis«[70], auch lebte Jesus nicht in ständiger ehelicher Gemeinschaft mit seinem Eheweib, sondern war nur zeitweise bei ihr. So z. B. am 1. März 30, am 20. September 30, am 12. September 32 usw. Und vor allem: Der Bund zwischen der Frau aus Magdala und dem Mann, den der Hebräerbrief später den Mittler des Neuen Bundes nennen sollte[71], währte nicht ewig – nicht einmal so lange, bis der Tod das Paar schied.

Jesus blieb nichts erspart. Sogar die Erfahrung musste er machen, die schon so mancher Ehemann gemacht hat: seine Holdeste lief ihm eines schönen Tages davon. Barbara Thiering wörtlich: »Nach der Geburt des dritten Kindes und zweiten Sohnes aus der Verbindung mit Jesus im März 44 n. Chr. entschloss sich Maria Magdalene, ihren Mann zu verlassen.«[72]

Pech für Jesus. Aber noch war nicht aller Tage Abend. Sechs Jahre später – im März 50 n. Chr. – heiratet Jesus ein zweites Mal. Diesmal ist seine Wunderschöne und Prächtige eine Geschäftsfrau. Sie heißt Lydia, wohnt in der Stadt Thyatira und ist von Beruf Purpurhändlerin. Wer schon einmal das 16. Kapitel der Apostelgeschichte gelesen hat, dem ist sie keine Unbekannte.[73]

Doch halt, im Jahr 50 soll das gewesen sein? War da Jesus nicht längst tot und begraben – und auferstanden?

Ein altes Lied mit neuen Strophen

Gekreuzigt – ja. Laut Frau Thiering schlug man Jesus am 20. März 33 zusammen mit Simon dem Magier und Judas dem Zeloten ans Kreuz. Doch Jesus, der bekanntlich am Kreuz noch einen Trank von Essig und Galle – laut Barbara Thiering einen Giftbecher, der ihm das Bewusstsein nahm – zu sich genommen hatte, »starb nicht am Kreuz. Er erholte sich wieder von den Wirkungen des Giftes. Seine Freunde halfen ihm, aus dem Grab zu entkommen, und begleiteten ihn nach Rom, wo er bis zum Jahr 64 n. Chr. lebte.«[74]

Da haben wir ihn also wieder, den alten Hut aus der Mottenkiste der Leben-Jesu-Forschung, lediglich in einer neuen Verpackung. Die so genannte Scheintodhypothese, die bereits Heinrich Eberhard Gottlob Paulus (1761–1851) und andere Theologen des 19. Jahrhunderts als rationalistisches Erklärungsmodell strapazierten, um nicht an so etwas wie Auferstehung glauben zu müssen[75]; eine Annahme, die – wie wir bereits gesehen haben und noch ausführlich sehen werden – auch heute in den Köpfen so mancher Autoren von Jesus-Büchern herumspukt: Jesus sei weder durch die Kreuzigung noch durch den Lanzenstich des Soldaten ums Leben gekommen und folglich nachher auch nicht auferstanden, sondern bloß wieder aufgestanden.

Barbara Thiering singt dieses alte Lied mit – freilich nicht ohne gleich ein paar neue Strophen hinzuzudichten. Für sie steht fest, »dass nach der Auferstehung nichts Übernatürliches geschah, dass es keine ›Erscheinungen‹ gab – das sind Erzählungen für die ›unmündigen Kinder‹. Wenn Jesus in den folgenden Jahren Petrus oder Paulus ›erschien‹, wie es in der Apostelgeschichte heißt, so handelte es sich um ein Auftreten des wirklichen Jesus in Fleisch und Blut, der sich mit seinen Mitarbeitern beriet.«[76]

Jesus auf Baby-Pause

Die Geschichte von der Auferstehung wurde freilich laut Thiering »ganz bewusst in die Welt gesetzt«. Denn die Evangelisten, die natürlich »selber nicht an die Auferstehung« glaubten – sie haben gewissermaßen nur für die Dummen eine schöne Geschichte geschrieben, unter deren Oberfläche sie Informationen versteckten, denen die eingeweihten Gescheiten entnehmen konnten, »was tatsächlich geschah« –, wollten mit Hilfe der Auferstehungsstory »die große Zahl von Heiden, die von der hellenistischen Idee der Unsterblichkeit der Seele beeinflusst waren, als Mitglieder der Bewegung erhalten«.[77]

Und wie ging es Jesus nach der nichterfolgten Auferstehung? Laut Barbara Thiering lebte er zunächst sehr zurückgezogen – war sozusagen auf »Babypause«, denn er wurde wieder einmal Vater eines Kindes – und betätigte sich im Übrigen als Mitverfasser des Johannesevangeliums.[78]

6. Viel Lärm um Qumran
Ein Jahrhundertfund beflügelt die Fantasie

Eine Idee kann noch so dumm sein,
man findet immer einen Professor, der an sie glaubt.
HENRY LOUIS MENCKEN (1880–1956)

In der Zeit des Kalten Krieges erzählte man folgenden Witz: Ein Skelett wird gefunden, und die Forscher sollen herausfinden, was für ein Mensch das war und wann und wie er gelebt hat.

Ein amerikanischer Wissenschafter macht seine Untersuchungen und kommt zum Ergebnis, dass es sich um das Skelett einer Frau handeln dürfte, die vor circa 300 Jahren gelebt hat. Ähnlich wie er sehen es auch andere westliche Experten. Nun aber tritt ein sowjetischer Wissenschafter ans Rednerpult und verblüfft die staunende Mitwelt mit höchst präzisen Angaben zum ausgegrabenen Fund. Der Russe kann nicht nur das genaue Todesdatum sowie Name und Adresse der vor drei Jahrhunderten ums Leben gekommenen Frau angeben, sondern er weiß auch, an welchen Krankheiten sie litt, wie viele Kinder sie zur Welt brachte und dass sie zwei Mal verheiratet war.

Als ihn sein Kollege aus den USA dann heimlich beiseite nimmt und bittet, er möge ihm doch verraten, wie es möglich sein kann, auf Grund des vorhandenen Befundes solche Details herauszufinden, antwortet der Russe: »Weißt du, Brüderchen, Genosse Stalin ist zu mir gekommen, hat mich bei Wasser und Brot eingesperrt und zu mir gesagt: ›Gestehe!‹ Was hätte ich machen sollen? Ich habe gestanden ...«

Die Australierin Barbara Thiering, die das Leben Jesu »neu« geschrieben hat, scheint ähnlich vorgegangen zu sein wie der Russe im Witz – wenngleich es allerdings in diesem Fall sicherlich keinen äußeren Druck gab, der einen Wissenschaftler unter Umständen dazu bewegen könnte, Dinge zu tun, die ihm sein Gewissen als Wissenschaftler eigentlich zu tun verbietet.

Blühende Fantasie

Qumran heißt das Zauberwort, an dem sich schon die Fantasie so mancher Jesus-Fälscher entzündet hat, um Feuerwerke der bizarrsten Sorte abzusondern. Bei Khirbet Qumran in der Nähe des Toten Meeres wurde im Jahr 1947 ein sensationeller Fund gemacht. In einigen Höhlen befanden sich einzigartige Dokumente – Schriftrollen, die in Tonkrügen gelagert waren und die, wie sich herausstellte, über zweitausend Jahre alt waren. Zu den aufgefunden Texten zählten unter anderem auch Abschriften biblischer Bücher, die um ein drei viertel Jahrtausend älter waren als die bis dahin ältesten der erhalten gebliebenen Bibelhandschriften.

Die Erforschung und Auswertung dieses Jahrhundertfundes mit seinen oft nur ein paar Quadratzentimeter großen Fragmenten zog sich über Jahrzehnte hin. Im Dunstkreis der wissenschaftlichen Publikationen über die Schriftrollen von Qumran und parallel dazu entwickelte sich allerdings auch ein Strom spekulativer Qumranliteratur. Zu ihr zählt *Verschlusssache Jesus*, das sich als eines der spektakulärsten und in der Öffentlichkeit am meisten wahrgenommenen Jesus-Bücher erwies. Immerhin behaupteten die Autoren Michael Baigent und Richard Leigh nichts Geringeres, als dass die in den Höhlen von Qumran gefundenen Texte brisante Informationen enthalten würden, die für die Existenz der Kirche so bedrohlich wären, dass sie der Vatikan deshalb gleichsam »unter Verschluss« halten würde.[1]

Kennern der Materie war von vornherein klar, dass eine solche These nur hochgradiger Unsinn sein konnte. Oder um mit Mark Twain zu sprechen: »Dies scheint eine starke Behauptung zu sein, aber der Dichter hat gesagt: Die Dinge sind nicht, was sie scheinen.«[2]

Nichtsdestoweniger haben nicht wenige Leser der plumpen Verschwörungstheorie unkritisch Glauben geschenkt. Denn wie der Wiener Journalist Alfred Worm so treffend sagte: »Einer Kirche, die Hunderttausende unschuldiger Frauen als Hexen verbrannte, Hunderttausende Juden aus dem Spanien des Columbus vertrieb oder zwangstaufte, die im Zeichen des Kreuzes Millionen von Indios hinschlachtete, die zwei Jahrhunderte lang Kreuzzüge zum Grab Christi unternahm und nebenbei die Kreuzritter knöcheltief im Blut der Ungläubigen waten ließ. Dieser Kirche, deren selbst ernannte Nachfolger des angeblichen, jedenfalls jüdischen Apostels Petrus jahrhundertelang übelste antijüdische Pamphlete verfassten – dieser Kirche kann man getrost die Unterdrückung einiger für die Religion peinlicher Dokumente zutrauen. Auch dann, wenn den angeblichen Verschwörern im klerikalen Dunstkreis ausnahmsweise Unrecht getan wird.«[3]

Michael Baigent und Richard Leigh mit ihrer *Verschlusssache Jesus* sind allerdings Waisenknaben gegen Barbara Thiering. Was die beiden Journalisten mit Hilfe von Robert Eisenman[4], einem Orientalisten an der University of California, durch die Lektüre jener Texte, die im Jahr 1947 bei Qumran am Nordwestufer des Toten Meeres entdeckt wurden, über Jesus und das Urchristentum in Erfahrung gebracht haben wollen, war schon bizarr und abstrus genug und meilenweit von dem entfernt, was seriöse Wissenschaftler in geduldiger Forschungsarbeit über das Leben und die Gedankenwelt der Qumran-Essener ermittelt hatten. Barbara Thiering allerdings ist die fantastischste aller Qumranfantasten. Was die Australierin aus den Evangelien und der Apostelgeschichte alles herausgelesen – oder besser gesagt: in die neutestamentlichen Texte *hinein*gelesen – hat, hatte vor ihr noch kein Jesus-Fälscher vor ihr zu Wege gebracht.

Die unangefochtene Rekordhalterin in der Disziplin disziplinlosen Jesus-Fälschens kennt keine falschen Rücksichten. Ihre den Bibeltext gnadenlos vergewaltigende Interpretation geschieht unter ein paar tolldreisten Annahmen: erstens, dass Jesus in Qumran gelebt hätte (»Die Bootsfahrten, die Jesus und die Jünger unternahmen, fanden auf dem Toten Meer, nicht auf dem See Gennesaret statt«[5]); zweitens, dass die Texte der in den Höhlen von Qumran gefundenen Schriftrollen nicht schon vor Christi Geburt, sondern erst in herodianischer Zeit entstanden wären, und dass drittens das Neue Testament in einer verschlüsselten Darstellungsweise geschrieben wäre, die an der Textoberfläche Erzählungen für die »unmündigen Kinder« bietet, hinter denen sich konkrete historische Aussagen für die »Eingeweihten« erschließen lassen.

»Peschermethode« heißt das Zauberwort der Australierin, mit dem sie versucht, den Produkten ihrer blühenden Fantasie den Anschein von Wissenschaftlichkeit zu verleihen. Thiering wörtlich: »Der Pescher ist so etwas wie die Lösung eines Rätsels, etwa in der Form eines Buchstabenrätsels. Für den Uneingeweihten ergeben die Zeichen keinen Sinn, doch wer die Technik kennt und das notwendige Wissen mitbringt, kann das Rätsel entschlüsseln.«[6]

Und so funktioniert Barbara Thierings Peschermethode: »Der Schreiber nimmt sich ein alttestamentliches Buch vor, z. B. das Buch Habakuk aus den Kleinen Propheten, in dem es um Ereignisse im Jahr 600 v. Chr. geht, als die Babylonier in Judäa einmarschierten und Angst und Schrecken verbreiteten. Er zitiert nun den Text Vers für Vers und fügt dabei jedem einzelnen Vers einen Kommentar an, den er mit den Worten ›sein Pescher (d. h. seine Deutung) ist ...‹ einleitet und in dem er den Text auf Geschehnisse in seiner eigenen Zeit bezieht. Die Babylonier sind für ihn die ›Kittim‹, d. h. die Römer.«[7]

Otto Betz und Rainer Riesner haben sich die Mühe gemacht, den pseudowissenschaftlichen Firlefanz, mit dem die Australierin ihre Leser zum Narren hält, minutiös zu entlarven. Im Habakuk-Pescher, der in den Tonkrügen von Qumran aufgefunden wurde – so die beiden Bibelwissenschaftler in ihrem Buch *Jesus, Qumran und der Vatikan* – werde »keine exegetische Geheimniskrämerei« betrieben, einem überaus informativen Aufklärungsbuch zu Fragen rund um Qumran und zur Unterscheidung der Geister hinsichtlich diverser Qumranfantasien. »Die Form des Peschers ist in Qumran klar definiert. Zuerst wird ein Stück aus dem Alten Testament zitiert, und dann folgt, meist eingeleitet durch die Formel ›pischro‹ (seine Deutung), die aktualisierende Anwendung der Stelle.« In den Evangelien gibt es zwar ebenso »Stellen, wo ein alttestamentliches Wort als im Wirken Jesu erfüllt zitiert wird« (z. B. Mt 1,22–23; 2,15 usw.), aber – und das ist der springende Punkt – »nirgends im Neuen Testament wird ein Wort oder eine Tat Jesu zitiert und dann behauptet, sie würden sich verschlüsselt auf einen völlig anderen geschichtlichen Vorgang beziehen.«[8]

Mit anderen Worten: Barbara Thierings Methode ist eine gnadenlose Vergewaltigung des Bibeltextes. Ihre Schriftauslegungen sind an den Haaren herbeigezogen.

Das Jesusbuch der Australierin, die ehedem eine seriöse Qumran-Forscherin gewesen ist, entspricht exakt dem, was nach Martin Esslin dem absurden Theater bzw. nach Sigmund Freud den Wahnvorstellungen eignet. Hat man einmal die völlig willkürlichen absurden Grundannahmen akzeptiert, ist alles Weitere zwingend logisch. Barbara Thiering macht das Gleiche wie Kinder, die sagen »Tun wir so, wie wenn wir Ritter wären« – sie betätigt ihren Spieltrieb.

Spuren des echten Jesus hinter den Fälschungen

Der Gerechtigkeit halber soll freilich nicht unerwähnt bleiben, dass sogar noch in diesem unsäglichen *Jesus von Qumran*, in dem der authentische Jesus der Bibel komplett gegen den Strich gebürstet wird und die historische Wahrheit über Jesus auf der Strekke bleibt, dennoch da und dort die Züge des unverfälschten Jesus durchschimmern. So etwa, wenn Barbara Thiering über die für den historischen Jesus charakteristische Zuwendung zu den Außenseitern völlig richtig feststellt: »Bei allen entscheidenden Ereignissen der Geschichte war er stets auf der Seite derer, die unter dem System zu leiden hatten: der Armen, der Behinderten, der sozial Diskriminierten«[9], auch wenn sie im nächsten Atemzug aus dieser richtigen Einsicht gleich wieder eine ihrer abstrusen Schlussfolgerungen zieht.

Auch was die Australierin im Zusammenhang mit der Tempelreinigung über Jesus schreibt, kann als eine kleine Insel des Richtigen im Meer von so viel Fälschung bezeichnet werden: »Er wandte sich aufs Schärfste gegen den Ausverkauf religiöser Erlösung für Geld und lehrte, dass die Erlösung ein freies Geschenk der Gnade sei. Mit der Peitsche trieb er die ›Händler, die Rinder, Schafe und Tauben verkauften‹, hinaus und stieß die Tische der Geldwechsler um ... Die Religion, so lehrte Jesus, sei kein finanzielles Schwindelunternehmen, sondern eine Gabe Gottes.«[10] Kein finanzielles Schwindelunternehmen – das ist gar kein so übles Stichwort! Auch Jesus-Bücher sollten, so könnte man daraus lernen, kein Schwindelunternehmen sein.

Ein »unüberbietbarer Schmarrn«

So sehr Barbara Thiering für sich verbuchen kann, die bislang abenteuerlichsten Qumranfantasien in die Welt gesetzt zu haben, hat sie dennoch Vorgänger. Die These vom scheintoten Jesus, der das Kreuz überlebt hätte, stammt bekanntlich aus dem 19. Jahrhundert. Aber auch Bibelauslegungsmethoden, die dem Bibeltext auf Grund einer vorgefassten, mehr oder weniger willkürlichen Annahme partout einen anderen Sinn abzugewinnen trachten, als er hat, sind nichts Neues.

So wäre z. B. an den österreichischen Alttestamentler Claus Schedl zu erinnern, der in den 60er-Jahren die Worte und Buchstaben des Bibeltextes zu zählen begann, weil er sich in die Idee verrannt hatte, dass die Zahl den Text mitformt. Aus den Patriarchenerzählungen der Genesis glaubte er »ein altes Epos Israels« herausschälen zu können, und wenn die Texte nicht das hergaben, was sie auf Grund der Theorie hergeben sollten, dann wurde der Bibeltext von Claus Schedl einfach »kühn korrigiert«, wie er selber sagte.[11] *Mystische Arithmetik oder geschichtliche Zahlen, Thesenanschlag zu den Pentateuchquellen, Siegel Gottes und Zaun des Gesetzes. Die biblischen Schöpfungsberichte als Zahlengebäude* sind nur einige Titel der Arbeiten, die Claus Schedl zu diesem Thema veröffentlicht hat. Sogar die griechisch geschriebenen neutestamentlichen Schriften wurden von Schedl auf ihren tieferen Sinn hin abgeklopft. Titel eines 1966 erschienenen Aufsatzes: *Die Zahl als Formungselement der Evangelien*[12].

Schedls kuriose Theorie wurde, wie es im akademischen Leben üblich ist, von anderen Fachleuten der Bibelwissenschaft geprüft, in all ihrem Für und Wider diskutiert – und ist mittlerweile, ihrer Unhaltbarkeit überführt, längst in der Versenkung verschwunden.

Es gibt allerdings einen gravierenden Unterschied zwischen Claus Schedl und Barbara Thiering. Während der österreichische Autor mit seiner Methode des Wortezählens ernsthaft und redlich um das Erarbeiten eines vertieften Zugangs zum Bibeltext bemüht war, klatscht die Australierin ihre als sensationelle neue Methode propagierte Erfindung den ernsthaften Bibelwissenschaftlern kaltschnäuzig ins Gesicht. Eine zynische Verhöhnung der Zunft, in ihrem enthüllerischen Pathos gemixt mit dem Aspekt der Tabuverletzung: natürlich wiederum der ideale Teig, aus dem Bestsellerbrötchen gebacken werden.

Treffend formulierte der Wiener Judaist Kurt Schubert, selber ein exzellenter Kenner der Qumrantexte: »Jedes dieser Bücher bezeichne ich als einen unüberbietbaren Schmarrn und werde durch das Nächste widerlegt, weil es einen noch unüberbietbareren Schmarrn bietet.«[13]

Gesunder Geschäftssinn gegen gesunden Menschenverstand

Wenn der gesunde Menschenverstand den gesunden Geschäftssinn zum Duell fordert, hat der Klügere schon oft nachgegeben und ist zu der Einsicht gelangt, mit der Kaiser Vespasian die anrüchige Latrinensteuer zu kommentieren pflegte: Pecunia non olet. Der jüdische Publizist Hershel Shanks hat denn auch in einer Rezension von Thierings Buch nicht nur bitterböse beklagt, dass hier »unter Aufbietung größter Gelehrsamkeit die historische Wissenschaft zur Karikatur gemacht wird«, sondern auch ein treffendes Wörtchen über das Motiv renommierter Verlage geschrieben, ein solch törichtes Buch (»silly book«) herauszubringen: »Zweifellos hat die Antwort etwas mit dem zu tun, was auf den Tischen lag, die Jesus umstürzte.«[14]

Ein Rauschgift namens Jesus

Der Geheimkult des heiligen Pilzes. Rauschgift als Ursprung unserer Religion lautete der Titel eines 1970 auf Englisch und ein Jahr später auf Deutsch erschienenen Buches, in dem der »Nachweis« erbracht wird, dass Jesus in Wirklichkeit der Name eines Rauschgifts sei, das im Kult des Heiligen Fliegenpilzes eine Rolle gespielt habe.[15] Das Buch, das in einem auf Bestseller spezialisierten Verlagshaus erschienen war, erweckte für einen in die Interna der Qumranforschung nicht eingeweihten Leser den Eindruck einer fantastischen Parodie. Hier hat sich doch einer, musste man mutmaßen, den tollen Spaß gemacht, eine ganz und gar verrückte These nach allen Regeln der Kunst durchzuspielen, und hat die Mühe nicht

gescheut, mit ungeheurer Akribie philologisches Material herbei-
zuzitieren, das die Theorie scheinbar belegt. Wer so etwas zu Stande bringt, muss klarerweise etwas von der wirklichen Wissenschaft
verstehen; also kann es sich beim Autor dieses fulminanten Juxes
nur um einen Experten handeln. Aber um wen? Da der Autor
offensichtlich seinen literarischen Faschingsscherz nicht mit seinem wirklichen Namen zeichnen wollte, hat er sich – so ging die
Mutmaßung weiter – ein Pseudonym zugelegt, freilich eines, das
jeder Musikfreund gleich als solches erkennen musste: Er nannte
sich »Allegro«, also gleichsam einen Mister Flott.

Doch nichts da. Es gibt keinen Qumranwissenschaftler, der
sich heimlich »Mister Flott« nannte. Der John M. Allegro, der so
flott über den Kult des Fliegenpilzes drauflosschrieb, hieß wirklich
John M. Allegro.

Im Grunde war dieser Mann eine tragische Figur. Sabine Rückert
kennzeichnet ihn in ihrem kenntnisreichen Aufsatz, den sie für
das *Zeit-Dossier* geschrieben hat, folgendermaßen: »John Allegro,
der Atheist, verfiel über den Rollen Alkohol und Drogen, überwarf sich mit allen Kollegen und verfasste vor seinem Tode wirre
Aufsätze, in denen er den Ursprung des Christentums auf Hallu-
zinationen infolge von Pilzvergiftung zurückführte.«[16]

Die VERSCHLUSSSACHE JESUS *– ein alter Hut*

Die anfeuernden Orakel war der Titel eines Theaterstücks, das im
Jahr 1966 in England uraufgeführt wurde. Geschrieben hatte es
John M. Allegro, der 1957 von der Universität Manchester entlas-
sen worden war und sich mit Sensationsveröffentlichungen über
Wasser halten musste.In diesem Stück geht es um die angebliche
Brisanz, die die 1947 entdeckten Schriftrollen für die Kirche hät-
ten.[17]

Eine Universitätsassistentin löst die zusammengeklebten Bruch-
stücke einer Schriftrolle aus Qumran mit Dampf auf. Der Profes-

sor entziffert die nun lesbar gewordenen Texte und meint, das werde die katholische Kirche erschüttern. Denn aus der Schriftrolle gehe hervor, dass Jesus den Chefapostel Petrus nicht, wie man bisher immer gemeint hat, »Fels« genannt habe, sondern »Untersucher«. Das fragliche aramäische Wort, das der Bibelstelle Mt 16,18 (»Du bist Petrus, und auf diesem Felsen werde ich meine Kirche bauen«) zu Grunde liege, laute »gajpha«, nicht »kajpha«. Ein winziger Unterschied im Text, aber eine gigantische Auswirkung für das Selbstbewusstsein der katholischen Kirche, meint der Professor. Denn nun sei das Papsttum widerlegt.

Doch jetzt ist die Assistentin am Ball. Sie ist zwar prinzipiell auf der Seite des Professors, in den sie verliebt ist, kann aber ihr Wissen nicht für sich behalten. Die Assistentin beichtet einem Priester, was sie weiß. Und der Priester – Beichtgeheimnis hin, Verschwiegenheitspflicht her – kann sein Wissen ebenfalls nicht für sich behalten. Kurzum, der Vatikan bekommt Wind von der Sache und setzt flugs seine Leute auf den Professor an. Ziel der Unternehmung: Rom wünscht, dass der Forscher dazu überredet werden soll, doch lieber wieder »kajpha« (der Fels) als die richtige Lesart des Textes zu entziffern. Professor Lanson jedoch, wie das fiktive Double von Mister Allegro im Theaterstück heißt, bleibt standhaft. Im Rahmen einer Pressekonferenz will er seine sensationelle Entdeckung der Öffentlichkeit bekannt geben. Doch siehe da, der Safe, in dem das brisante Dokument eingeschlossen war, ist plötzlich leer – und Professor Lanson bleibt nur noch zu sagen: »Man unterdrückt die Worte Jesu!«

Wie die Kenner von Sakrileg wissen, hat der Autor Dan Brown einer seiner Romanfiguren – dem »Symbolologen« aus Harvard – den Namen Robert Langdon gegeben. Man könnte beinahe ins Grübeln kommen, ob es sich lediglich um eine zufällige Namensähnlichkeit handelt oder ob dies womöglich ein versteckter Fingerzeig wäre, dass eine geheime Verbindung von der einen fiktiven Figur zu der anderen fiktiven Figur besteht – nämlich zu jenem Professor Lanson bei Allegro.

Aber wie dem auch sei: Die Geister, die John Marco Allegro rief, wurden wir offensichtlich nicht mehr los. Was der ehemals ernsthafte Forscher in seiner Qumran-Klamotte lediglich als literarische Fiktion auf die Bühne brachte, hat das Autorenpaar Baigent und Leigh in eine reelle Anschuldigung des Vatikans umgemünzt.

Ein noch älterer Hut

Otto Betz und Rainer Riesner weisen zu Recht darauf hin, dass sich das Allegro-Stück von 1966 »wie das Drehbuch zur *Verschlusssache Jesus*« liest.[19] Und wenn man tief genug in die Geschichte der Leben-Jesu-Forschung zurückblickt, kann man sehen, dass es dergleichen auch schon viel früher gegeben hat. Ein Carl Friedrich Bahrdt (1741–1792) und ein Karl Heinrich Venturini (1768–1849) verhalten sich nämlich ziemlich genau so zueinander wie Allegro zu Baigent und Leigh.

Carl Friedrich Bahrdt beschäftigte sich mit der Geschichte Jesu vom Standpunkt der Vernunft aus. Als Rationalist lehnte er den Offenbarungsglauben ab und versuchte in seinen Schriften[20] das, was damals in Galiläa geschah, auf seine Weise zu erklären. Dass in der Passionsgeschichte plötzlich ein Mann namens Joseph von Arimathäa auftritt und eine wichtige Rolle spielt, gab ihm zu denken – bzw. zu fantasieren. Und so kam Bahrdt auf die Idee, in ihm – wie schon Johann Georg Wachter (1673–1757), der diese Spekulation zum ersten Mal anstellte[21] – einen Essener zu sehen, also einen Angehörigen jener dritten religiösen Gruppierung, die der jüdische Geschichtsschreiber Josephus Flavius neben den Pharisäern und den Sadduzäern erwähnt hat. Je weniger man über diese Essener wusste – insbesondere damals, als die Schriftrollen von Qumran noch unentdeckt in den Tonkrügen am Toten Meer lagen – umso mehr war der Fantasie Tür und Tor geöffnet.

Bahrdt stellte sich vor, dass die Essener ein Geheimbund waren, der in allen Gesellschaftsschichten seine Leute sitzen hatte – eben auch im Hohen Rat. Dieser geheim agierende Orden sei daran interessiert gewesen, einen Kandidaten für die Rolle des Messias zu finden, um ihn für seine Zwecke nutzbar zu machen.

Schon bei seiner Geburt sei man auf Jesus aufmerksam geworden, seine Erziehung und Ausbildung sei von den Essener-Leuten gemanagt worden. Wenn Jesus z. B. auf einen Berg ging, um allein zu beten, wie im Evangelium bisweilen berichtet wird, so bedeutete dies nach Bahrdt, dass er dort in Wirklichkeit an einer geheimen Sitzung des Ordens teilnahm. Denn der Orden hatte überall seine verborgenen Höhlen, in Galiläa ebenso wie in der Umgebung von Jerusalem. In solch einer Höhle sei denn auch das Ende Jesu geplant worden: sein raffiniert inszenierter Tod am Kreuz und seine noch raffinierter inszenierte scheinbare Auferstehung: Lukas, der Arzt, hat die Aufgabe, Jesus Medikamente zu verabreichen, mit deren Hilfe er die Schmerzen der Passion aushalten kann. Nikodemus übernimmt es, den Hohen Rat entsprechend zu manipulieren, damit Verurteilung und Hinrichtung möglichst rasch über die Bühne gehen und Jesus nur kurz am Kreuz ausharren muss.

Und in der Tat, es geht alles nach Plan. Nur Pilatus ist eine gewisse Klippe – um ein Haar hätte er Jesus laufen lassen. Aber der Hauptmann ist eingeweiht. Die Essener haben ihn bestochen, damit er Jesus nicht die Beine zertrümmern lässt oder ihm gar einen tödlichen Lanzenstich verpasst. Schon kommt »Joseph von Ramath«, wie Joseph von Arimathäa bei Bahrdt heißt, bringt den scheintoten Jesus in eine Höhle, pflegt ihn in der improvisierten Intensivstation mit Hilfe der von Lukas vorbereiteten Arzneien flugs gesund und päppelt ihn entsprechend auf, denn nach drei Tagen muss er ja wieder für die Auferstehung fit sein. Bahrdt im Originalton: »Seine Wunden, da seine Säfte vollkommen gesund waren, heilten sehr leicht, und er konnte den dritten Tag schon wieder auftreten, ohngeachtet die Löcher noch offen waren, welche die Nägel ihm gemacht hatten.«

Und Ostern geht so: Der Stein wird nicht von einem Engel weggewälzt, sondern mit vereinter essenischer Muskelkraft von innen nach außen gedrückt. Die Wachen vor dem Grab packt der Schrecken, als der massive Klotz scheinbar ganz von alleine den Berg hinunter rumpelt. Die Frauen kommen, und einer der weiß gewandeten Essener mimt den Engel, der offiziell verkündet, dass Jesus auferstanden sei. Maria Magdalena, die Jesus viel zu gut gekannt hat, um sich ein X für ein U vormachen zu lassen, sieht Jesus, ist sich aber nicht sicher. Erst als sie seine Stimme hört, erkennt sie ihn. Und wieder Bahrdt im Originalton: »Hierauf sagte ihr Jesus, dass er zu seinem Vater gehe (in den Himmel – im mystischen Sinne des Wortes – nämlich unter die Auserwählten, in die stillen Wohnungen der Wahrheit und Seligkeit – in den Zirkel seiner Vertrauten, wo er ein unsichtbares Leben für seinen Zweck fortlebte), und sie solle seinen Jüngern es sagen, dass er lebe.«

Zwischen Ostern und Himmelfahrt kommt Jesus ein paar Mal aus dem Essener-Versteck, um seinen Jüngern zu »erscheinen«, und die Himmelfahrt kommt den Augenzeugen natürlich nur so vor, als wäre sie eine. Jesus nimmt herzzerreißenden Abschied von seiner Mannschaft und schreitet den Berg hinan: »Da stunden die armen Leute – betäubt – vor Schmerz außer sich – sahen ihm nach, solange sie konnten. Aber je höher er stieg, desto tiefer kam er in die Wolken hinein, die auf dem Berge lagen. Und endlich war er gar nicht mehr zu sehen. Die Wolke nahm ihn weg vor ihren Augen.«[22]

Deswegen bleibt den Aposteln auch unbekannt, dass Jesus wieder in die Mutterloge des Geheimbundes zurückkehrt und nur noch ganz selten – z. B. vor Damaskus, als er Saulus gegenübertritt – in das Geschehen eingreift.

So weit das Grundmuster einer Geschichte, von der man dasselbe sagen könnte wie Don Giovannis Diener Leporello, als die Tafelmusik im Hause seines Herrn – in einem ironischen Selbstzitat Mozarts – ein Thema aus dem *Figaro* intoniert: »Die Melodie kommt mir äußerst bekannt vor.«

Mit anderen Worten: Die oft genug als »neuestes« Forschungsergebnis angepriesene Erkenntnis, dass Jesus das Kreuz überlebt hat und die Auferstehung nur vorgegaukelt wurde, ist alles andere als neu. Die Story von einem Jesus, der sich keineswegs aus irgendwelchen religiösen Gründen in das Schicksal fügte, in das er wegen der konsequenten Verkündigung seiner Botschaft vom Reich Gottes geriet, und darin den Willen seines Vaters im Himmel erkannte, sondern der einfach der Hampelmann in den Händen der Essener war, einer Art Edelmafia, die wusste, wo es langging – diese Story, die von den »jungen« Jesus-Fälschern der Gegenwart gezwitschert wird, sangen auch schon die Alten im 18. Jahrhundert.

Der gebürtige Braunschweiger Karl Heinrich Venturini hat das von Bahrdt entwickelte Modell 14 Jahre später verbessert. Carl Friedrich Bahrdt schrieb sozusagen das Libretto für eine noch viel schönere Oper – für Venturinis Roman eines Lebens Jesu, der zu seiner Zeit viel und gerne gelesen wurde: *Natürliche Geschichte des großen Propheten von Nazareth*[23.]

Freilich, damals gingen die Uhren noch anders als heute, wo gesellschaftliche Ächtung und institutionelle Repression wegen ideologischen Dissidententums im Grunde nur noch historische Vokabeln sind. Darum schienen Venturini gewisse Vorsichtsmaßnahmen geboten, die es geraten sein ließen, das Buch anonym herauszubringen. Auch wurde der wahre Erscheinungsort verschleiert; im Impressum wurde sinnigerweise »Bethlehem« als Verlagssitz angegeben.

Schließlich konnte Venturini am Beispiel seines Vorläufers

Bahrdt deutlich sehen, was einem Freigeist alles blühen kann, wenn er unverblümt sagt, was er sich denkt. Denn dies zieht sich gleichfalls wie ein roter Faden durch die Geschichte der Jesus-Fälscher: Die Bücher haben ihre Schicksale, aber die Autoren nicht minder.

Der erste große Essener-Fantast Carl Friedrich Bahrdt war zwar schon in jungen Jahren »außerordentlicher Professor der geistlichen Philologie« zu Leipzig geworden, wurde aber ebenso bereits in jungen Jahren – mit fünfundzwanzig – geschasst. Kündigungsgrund: »anstößiger Lebenswandel«. Eine Zeit lang konnte er dann noch in liberalerer Umgebung dem Lehrberuf nachgehen – zunächst in Gießen, dann in Halle an der Saale, wo Hunderte von Hörern in seine Vorlesungen kamen. Aber in Halle konnte sich Bahrdt nur halten, weil die aufgeklärte Regierung der konservativen Fakultät eins auswischen wollte und nur deshalb dem unliebsamen Professor die Stange hielt.

Als Friedrich der Große starb, wendete sich das Blatt, und Bahrdt musste Lehrstuhl und Hörsaal Ade sagen. Der Jesus-Umdichter wurde Weinbauer und Gastwirt, provozierte seine bürgerlich wohlanständige Umwelt durch so manche unmoralische Aktionen – z. B. jagte der Nicht-mehr-Theologe und Nur-noch-Wirt Bahrdt seine Ehefrau zum Teufel und holte sich statt ihrer seine Kellnerin ins Bett, landete zwischendurch auch einmal im Knast (Bahrdts Delikt, das ihm zur Last gelegt wurde: »Verspottung des Wöllnerschen Ediktes«) und starb, gesellschaftlich geächtet, ein paar Monate nach Mozarts Tod.[24]

7. »Hose runter!« statt »Hosianna!«
Die Enthüller kratzen am Goldgrund

Meine TV-Sendungen zum Thema Ritualmord brachten mir starke Resonanz
und zahlreiche Leserbriefe. Unter den Zuschriften waren überraschend viele
von Anhängern der These, nach welcher Jesus die Kreuzigung überlebte, nach
Kaschmir auswanderte und dort als hoch angesehener Guru alt und lebenssatt
auf einer Bambusmatte starb. Das war offenkundiger Unsinn. Ich las mit wach-
senader Verwunderung all diese sterbenslangweiligen »Beweise« ...

SALCIA LANDMANN

Als der Dramatiker Terrence McNally anlässlich einer Aufführung seines Stückes *Corpus Christi* in London von Muslimen
mit dem Tod bedroht wurde,[1] war das gewiss alles andere als komisch. Nicht sehr komisch war allerdings auch, *weswegen* eigentlich
gegen dieses Stück protestiert wurde.

Schwuler Rabbi

McNally hat Jesus als einen Homosexuellen gezeichnet, der von
seinem Liebhaber Judas verraten wird, und da Jesus im Islam bekanntlich als Prophet verehrt wird, war dies Grund genug, musli-
mische Kreise in Großbritannien auf die Barrikaden zu treiben.
Unruhe als erste Bürgerpflicht war auch angesagt, als McNallys
flotte Klamotte vom schwulen Rabbi Jesus in Deutschland auf-
geführt wurde. Nur waren es diesmal keine Mitglieder der islamischen Religionsgemeinschaft, die wegen eines frechen und provozierenden Unterhaltungstheaters in Harnisch gerieten, sondern
gläubige Christen – und zwar Christen im Umkreis von Pfarrer
Winfried Pietrek aus Lippstadt, dem geistlichen Berater der »Par-

141

tei der Christlichen Mitte«, einer politischen Gruppierung, bei der es sich nach Ansicht der *Süddeutschen Zeitung* um ein »Sammelbecken für katholische Rechtsausleger, militante Abtreibungsgegner und Glaubensfundamentalisten«[2] handelt.

Wo sind die Grenzen der künstlerischen Freiheit? Wie weit darf Provokation gehen? Welche Art von Verspottung und Verhöhnung darf der Gesellschaft zugemutet werden? Wie viel gute Miene zu schlechtem Geschmack kann von mir erwartet werden, und wo hört sich der Spaß auf? Das sind Fragen, die sich im Zusammenhang mit der Jesus-Fälscher-Thematik immer wieder stellen – nicht nur, wenn einem Mann wie Jesus eine Vorliebe für Männerliebe angedichtet wird.

Gewiss ist nicht alles Blasphemie, was für Blasphemie gehalten wird, aber wo liegt die Grenze? Wann schlägt es dreizehn? Bis zu welchem Punkt geht es sozusagen nur um Menschen, die sich beleidigt fühlen, weil ihrer Meinung nach Gott gelästert wird – und ab wann fühlt sich eigentlich Gott selbst beleidigt?

Hose runter

»Eine junge Frau, bekleidet mit einer Stewardess-Uniform einer Luftfahrtgesellschaft, wischt den Lippenstift von den Lippen des gekreuzigten, toten Knaben und schminkt mit einem neuen, weichen, fetten, leuchtenden kirschroten Lippenstift die Lippen des toten Knaben. Sie entfernt die um das Geschlechtsteil des Knaben befestigte Menstruationsbinde ...«[3] Der Mann, der mich an einem jener heißen Augusttage anrief, an denen der Wiener Aktionskünstler Hermann Nitsch sein großes Spektakel aufführte, war hochgradig erregt. Ob mir diese und ähnliche, noch schlimmere Stellen bekannt seien, fragte er mich mit vor Zorn bebender Stimme und las mir gleich noch weitere solche Stellen vor.

»Zwei mit Chorhemden bekleidete Knaben heben das Messgewand des zunächst der Bühne liegenden Mannes auf. Die Unterhose wird ausgezogen, das Geschlechtsteil ist mit einem Verband verhüllt. Auf dem Verband sind Blutflecken sichtbar, da blutige Watte mit Heftpflaster an Geschlechtsteil und Hoden geklebt ist. Der Verband und die blutige Watte werden beseitigt. Hoden und Geschlechtsteil werden mit lauem Wasser bespült. Ein weißes Tuch wird unter das Gesäß gebreitet ...«[4]

»Was Sie da zitieren, kommt mir durchaus bekannt vor«, erwiderte ich. »Wenn ich nicht irre, stammt dieser Text aus einem der Abreaktionsspiele von Hermann Nitsch. Aber das ist doch nichts Neues. Das Buch mit seinem Orgien-Mysterien-Theater ist schließlich schon vor dreißig Jahren erschienen.«

Gegen einen Mann, der sich etwas dermaßen Abstruses und Perverses ausdenke, müsse man doch protestieren, meinte mein Gesprächspartner voller Empörung; und seine Empörung steigerte sich, als er merkte, dass ich ihm nicht sofort beipflichtete, sondern zur Mäßigung riet.

»Ich finde, dass man diese Dinge nicht so furchtbar wichtig und vor allem nicht so tierisch ernst nehmen sollte«, sagte ich.

Dies könne wohl nicht mein Ernst sein, befand er. Als guter Christ und als katholischer Publizist könne ich doch nicht stillschweigend hinnehmen, wenn unsere heiligsten Dinge in den Dreck gezogen würden, rief er in den Telefonhörer und hatte wenig Verständnis dafür, dass ich so wenig Verständnis für seine Erregung hatte. Wenn man solche Dinge toleriert, mache man sich mitschuldig, hielt er mir vor.

»Wenn ich gegen eine Sache nicht protestiere, heißt das noch lange nicht, dass ich damit einverstanden bin«, erwiderte ich. »Ich muss doch nicht gleich gegen etwas protestieren, nur weil ich anderer Meinung bin. Bedenken Sie, wogegen man alles protestieren müsste, wenn das so wäre! Mit den gleichen Argumenten, mit denen Sie einem Künstler wie Nitsch eine Verhöhnung christlicher Werte vorwerfen, könnten – ja, müssten – Sie dann konsequenterweise auch gegen eine Reihe anderer Dinge protestieren. Zum Beispiel gegen die Astrologie, die doch auch gewisse elementare christliche Glaubenslehren verhöhnt und mit Füßen tritt: die Lehre über die Unverfügbarkeit Gottes, über die menschliche Freiheit, über Gnade, Erlösung und so weiter. Oder Sie müssten gegen Einrichtungen wie Casinos, Bordelle und dergleichen protestieren, die doch auch grundlegende christliche *Moral*lehren gröblich mit Füßen treten! Ich meine, als Nachfolger Jesu haben wir anderes zu tun, als uns auf die Stufe von Pornojägern und -sammlern zu begeben.«

Auf Jesus solle ich mich lieber nicht berufen, entgegnete der Anrufer. »Unser Herr hat schließlich und endlich auch nicht alles stillschweigend hingenommen, sondern er hat die Geldwechsler mit der Peitsche aus dem Tempel vertrieben!«

»Das heißt aber noch lange nicht, dass ich es gleichsam als christliche Grundhaltung hinstellen darf, zur Peitsche zu greifen«, erwiderte ich. »In der Bergpredigt steht eben *nicht*: Wenn dir einer eine runterhaut, hau zurück! Und Jesus hat auch niemals gesagt: Selig seid ihr, wenn euch die Menschen schmähen und verhöhnen, denn dann könnt ihr ihnen endlich zeigen, wo der Hammer hängt!«

Die Haltung Jesu – führte ich weiter aus – auf ein primitives Schwarz-Weiß-Schema zu reduzieren hieße, Jesus verfälschen. Natürlich gebe es Dinge, die man als Christ nicht stillschweigend hinnehmen darf und gegen die man im Namen Jesu protestieren darf und soll – zum Beispiel Ungerechtigkeit und Ausbeutung. Schon die Propheten hätten immer leidenschaftlich gegen die Unterdrückung von Witwen und Waisen protestiert, und auch ein Johannes der Täufer oder Jesus selbst hätten nicht den Mund gehalten, wenn es galt, politische oder religiöse Bonzen zu kritisieren.

Umgang mit Blasphemie

»Das Jesuanische Prinzip«, sagte ich, »heißt nicht: Entweder alles tolerieren oder gegen alles und jedes Sturm laufen. Es heißt eher:

Wenn Peitsche, dann Peitsche, und wenn Gebetsriemen, dann Gebetsriemen! Widerstand, wenn Widerstand gefordert ist, und Ergebung, wenn Ergebung gefordert ist. Denken Sie an Bonhoeffer!
Seine Haltung war Widerstand *und* Ergebung! Aber abgesehen
davon, bitte bedenken Sie doch: Was bringen Proteste? Je mehr
Sie protestieren, umso mehr lenken Sie die Aufmerksamkeit der
Öffentlichkeit auf das Ganze und beleben das Geschäft – weil
sich dadurch der Marktwert dieser Art von Kunst steigert, wie
Hermann Nitsch sogar selber in einem Interview gesagt hat. Wollen Sie das?«

»Aber diese Verhöhnung dessen, was uns am heiligsten ist«, erwiderte mein Gesprächspartner. »Der Gekreuzigte, die Eucharis-
tie und so weiter, der Missbrauch der Messgewänder – das stört
Sie nicht? Soll man als Christ dazu schweigen, wenn unter dem
Deckmantel der Kunst Gott gelästert wird?«

Auch ich hätte ein Problem mit der Kunst von Hermann
Nitsch, bekannte ich. »Ich kenne Nitschs Aktionismus schon seit
dreißig Jahren, und seine Kunsttheorie ist mir schon damals einigermaßen antiquiert erschienen. Denn sehen Sie: Diese Art von
Kunst lebt doch davon, die Gesellschaft – oder wie man früher
gesagt hat: den Bürger – zu provozieren. Das Problem ist aber,
dass man nicht Ablehnung provozieren wollen und gleichzeitig
Anerkennung einheimsen wollen kann. Über diesen Widerspruch
kommt Nitsch nicht hinweg: dass er eine Kunst macht, die davon
lebt, von der Gesellschaft abgelehnt zu werden, gleichzeitig aber
möchte, dass ebendiese Gesellschaft seine Kunst als etwas ganz
Normales akzeptiert.«

Auf dieser Ebene wollte mein Gesprächspartner das Problem
allerdings nicht diskutiert sehen, und mein Plädoyer für ein wenig
mehr Gelassenheit im Umgang mit Blasphemie, den ich im An-
schluss an unser Gespräch als Zeitungskommentar formulierte,
war auch nicht nach seinem Geschmack.

Die Proteste gegen das Spektakel von Hermann Nitsch – schrieb
ich in diesem Kommentar[5] – haben zwei charakteristische Missver-

ständnisse bloßgelegt: einerseits ein Missverständnis dessen, was Kunst ist, was sie kann, darf und soll, und andererseits ein Missverständnis dessen, was Blasphemie ist.

Genauso wenig wie alles Kunst ist, was manche dafür halten, ist gleich alles blasphemisch, was viele bereits für eine Gotteslästerung halten. Ich frage mich allen Ernstes, ob Gott sich wirklich durch all diese Dinge beleidigt fühlt, über die sich so viele in seinem Namen aufregen. Die Antwort, die mir die Heilige Schrift gibt, ließe zumindest eine größere Gelassenheit angeraten erscheinen.

Nicht dass ich meinte, man dürfe Nitsch nicht kritisieren. Nur sollte man nicht an der falschen Stelle kritisieren. Es wäre z. B. zu fragen, was sein Orgien- und Mysterien-Theater so seltsam antiquiert macht, dass es im Vergleich zu echten Ritualen lediglich den Charme von Karl-May-Festspielen hat. Oder es wäre der psychoanalytische Ansatz der Abreaktion zu hinterfragen: Ist es wirklich befreiend, in Gedärmen zu wühlen und mit Blut herumzuschütten?

Über Geschmack – und Geschmack*losigkeit* – lässt sich gewiss streiten. Aber nach dem wenig erbaulichen Muster vorgehen wollen, das wir an Elijas Umgang mit den Baalspriestern[6] sehen können, hieße, nichts aus der Heilsgeschichte gelernt haben. Gerade weil uns Christen die Last von Kreuzzügen, Ketzer- und Hexenverbrennungen im Nacken sitzt, scheint das »paulinische Muster« das angemessenere und hoffnungsvollere zu sein.

Das heißt, selbst im Falle echter Blasphemie und echten Begeifertwerdens wäre es christlicher, eines Jüngers Jesu würdiger und der Bergpredigt gemäßer, nicht zurückzugeifern, sondern mit Paulus zu sagen: »Man flucht uns, wir segnen!«[7]

Mit anderen Worten: Runter mit dem Adrenalinspiegel, und lieber »Empor die Herzen«!

Aber wie schon im Buch des Predigers geschrieben steht: »Es gibt nichts Neues unter der Sonne … – Was geschehen ist, wird wieder geschehen. Was man getan hat, wird man wieder tun.«[8]

Als in einem ähnlichen Anlassfall wieder eine Auseinandersetzung über Blasphemie und die Erlaubtheit von satirischen Darstellungen Jesu stattfand, wurden praktisch dieselben Argumente ausgetauscht. Nur ging es um die Jesus-Karikaturen von Gerhard Haderer, und die Dialogpartner waren nicht ich und ein pensionierter Mittelschulprofessor aus Wien, sondern ein Theologieprofessor und der Erzbischof von Wien.

Das umstrittene Buch von Haderer[9] hatte zu heftigen Protesten geführt. Es hagelte Strafanzeigen, nircht nur in Österreich. Hohe katholische Amtsträger warfen dem Künstler vor, den christlichen Glauben zu verhöhnen – unter anderem auch der Wiener Erzbischof. Kardinal Christoph Schönborn erklärte wörtlich: »In dieser Biographie wird alles aufs Primitivste lächerlich gemacht. Ich schäme mich vor Menschen anderer Kulturen und Religionen: Welchen Eindruck müssen sie von einer Gesellschaft haben, die schweigend oder gar witzelnd einen solchen Umgang mit dem Stifter jener Religion hinnimmt, die das Antlitz dieses Landes zutiefst geprägt hat? Ohne Ehrfurcht vor dem Heiligen wird bald uns Menschen nichts mehr heilig sein, auch nicht der Nächste.«[10]

Schönborn kritisierte in dem Kommentar auch den Linzer Theologieprofessor Christoph Niemand, der sich für einen toleranteren Umgang mit dieer Art von Kunst ausgesprochen und erklärt hatte: »Daß jemand ein Jesus-Bild zeichnet, das sich nicht mit dem von ChristInnen deckt, braucht nicht zu verstören.«[11]

»Wohin sind die Tage Tertullians!« – möchte man da, ein bisschen mit Rilke, klagen. Damals in Karthago – wir erinnern uns: es ging um eine Karikatur mit einem Jesus, der mit einem Eselskopf dargestellt war – lachte man über solch einen lachhaften Firlefanz, und der Fall war erledigt.

Das nackte Mädchen am Kreuz

Ort der Handlung: Klosterneuburg bei Wien. Zeit: das Wochen-
ende vor Palmsonntag im April des Jahres 2000 nach Christus.
Und das Corpus Delicti: eine Fotoserie mit dem Titel »INRI«, die
die französische Starfotografin Bettina Rheims zusammen mit
Serge Bramly kreiert hat.

»Jesus als nacktes Mädchen am Kreuz: Gotteslästerung?«, fragte ein Nachrichtenmagazin in riesigen Lettern.[12] Der Veranstal-
ter der Ausstellung, der österreichische Kunstsammler Karlheinz
Essl, durchaus kein Kirchenfeind, sondern ein bekennender
Christ evangelischer Konfession, konnte nichts Anstößiges an
den Bildern finden. Mit dem nackten Mädchen am Kreuz, erklärte
er, habe die Künstlerin ausdrücken wollen, dass Jesus, dessen in
diesen Tagen in besonderer Weise gedacht werde, »sowohl für den
Mann als auch für die Frau am Kreuz gestorben« sei. [13]

Ein katholischer Oberhirte sah das freilich ganz anders. Der
Salzburger Weihbischof Andreas Laun sprach von »Provokation
in Reinkultur« und von »überaus starker Gotteslästerung«. Dabei
bezog er sich auf Ausdrücke, die in Frankreich gefallen waren,
wo die anstößigen Rheims-Fotos bereits früher publiziert und in
Ausstellungen gezeigt wurden. Er selber habe das Bild zwar »noch
nicht gesehen«, gab Andreas Laun zu, »wenn allerdings die Be-
schreibungen stimmen«, so der Weihbischof wörtlich, »dann kann
ich diesen Urteilen nur voll und ganz zustimmen«. Im Übrigen
meinte der im Fach Moraltheologie habilitierte Kirchenmann, die
Kirche müsse nicht auf jede Provokation antworten, und riet, ein
jeglicher müsse selber »in sein Herz schauen und seinem Gewissen folgen«, um die Frage zu klären, ob er diese Ausstellung besuchen solle oder nicht.[14]

Doch siehe da – drei Tage später widerrief der Bischof. In einer als »Gastkommentar« in der Wiener Tageszeitung *Die Presse* abgedruckten Erklärung mit dem Titel »Irreführung um eine
Frau am Kreuz, Richtigstellung und eine Bitte um wechselseitige

Ehrfurcht« teilte Andreas Laun der Öffentlichkeit mit, es sei die »falsche Frage« eines Journalisten gewesen, die bei ihm eine »falsche Antwort zur logischen Folge« gehabt hätte. Laun hatte das vermeintlich gotteslästerliche Bild in der Zwischenzeit gesehen und war nunmehr im Stande, ein weitaus differenzierteres Urteil abzugeben als zuerst.

Die nackte Frau am Kreuz, konstatierte der Bischof in seiner *Presse*-Erklärung, »stellt nicht Christus dar, sondern ist Teil eines Triptychons: Das Kreuz Christi in der Mitte ist leer, links und rechts von ihm hängen ein Mann und eine Frau am Kreuz. Also fällt der Haupt-Vorwurf, nämlich der der Verspottung des Heiligsten, was die Christen besitzen, weg. Auch die Anklage, das Werk sei pornografisch, lässt sich nicht halten: Die Schamteile der Frau (und übrigens auch die des Mannes) sind verhüllt, nur die Brust ist entblößt, und die Art ihrer Abbildung ist nicht anstößig. Es ist meines Erachtens eine kühle, ästhetisch schöne Darstellung, ohne eine – an dieser Stelle peinliche – erotische Ausstrahlung. Also ist auch der zweite Vorwurf hinfällig. Natürlich können die Vorwürfe andere, mir unbekannte Bilder von Frau Rheims treffen, man kann an ihrem Kreuz Kritik üben, es ablehnen, und man darf darüber diskutieren. Nur eines kann man meines Erachtens nicht sagen: dass diese Kreuzes-Darstellung ›gotteslästerlich‹ und ›obszön‹ sei. Sie ist es *nicht*.«[15] So weit die Worte des Bischofs aus Salzburg.

Was war das nun? Mit Thomas Bernhard möchte man fragen: »War es eine Komödie? Was es eine Tragödie?« Eine Tragödie war es sicherlich *nicht*. Es war kein Tsunami, sondern der sprichwörtliche Sturm im Wasserglas.

Jesus als Lausbub

Auf einem Bild von Max Ernst (1891–1976) ist eine Szene aus dem Leben der Heiligen Familie in Nazareth zu sehen. Die Gottesmutter hat den Jesusknaben übers Knie gelegt und verhaut ihm den Hintern. Dem gezüchtigten Halbwüchsigen kippt dabei der Heiligenschein vom Kopf. Hiebe statt Liebe – kann das sein? War Jesus in seiner Kindheit ein ganz gewöhnlicher Lausbub, dem von seinen Erziehungsberechtigten mit altväterlichen pädagogischen Maßnahmen der Weg zu gesittetem Betragen gewiesen wurde?

In herkömmlichen Religionsbüchern und in den frommen Hauspostillen des 19. Jahrhunderts wird der jugendliche Jesus ganz anders präsentiert. Dort ist er ein Muster an Bravheit, geradezu überangepasst an das sozial erwünschte Verhalten. Sein Leben war »vor allem ein Leben des Gehorsams, und zwar des vollkommensten Gehorsams«, heißt es zum Beispiel in einem vor hundert Jahren noch viel gelesenen erbaulichen Buch, in welchem der Jesuit Moritz Meschler *Das Leben unseres Herrn Jesu Christi des Sohnes Gottes* beschrieb.

»Er war also den Eltern untertan und vollzog ihre Befehle und Wünsche in allem, äußerlich mit großer Pünktlichkeit, Ausdauer und mit einer solchen Leichtigkeit, Anmut und Freude, dass die Eltern nicht den geringsten Anstand nahmen, ihm zu befehlen; innerlich aber mit völliger Übereinstimmung des Willens und des Verstandes, aus Ehrfurcht gegen Gott, dessen Stellvertreter er in den Eltern sah. Ja, er übte den Gehorsam nicht bloß gelegentlich und so, dass er nie mit ihm in Widerspruch geriet, sondern das Wort der Heiligen Schrift legt uns nahe, dass er in diesem Lebensabschnitte überhaupt nichts anderes wollte und anstrebte als gehorsam und untertan zu sein. Es war der Gehorsam gegen die Eltern nicht bloß das äußere Maß seines Lebens und seiner beiläufigen Beschäftigung, sondern das Streben, das Ziel seiner Gedanken, Wünsche und Pläne, der Kreis, in dem sich sein inneres und äußeres Leben bewegte.«[16]

Zwei Bilder von Jesus. Einmal ist er der Bengel, einmal der Musterknabe – was war er wirklich?

Der Science-Fiction-Autor Michael Moorcock hat einen utopischen Roman herausgebracht, der in der deutschen Ausgabe den Titel *I.N.R.I. oder Die Reise mit der Zeitmaschine* hat.[17]

Eine »faszinierende Mischung aus psychologischem Roman, historischer Spekulation und Sciencefiction« nannte der Verlag diese Geschichte des Karl Glogauer, der mit einer Zeitmaschine im alten Palästina landet.

Glogauer möchte die Kreuzigung Christi miterleben, um so der »Wahrheit« näher zu kommen. Allerdings nimmt die Sache eine überraschende Wendung. Zwar kann der Zeitreisende feststellen, dass die historischen Überlieferungen im Großen und Ganzen stimmen, zu seinem größten Erstaunen stellt sich heraus, dass Jesus von Nazareth niemandem ein Begriff ist. Johannes der Täufer ist da, Tiberius, Herodes und Pilatus, aber wo ist der Mann, auf den sich die zweitausendjährige Geschichte des Christentums stützt? Wo ist Jesus?

Glogauer geht der Sache nach, kommt nach Nazareth und erkundigt sich nach einem Zimmermann. »Es gibt viele Zimmerleute in Nazareth: Es ist eine Zimmermannsstadt. Ich bin selbst Zimmermann.« Der Mann war freundlich, väterlich. »Kann ich dir helfen?« »Kennst du einen Zimmermann namens Joseph? Ein Nachkomme Davids. Seine Frau heißt Maria, und er hat mehrere Kinder. Ein Sohn heißt Jesus.« Der freundliche Mann zog etwas spöttisch die Brauen hoch und sagte: »Ich kenne mehr als einen Joseph. Und ich kenne viele Marias ...« Dann wurde sein Blick nachdenklich, und seine Lippen verzogen sich, so als genösse er angenehme Erinnerungen. »Ich glaube, ich kenne den, den du suchst. Dort hinten in der Gasse wohnt ein armer Schlucker.« Er wies die Richtung. »Er hat eine Frau, die Maria heißt. Versuch es dort! Du müsstest ihn leicht finden, wenn er nicht gerade eine Arbeit abliefert. Sieh dich nach einem Mann um, der niemals lacht!«[18]

Und dann findet Glogauer den, den er sucht: Jesus von Nazareth ... »Er sucht unsern Jesus«, sagte Joseph zu der Frau. »Vielleicht ist er gekommen, um uns die Bürde zu erleichtern.«

Die Frau legte die Hände unter ihre großen Brüste und schob sie in ihrem groben braunen Gewand zurecht. »Jesus!« rief sie, ohne sich umzudrehen. Die Gestalt in der Ecke stand auf. »Da ist er«, sagte die Frau mit einer gewissen Genugtuung.

Der Junge war missgestaltet. Er hatte einen deutlichen Buckel und schielte mit dem linken Auge. Das Gesicht war das eines Idioten. Ein wenig Speichel lief ihm von den Lippen.[19]

Der wirkliche Jesus, muss der Zeitreisende erkennen, ist ein Kretin, von dem nicht zu erwarten ist, dass er als Prophet und Wundertäter auftreten wird. Glogauer will aber, dass sich die Geschichte bewahrheitet. Und so schlüpft allmählich er selbst in die Rolle des Jesus von Nazareth.

»Zuerst zögerte er und weigerte sich, wenn sie ihn baten, einem Kranken die Hand aufzulegen. Aber einmal, in einem Fall von offensichtlicher hysterischer Blindheit, nach allem, was die Verwandten ihm erzählten, legte er doch seine Hände auf die Augen der Frau, und ihre Blindheit verließ sie.«[20]

Prophezeien fällt ihm nicht schwer. Selbst als man ihn warnt, vorsichtiger zu sein, hat er keine Angst ... »Man wird dich steinigen. Man wird dich töten.« »Man wird mich nicht steinigen.« »So will es das Gesetz.« »Es ist nicht mein Schicksal.«[21]

Trotz der aufs Erste vielleicht schockierenden Verfälschung der wahren Gestalt Jesu ist Moorcocks Buch *kein* Anti-Jesus-Roman. Im Grunde kann man das mit den Elementen der technologischen Märchenwelt konstruierte Szenario nicht nur als ein psychologisches Verwirrspiel lesen, sondern auch als eine tiefsinnige Nachfolge-Jesu-Geschichte.

Mit Jesus kann man alles machen – nach diesem Motto wurde die Gestalt Jesu schon immer in alle möglichen Richtungen verfälscht. Die einen fälschten aus frommen Motiven, die anderen aus weniger frommen. Für die meisten Jesus-Fälscher könnte man als Grundintention angeben: Jesus ja, Kirche nein! Mit anderen Worten: Sie lieben Jesus und hassen das, was seine Anhänger aus ihm gemacht haben. Jeder drapiert sich Jesus so, wie er ihn für seine Zwecke braucht.

»Es gibt kein persönlicheres historisches Unternehmen, als ein Leben-Jesu zu schreiben«, sagte schon Albert Schweitzer: »Kein Leben kommt in die Gestalt, es sei denn, dass man ihr den ganzen Hass oder die ganze Liebe, deren man fähig ist, einhaucht. Je stärker die Liebe, je stärker der Hass, desto lebendiger die Gestalt, die ersteht. Denn auch mit Hass kann man ein Leben-Jesu schreiben«, Hass nicht so sehr gegen die Person als »gegen den übernatürlichen Nimbus, mit dem sie sich umgeben ließ und mit dem sie umgeben wurden.«[22]

Die richtig bösen und gehässigen Verfälschungen Jesu waren allerdings immer in der Minderheit. Dem »wahren Jesus« des Dagobert Runes sind wir bereits im Zusammenhang mit Maria Magdalena begegnet. Dieses 1927 im Verlag Rudolf Cerny, Wien-Leipzig, erschienene Jesus-Buch ist eindeutig zu den »mit Hass« geschriebenen Elaboraten zu rechnen, die Albert Schweitzer gemeint hat.

»Jeschu« ist schon als Heranwachsender von einer »grenzenlosen Schwäche der Geltungssucht« befallen; er liegt »beständig auf der Lauer, durch Großtaten, von denen er annahm, dass sie sein Ansehen in den Augen der Umwelt steigen lassen würden, sich die begehrte Geltung zu verschaffen«[23]. Sein ganzes Leben erscheint am Ende als ein Konglomerat aus Lüge, Missverständnissen und Täuschungen.

Jesus stirbt bei Dagobert Runes nicht am Kreuz, sondern wird von den Juden gesteinigt. Nachdem Pontius Pilatus ihn zu Herodes geschickt hat und dieser ihn wieder zu Pontius Pilatus zurückgeschickt hat, weigert sich Pilatus, weiterhin Recht über ihn zu sprechen und übergibt ihn »den Juden« zum Gericht: »Dies war das Ende des Jeschua aus Nazareth, dass er gesteinigt wurde von der Menge. Auf dem Wege zur Richtstätte wehklagte und jammerte er.«[24]

Als Jesus vom tödlichen Stein getroffen wird, zieht sein Leben noch einmal an ihm vorbei. Er sieht »seine grenzenlose Gier nach Geltung«, muss »nun selber lächeln über die Dummheit des Andreas, des Jaakow [*Jakob*] und Jochanan [*Johannes*], über die Wankelmütigkeit des Schimeon [*(Simon) Petrus*] und die Leichtgläubigkeit des Volkes« und sieht in einer Vision die Kreuzzüge und die in seinem Namen entzündeten Scheiterhaufen, hört das Schluchzen der Bräute, denen »ein fetter Priester« mit den Worten »Die erste Nacht gehört dem Herrn« eine Art geistliches Ius primae noctis einreden will – und sieht schließlich in seiner letzten und schrecklichsten Vision den Papst.

»Er sah einen lüsternen Greis mit einer hohen Krone auf dem Haupt, der nannte sich Statthalter des Meschiach [*Messias*], und neben ihm lagen zwei freche Buhlerinnen, er aber hatte die Brust der einen gefasst und den Schoß der zweiten. Und sein Mund grölte die Worte: Die an mich glauben, will ich erhöhen, spricht der Herr!« Das ist zu viel für Jesus. Er schlägt an seine Brust und stöhnt: »Ich habe gesündigt!«[25]

Die Leiche des Gesteinigten wird bei Dagobert Runes »zur Schmach« auf ein Holz gehängt, über dem ein Querbalken liegt, und drei Tage später gestohlen, sodass bald der Glaube an die Auferstehung Jesu aufkommt, der »von einem gewissen Saulus aus Tarsus in Kilikien, der sich nach seiner Bekehrung zum Christentume Paulus nannte«, ausgebaut und durchgesetzt wird. Es sei »auch nicht unwahrscheinlich«, schreibt der Autor des *Wahren Jesus*, dass erst von Paulus »das Märchen von einer Kreuzigung Christi aufgebracht worden war«.[26]

Dagobert Runes hat sein Buch, das Jesus als einen hochstaplerischen jüdischen Dissidenten zeichnet, aus erklärtem Hass gegen die Kirche geschrieben. Das Christentum, sagt er, »hat stets dem Bösen gedient«, war »stets ein Feind der Wissenschaft und Wahrheit« und »dient auch heute noch dem Mammon gegen das arbeitende Volk. Aber schon regen sich die Arme der neuen Menschen, und es kommt der Tag, wo die Schande des Christentums aus dieser Welt schwinden wird! Ich höre die Freiheitsglocken klingen und sehe die mündige Menschheit erstehen aus dem Grabe des Christentums zum Lichte der Freiheit und des wachen Geistes, Amen!«[27]

Ein jüdisches Jesus-Pamphlet

Zu den Quellen, die Dagobert Runes seinem Jesus-Pamphlet zu Grunde gelegt hat, gehört eine jüdische Schrift aus dem frühen Mittelalter mit dem Titel *Toledoth Jeschu* [*Geschichte Jesu*][28], die in manchen Überlieferungen auch *Ma'asse Talui* [*Taten des Gehängten*] genannt wird.

Die Geschichte Jesu, wie sie hier erzählt wird, ist ein bunt gemixter Cocktail und enthält gewisse Elemente aus den kanonischen und apokryphen Evangelien und der Apostelgeschichte sowie gewisse verzerrte und missverstandene Informationen über Jesus aus dem Talmud.[29]

Jesus ist der uneheliche Sohn Marias, der von einem gewissen Joseph Pandera gezeugt wurde. Er tritt als Volksverführer auf, bezieht Worte der Propheten auf sich und erlernt die Zauberkunst, sodass er mit Hilfe des unaussprechlichen Namens Gottes alle möglichen Dinge verfluchen kann. Der Sohn der Maria und des Pandera vollbringt auch spektakuläre Wunder. Sein spektakulärstes: ein »Flug zwischen Himmel und Erde«, bei dem offensichtlich die Geschichte von der Himmelfahrt Jesu mit der Geschichte von Simon dem Magier kombiniert wurde.

Dieser in der Apostelgeschichte erwähnte Magier aus Samaria, der als Urvater der nach ihm benannten »Simonie« von den Aposteln die Macht der Handauflegung käuflich erwerben wollte[30], hat nach Berichten von Juvenal und Sueton im römischen Theater unter Nero einen missglückten Flugversuch unternommen.[31] Jesus fliegt also »zwischen Himmel und Erde«, und die Schriftgelehrten lassen ihren Gegenkandidaten starten – nämlich niemand Geringeren als Judas Iskariot, der ebenfalls die magische Formel auf dem Grundstein des Allerheiligsten im Tempel gelesen hat. Und siehe da, Judas schafft es, ein Stück weiter als Jesus zu fliegen. Doch am Ende landen sie beide am Boden. Man ergreift Jesus, verhüllt ihm das Haupt und lässt ihn weissagen, wer ihn geschlagen hat – aber er kann es nicht und ist einmal mehr als falscher Prophet entlarvt.

Zum Osterfest in Jerusalem wird Jeschu ben Pandera dann als falscher Prophet ans Holz gehängt. Da Jesus, wie man aus dem Neuen Testament weiß, Bäume verfluchen kann[32], will man nicht riskieren, dass die Hinrichtung misslingt, wenn er eventuell auf die Idee kommt, auch den Baum zu verfluchen, an dem man ihn hängt. Darum hängt man ihn – wie eine Variante der *Toledoth Jeschu*-Überlieferungen berichtet – an einen Kohlstrunk.[33]

Jesus wird begraben. Aber seine Anhänger beschließen, die Leiche zu stehlen, um sagen zu können, er sei in den Himmel aufgefahren. Der Gärtner Juda bekommt davon Wind, er stiehlt selbst die Leiche und begräbt sie in seinem Garten. Die Freude der Apostel ist groß, als sie das Grab ihres Herrn und Meisters leer vorfinden, und viele Leute sind nahe daran, sich zum neuen Glauben zu bekehren. Doch die Apostel haben sich zu früh gefreut. Denn nun kommt der Gärtner Juda, verrät, wie alles gewesen ist, und verkauft den Leichnam Jesu, der sodann am Schwanz eines Pferdes durch die Straßen geschleift wird.

Die *Toledoth Jeschu* sind der Ausdruck einer jüdischen Polemik gegen das Christentum auf dem Hintergrund der im Altertum bekannten Vorwürfe gegen den Kirchenglauben. Kein Wunder, dass diese von Agobard von Lyon (769–840), einem aus Spanien stammenden Bischof, erstmals erwähnte und 1681 erstmals gedruckte Schrift in Zeiten der Judenverfolgung den Charakter einer Samisdat-Literatur bekam und von den Juden »in Erbitterung gegen christliche Nachstellungen im Mittelalter heimlich gelesen« wurde. [34]

»Ärgernis« und »Torheit«[35] war die Botschaft vom gekreuzigten Messias schon von Anfang an. Darum musste – wie Pinchas Lapide formuliert – die »Verhimmelung Christi unvermeidlicherweise zu einer Verteufelung Jesu im Sagengut der jüdischen Volksliteratur führen«, die »die evangelische Schönschrift in einer üblen Schmähschrift zu karikieren suchte« und das Ziel hatte, »potenzielle Konvertiten abzustoßen«.[36]

Jesus, nicht wie ihn der christliche Glaube sieht, sondern gesehen mit den Augen von Menschen, die diesem Glauben verständnislos, belustigt, empört oder entrüstet gegenüberstehen. Das gab es immer. Das gab es von Anfang an.

Der frühchristliche Schriftsteller Laktanz, der ein Zeitzeuge der Diokletianischen Christenverfolgung war und als hochbetagter Mann noch den Beginn der Konstantinischen Wende miterlebte, bezeugt, wie sehr man in dieser Zeit noch die Schändlichkeit des Kreuzestodes empfand, wenn er in einer seiner Schriften eine Frage wie die folgende zum Ausgangspunkt einer Meditation macht: »Wenn Christus den Tod auf sich nehmen musste, warum dann einen so entehrenden und schmachvollen Tod, warum dann nicht einen Tod, der etwas Ehrenvolles an sich gehabt hätte?«[37]

Auch das so genannte Spottkruzifix vom Palatin gehört in die Galerie der gefälschten Jesus-Porträts. Diese Zeichnung, die bereits um 125 entstanden ist, wurde im Jahr 1856 in Rom entdeckt

157

und befindet sich heute im Thermenmuseum. Sie beweist jedenfalls, dass Tertullian nicht geflunkert hat, als er in seinem *Apologeticum* die Existenz einer Karikatur erwähnte, die den Gottessohn als einen Esel hinstellte.[38] Das Spottkruzifix vom Palatin zeigt einen Gekreuzigten mit einem Eselskopf und erklärt das Bild mit den Worten: »Alexamenos betet seinen Gott an.« Aber bereits diese frühe Form einer plakativen »Enthüllung« hatte den gleichen Zweck wie die neuzeitliche unseriöse Jesus-Literatur: gegen das Jesus-Bild der Kirchen anzugehen und am Goldgrund zu kratzen, auf den die gläubige Verehrung Jesus gemalt hatte.

Am Goldgrund kratzen

»Den Mann, der zu Zeiten unserer Großeltern mit seinen Jüngern in bonbonfarbenen Gewändern durch wogende Kornfelder schritt oder als milde segnender Heiland unschuldige Kindlein um sich versammelte und Lämmlein trug, hat es nie gegeben. Auch der Erlöser, der das jüdische Gesetz überwand, eine vollkommen neue Lehre der Liebe brachte und die Menschheit durch seinen Kreuzestod erlöste, hat mit dem historischen Jesus nichts zu tun. Das Jesus-Bild der Kirchen stimmt nicht mehr, es hat nie gestimmt«[39], sagt Johannes Lehmann.

Der wahre Jesus ist für Lehmann der Jesus, den die Kirche verschweigt, der »Rabbi J.«, der von den Christen – allen voran von Paulus – verfälscht, stilisiert, ideologisiert und verfremdet wurde. Dieser wahre Jesus sei ein Essener gewesen, der für die politische Befreiung seines Landes kämpfte und als Rebell starb. An der Gestalt des wahren Rabbi Jesus sei alles Politische getilgt worden, und aus dem gescheiterten Messias habe man einen Sieger gemacht.

Zwischen dem historischen Jesus und dem Christus des Glaubens bestehe ein unüberbrückbarer Gegensatz: »Der Christus, den die Kirche ›verkündet‹, hat bis auf den Namen nichts mehr mit dem historischen Rabbi J. gemein. Wenn Kirche und Theologie wirklich den historischen Rabbi J. meinten, dann müssten sie nüchtern und ohne heidnische Wundergeschichten von einem Mann sprechen, den seine Suche nach Gott zu einer streng orthodoxen und asketischen Wüstensekte führte, der in Erwartung der Wirksamkeit Gottes seine Gesinnung änderte und sich taufen ließ; der dann durch das Land zog und diesen Bußruf an seine Landsleute – und an niemanden sonst – weitergab; dessen Anhänger ihn für den von Gott ausersehenen Befreier von den Römern und den kommenden König von Israel, den Messias, hielten und selbst als Zeloten verfolgt wurden.«[40]

Für Lehmann hat der »sonst so seltsam gesichtslose« Jesus in Qumran seinen geistigen Hintergrund, auch sei er »nicht so friedfertig« gewesen, »wie ihn die Kirchen gerne hätten«.[41]

Zwar ist der an und für sich gut informierte Lehmann kritisch genug, um die *Verschlusssache Jesus* der Qumranfantasten Michael Baigent und Richard Leigh als den Nonsens zu entlarven, der sie ist, und sarkastisch genug, um angesichts des nicht minder windigen Eisenman-Schmökers *Jesus und die Urchristen – Die Qumran-Rollen entschlüsselt* zu hoffen, »dass ein deutscher Publikumsverlag nun endlich auch mal die hebräische Ausgabe des Jerusalemer Telefonbuches, möglichst unter dem Slogan ›Was Jesus wirklich sagte‹, zu Nutz und Frommen der deutschsprachigen Leserschaft als Enthüllungsstory in einer preiswerten Ausgabe unters Volk werfen wird.«[42] Aber wenn es dann um seine eigenen Lieblingsthesen geht, hat er dennoch seinen blinden Fleck.

So ist Johannes Lehmann »fest davon überzeugt, dass Kirche und Theologie, die sich als berechtigte Erben und Nachlassverwalter des Rabbi J. betrachten, kein einziges Argument anerkennen werden, das ihren Bestand und ihre Überzeugungen in Frage stellen könnte«[43], ist aber nicht im Stande, solche Dinge zu sehen und anzuerkennen, die seine Überzeugungen und sein festgezimmertes Feindbild in Frage stellen könnten.

Etwa die simple Tatsache, dass die Kirche – auch und ausdrücklich die römisch-katholische – die Ergebnisse der historisch-kritischen Jesus-Forschung sehr wohl rezipiert hat und selbstverständlich auch an der weiteren kritischen Jesus-Forschung beteiligt ist, oder das kirchengeschichtlich wohl noch viel zukunftsweisendere Phänomen, dass die Kirche dort, wo sie derzeit am lebendigsten ist – nämlich in den Christengemeinden Lateinamerikas –, gerade in der »Wiederentdeckung des Menschen Jesus« neue Glaubenserfahrungen macht.

»Was uns hierzulande interessiert, wieder geboren werden lässt und befreit, ist die Wiederentdeckung, dass dieser Jesus in einem bestimmten Volk und in bestimmten gesellschaftlichen und kulturellen Verhältnissen ein öffentliches und durch und durch historisches Leben geführt hat. In und ausgehend von unserer aktuellen Gemeinschaft mit Christus entdecken wir den historischen Jesus an zwei untrennbar miteinander verbundenen ›Orten‹ unseres christlichen Glaubens wieder: Es sind das Volk der Armen mit den vielfältigen Glaubens- und Frömmigkeitsformen seines Volkskatholizismus, aber auch mit seiner befreienden Solidarität, und die kirchliche Gemeinschaft unter eben diesen Armen mit ihrer greifbaren Geschwisterlichkeit, mit ihrer Verkündigung und Feier des Wortes, mit ihren Diensten. Hier also geht uns – mit dem Hintergrund des Glaubens und mit der Absicht, unter unseren geschichtlichen Bedingungen Jesus nachzufolgen – auf, dass es wieder darauf ankommt, das Gedächtnis des Weges zu vollziehen, den Jesus damals gegangen ist: der Haltungen und Optionen, die er unter seinen Bedingungen eingenommen bzw. getroffen hat, der Annahme bzw. Ablehnung, die ihm seitens der Menschen und der gesellschaftlichen Gruppen seiner Umgebung zuteil geworden ist, wie auch der Krise und des Dramas, die er bis zur Neige verkostet hat. Mit anderen Worten: Wir spüren, dass wir die Geschichte in den Evangelien heute mit demselben Glaubenssinn und mit denselben konkreten Sorgen lesen müssen, die die Urkirche hatte, als sie die Evangelien schrieb.«[44]

Vergleichsweise kurios ist der »geteilte Jesus« des britischen Journalisten A. N. Wilson.[45] Der Mann vom *Evening Standard*, der sowohl Biografien über Jesus und Paulus als auch Tolstoi and C.
S. Lewis sowie mehrere Romane verfasst hat, wundert sich, dass
weltweit Millionen Menschen »noch immer« dem Glauben anhängen, dass Jesus der Erlöser war und »dass sogar bei modernen Christen noch die Auffassung vorherrscht, Jesus habe nach
seinem Tod, seiner Auferstehung und Himmelfahrt den Heiligen
Geist auf die Erde gesandt, um die Kirche in der ganzen Wahrheit
zu unterweisen«.

»Geteilt« ist Jesus bei Wilson in den historischen Jesus, den der
Autor bejaht, und in den Christus des Glaubens, den er auf das
Vehementeste ablehnt: »Wenn auch nur die Hälfte der ihm in den
Evangelien zugeschriebenen Worte authentisch ist, gibt es für das
Andenken Jesu keine größere Beleidigung, als das Glaubensbekenntnis zu sprechen, das in der hellenistischen Welt erfunden
wurde, die, bildlich gesprochen, Lichtjahre sowohl von Jesus wie
von uns entfernt ist.«

Bei Wilson ist Jesus eine Art geistliche Bertha von Suttner, der,
wenn er bei der Brotvermehrung sagt: »Lasst die *Männer* sich lagern!« eigentlich ein Ruhenlassen der Feindseligkeiten meint und
mit den bei der Auferweckung der Tochter des Jairus gesprochenen Worten: »Mädchen, ich sage dir, steh auf« den Aufstand der
Frauen predigt. Überhaupt huldigt der Autor, der in Oxford Theologie studiert hat, einer Art Freistilexegese, der die Texte – um aus
ihnen jeweils das herausholen zu können, was seine Thesen stützt
– das eine Mal symbolisch interpretiert und das andere Mal überraschenderweise wieder ganz wörtlich nimmt.

Das Weinwunder von Kana nimmt Wilson symbolisch; und
wenn man seine Auslegung liest, hat man den Eindruck, einer biedersinnig frommen Predigt zu lauschen: »Diese Geschichte wird
nicht erzählt, um uns mit irgendwelchen Partytricks Jesu zu un

terhalten, sondern weil sie ein Zeichen sein soll: Die jüdischen Wasserkrüge stehen für das alte Israel, sie enthalten etwas, was sowohl erfrischend als auch nährend ist, nämlich Wasser, welches darüber hinaus der Reinigung dient, aber nicht berauscht. Jesus selbst ist der neue Wein, der die Steinkrüge füllt. Gott ist dabei, ein neues Israel zu erschaffen. Was ein bloßes, leeres Ritual gewesen war – die Reinigung mit Wasser vor dem Essen, das Waschen des vorgeschriebenen Kochgeschirrs zur vorgeschriebenen Zeit und in der vorgeschriebenen Art und Weise –, wird zu etwas völlig Neuem: zu einem Trunkensein vom lebendigen Gott! Die synoptischen Evangelien drücken das Gleiche aus – jedoch tun sie es, indem sie Jesus einen seiner sinnreichen Sätze sagen lassen: ›... man soll neuen Wein in neue Schläuche füllen‹.«

Die Auferweckung des Lazarus hingegen hält Wilson für einen Tatsachenbericht. Zwar fällt ihm auf, dass die synoptischen Evangelien überraschenderweise Jesu »spektakulärstes Wunder mit keinem Wort erwähnen«, doch hält er es für denkbar, dass Jesus »an den bizarren Riten teilgenommen hat, die Morton Smith beschreibt: Initiationsriten, bei denen der frisch gebackene Katechumene in Grabgewänder gehüllt und dann ›zu neuem Leben‹ im Geiste erweckt wurde«.

Qumranfantastin Barbara Thiering lässt grüßen. Bei ihr wird Lazarus auch nicht vom Tod auferweckt, sondern war bloß in Totenlinnen gehüllt – wenn auch aus gegenteiligen Gründen: nicht wie bei Wilson, um den Initiationsritus einer »Taufe im Geist« zu erleben, sondern weil Lazarus auf Grund einer Exkommunikation »in Leichentücher gehüllt und mehrere Tage in sein Grab gesperrt« wurde. Frau Thiering weiß daher auch, wieso Lazarus bereits »stank«; klarerweise deshalb, weil er im Grabgefängnis »nicht mehr die Möglichkeit zu den üblichen rituellen Waschungen hatte«[46].

Wie man sieht, mangelt es just jenen Autoren, die der Kirche vorwerfen, sie hätte Jesus verfälscht und verbreite ein von Fantasien genährtes Bild von ihm, keineswegs an Fantasie. Freilich, wenn die Fantasie einmal das Zepter schwingt, kann die kritische Vernunft leicht einmal ein kleines Nickerchen machen und kritikloser Leichtgläubigkeit Tür und Tor öffnen.

Petrus haut Paulus ein Ohr ab

Wie kritiklos leichtgläubig Wilson irgendwelche Behauptungen ungeprüft übernimmt, kann man dort sehen, wo er im Bezug auf die Erzählung *Die Pastoral-Symphonie* von André Gide (1869–1951) schreibt: »Wie André Gide festgestellt hat, wird in keinem der Evangelien auch nur an einer Stelle eine Farbe erwähnt.«[47] Wenn Wilson schon nicht so bibelfest sein sollte, dass ihm auf der Stelle ein paar Stellen eingefallen wären, in denen von Purpur oder vom grünen Gras die Rede ist – vom Weiß und vom Gold gar nicht zu reden –, hätte ihn ein Blick in eine Bibelkonkordanz belehren können, dass die Rede von einer angeblichen Farblosigkeit der Evangelien nur ein »Grubenhund« sein kann – wie es im Journalistenjargon heißt, also eine unsinnige Meldung, eine auf einem absichtlichen oder echten Missverständnis beruhende Falschinformation.

Wilsons wohl witzigste Spekulation betrifft Malchus. Jener Knecht, dem Petrus bei der Gefangennahme Jesu das Ohr absäbelte, sei in Wirklichkeit niemand anderer gewesen als der spätere Paulus – damals noch der junge Saulus.[48]

Besondere Aufmerksamkeit widmet Wilson dem Verhältnis Jesu zu seiner Familie, mit der dieser zunächst zerstritten war, die aber nach seinem Tod eine wichtige Rolle in der Kirchenbildung gespielt hat. Wilson wörtlich: »Ich vermute, dass Jesus sich mit seiner Familie überwarf, weil er nicht ihrer Vorstellung von einem großen Propheten entsprach. Möglicherweise haben sie in ihm sogar den Messias gesehen.«[49]

Zu einer kuriosen Vermutung versteigt sich A. N. Wilson bezüglich der Osterereignisse. Die Kunde von einer angeblichen

Auferstehung Jesu entspringt nach Auffassung des britischen Jesus-Schreibers einem Missverständnis. Nach der Kreuzigung Jesu sei einer von Jesu Brüdern in der Öffentlichkeit aufgetreten, und man habe ihn wegen seiner täuschenden Ähnlichkeit für Jesus gehalten.[50] Auch so eine Lieblingsidee von Wilson ist es, dass der in der Szene am Grab erwähnte Jüngling im weißen Gewand, in dem die seriöse Exegese das der literarischen Gattung gemäße Stilmittel des »Deuteengels« erblickt, ein real existierender junger Mann gewesen sein könnte, der sich gemeinsam mit seinen Freunden entschlossen hatte, »den Leichnam zur Beisetzung nach Galiläa zu bringen«[51].

Wo eine Vermutung ist, kann eine zweite nicht weit sein; denn das ist eben das Wunderbare an einer Vermutung, dass sie – frei nach Schiller – fortzeugend selbst sich kann gebären. Und gleich lässt Wilson seiner Fantasie die Zügel schießen.

»Vielleicht ist ihnen das gelungen. Vielleicht liegt der Leichnam Jesu tatsächlich in Nazareth in der Nähe des Hauses seiner Mutter oder in Kapernaum am Ufer des Sees, wo er mit seinen Freunden zum Fischen hinausfuhr. Vielleicht ist es ihnen auch nicht gelungen. Vielleicht wurden sie von den Frauen bei ihrem Vorhaben gestört oder fürchteten um ihr Leben. Immerhin war ein Zusammenstoß mit römischen Soldaten nicht ausgeschlossen. So haben der Jüngling und seine Freunde den Leichnam vielleicht irgendwo in der Nähe liegen lassen. Wir werden es nie erfahren.«[52]

Auf solche erleuchteten Argumentationen kann man nur mit der Prägnanz der alten Logiker erwidern: Gratis asseritur, gratis negatur. Auf Deutsch: Die Behauptungen dieser Argumentationen sind genauso fruchtlos wie ihre Widerlegungen.

Freistilexegese à la Karl Herbst

Karl Herbst zog aus, den »wirklichen Jesus« zu entdecken. »Jeschua ben Miriam aus Nazaret« ist für Herbst ein beispielhafter

Gottsucher. Ihm nachfolgen heißt, »am irdischen Jesus sich orientieren statt an einem himmlischen Christus, von dem wir faktisch nur wissen können, was andere über ihn glauben«.[53]

Wie andere Jesus-Autoren auch kann Karl Herbst den springenden Punkt des neutestamentlichen Befundes nicht akzeptieren: dass sich die Christen zuallererst und von allem Anfang an ausschließlich deswegen für den Menschen Jesus interessiert haben, weil er für sie der »Kyrios« war, der erhöhte Herr, an den sie glaubten.

»Kyrios Jesous – Jesus ist der Herr«, lautet die entsprechende Formel. Die klassische Stelle im Römerbrief zählt zum biblischen Urgestein: »Denn wenn du mit deinem Mund bekennst ›Jesus ist der Herr‹ und in deinem Herzen glaubst: ›Gott hat ihn von den Toten auferweckt‹, so wirst du gerettet werden.«[54] Das ist keine spätere Erfindung von Leuten, die nicht mehr »wussten«, dass der »wirkliche Jesus« von den ersten Christen nicht mit den Attributen der Göttlichkeit verehrt worden sei, sondern für sie lediglich »ein bedeutender Mensch« gewesen wäre. Dieses elementare Bekenntnis wurde lange vorher geschrieben, bevor noch die Ostergeschichten vom leeren Grab erzählt wurden.

Im Herbst'lichen Bestreben, aus den neutestamentlichen Glaubenszeugnissen den »wirklichen« Jesus herauszudestillieren, kommt es zu teilweise recht kuriosen Ergebnissen. Nicht nur, dass bei Karl Herbst der gute alte Rationalismus fröhliche Urständie feiert und der Autor naiv die abgestandene Suppe der ersten Generation der liberalen protestantischen Leben-Jesu-Forscher aufwärmt und auflöffelt – der wirkliche Jesus-Sucher Herbst versündigt sich auf Schritt und Tritt gegen die hermeneutische Grundregel, dass ich mein Vorverständnis nicht zum Kriterium des Verständnisses eines Textes machen darf, sondern es im Gegenteil immer vom Text in Frage stellen und korrigieren lassen muss.

Wie ein Zauberkünstler, der ein Kaninchen aus dem Hut holt, das er vorher darin versteckt hat, liest Herbst aus dem Bibeltext genau das heraus, was er zuvor als sein eigenes Vorverständnis in den Text *hinein*gebracht hat – nur mit dem Unterschied, dass Herbst anders als der professionelle Magier den eigenen Zaubertrick für die Wirklichkeit hält. Es ist wie im Lotto: Alles ist möglich – wenn's nur zur Unterstützung der vorgefassten Meinung dienlich ist. Wenn es sein muss, wird sogar die Syntax auf den Kopf gestellt, damit eine bestimmte Bibelstelle den Sinn ergibt, den sie nach Herbst haben muss.

Ein typisches Beispiel ist Herbsts Auslegung der Stelle aus der lukanischen Passionsgeschichte[55], wo Jesus mit den Jüngern am Abend vor seiner Verhaftung zu Tisch sitzt und auf die Schwerter zu sprechen kommt.

In der Einheitsübersetzung[56], die den griechischen Urtext korrekt wiedergibt, liest sich die Sache so: »Dann sagte Jesus zu ihnen: Als ich euch ohne Geldbeutel aussandte, ohne Vorratstasche und ohne Schuhe, habt ihr da etwa Not gelitten? Sie antworteten: Nein. Da sagte er: Jetzt aber soll der, der einen Geldbeutel hat, ihn mitnehmen, und ebenso die Tasche. Wer aber kein Geld hat, soll seinen Mantel verkaufen und sich dafür ein Schwert kaufen. Ich sage euch: An mir muss sich das Schriftwort erfüllen: Er wurde zu den Verbrechern gerechnet. Denn alles, was über mich gesagt ist, geht in Erfüllung. Da sagten sie: Herr, hier sind zwei Schwerter. Er erwiderte: Genug davon!«

Für Karl Herbst ist diese Stelle anstößig, weil sie Jesus nicht als einen rundum gewaltlosen Mann zeigt. Um dieses in Gedanken, Worten und Werken strikt gewaltlosen Jesus willen, den die Bibel bezeugt, scheut sich Herbst nicht, den Bibeltext auf den Kopf zu stellen, wenn er nicht ins Bild zu passen scheint.

»Manipulation!«, »Fälschung!«, »Ideologische Indienstnahme nach dem Muster totalitärer Machtapparate!«, würden Herbst und andere Kirchenkritiker – mit Recht – rufen, wenn sie einen kirchlichen Exegeten dabei ertappt hätten, wie er in frommer Linientreue der Bibel am Zeug flickt, damit sie den erwünschten Sinn hergibt. Dass er selber so vorgeht, merkt er allerdings nicht.

»Für Jesus war die Liebe des Vaters, der sich um die Menschen noch mehr kümmert als um die Spatzen, der die Getöteten wieder aufweckt, die grundlegende Realität, die er verkünden und darstellen wollte«, schreibt Herbst. »Darum hat er seine Boten ohne ängstliche Absicherungen losgeschickt. ›Und das Experiment hat geklappt‹, damals in Galiläa. Aber jetzt in Jerusalem, wo es brenzlig wird, soll das nicht mehr gelten? Dann würde die Sache Jesu tatsächlich im Bankrott enden. Dann würde sich sein Vertrauen, dass Gott da ist und gut ist und Gottesherrschaft auf Erden realisierbar ist, doch als Seifenblase erweisen.«[57]

Herbsts Argumentation läuft auf das berühmte »Es kann nicht sein, was nicht sein darf« hinaus. Also greift Karl Herbst in den Text ein, indem er a) den die Perikope abschließenden Vers 38 an den Anfang stellt und b) aus Aussagesätzen *Frage*sätze macht.

Herbsts Übersetzung lautet so: »Sie sagten: Herr, schau, hier zwei Dolche! Aber er sagte ihnen: Genug! (Hört auf damit!) / Als ich euch ohne Geldbeutel, ohne Vorratssack und ohne Sandalen aussandte, habt ihr da etwas entbehrt? Sie sagten: Nichts. Da sagte er: Aber jetzt soll einen Geldbeutel mitnehmen, wer einen hat, und ebenso seinen Vorratssack? Und wer keinen Dolch hat, soll lieber seinen Mantel verkaufen und sich einen Dolch kaufen? [...] Und (er sagte): Denn meine Sache hat ein Ende (wenn ihr so handelt, dass ich als Verbrecher dastehe).«

Ganz abgesehen davon, dass Karl Herbst auch in seiner Übersetzung von Vers 37 den Text wider den Strich bürstet, glaubt er »mit literarkritisch-sauberem Gewissen den griechischen Punkt (.) durch ein griechisches Fragezeichen (;) ersetzen« zu dürfen, »denn als Aufforderung: ›Jetzt aber versetzt eure Mäntel und kauft euch Schwerter!‹ kommt heilloser Unsinn heraus«.[58]

Von einem literarkritisch-sauberen Gewissen kann freilich keine Rede sein. Die von Herbst angeführten Bibelstellen[59], an denen seiner Meinung nach ebenfalls der Punkt durch ein Fragezeichen zu ersetzen wäre, sind entweder Sätze, die durch einen entsprechenden Einleitungssatz sowieso unzweideutig als Fragen kenntlich sind (Mk 14,61: »Da wandte sich der Hohepriester nochmals an ihn und fragte«; Mk 15,2: »Pilatus fragte ihn«) bzw. in einem Fragekontext stehen (Mt 11,8: »Oder was habt ihr sehen wollen, als ihr hinausgegangen seid? Einen Mann in feiner Kleidung?«), oder es sind Sätze, die eben ganz und gar nicht guten Gewissens, sondern nur völlig willkürlich auf Grund eines interessegeleiteten Vorurteils in einer den Bibeltext vergewaltigenden Weise als Fragesätze gelesen werden können (Mt 8,7: »Jesus sagte zu ihm: Ich will kommen und ihn gesund machen«; Lk 22,28–30: »In all meinen Prüfungen habt ihr bei mir ausgeharrt«).

Kurzum, zu wirklicher Literarkritik verhält sich das, was Herbst tut, wie Gustav zu Gasthof.

Wieder einmal kein Kreuzestod

In der Freistilexegese à la Karl Herbst werden einerseits Dinge in Frage gestellt, die im Konsens der seriösen Bibelforschung als historisch absolut zuverlässig gelten, dafür werden auf der anderen Seite wieder Dinge für real gehalten, die selbst der konservativste Bibelausleger als symbolisch und bildhaft erklären würde. So spricht Herbst etwa im Zusammenhang mit der Versuchungsgeschichte von »wahrscheinlich echten vierzig Exerzitientagen« Jesu in der Wüste.[60] Auch die Stillung des Seesturms nimmt Herbst – der Existenz von Wundern sonst strikt abhold – für bare Münze. Aber so konsequent ist er dann wieder auch nicht, an der Historizität von Jesu Wandel über den See festzuhalten. Da ihm sein an physikalischen Tatsachen geschulter gesunder Menschenverstand sagt, dass so etwas nicht geht, muss Jesu Spaziergang über das Wasser dann eben ein Traum des Petrus gewesen sein – aber eben »ein wahrer und packender Traum«.[61]

Die rationalistischen Erklärungen der Heilungswunder, die Herbst präsentiert, sind Neudrapierungen von alten Hüten aus der Mottenkiste des 19. Jahrhunderts. Die Heilung der Schwiegermutter des Petrus war für den Sucher des »wahren« Jesus eine

»Aktivierung der psychosomatischen Abwehrkräfte«[62], und die Verwandlung des Wassers in Wein bei der Hochzeit von Kana (»Wie Gottesfreude Wasser zu Wein macht«[63]) erklärt Karl Herbst als witzige Etikettierung des vorhandenen, aber keineswegs per Wunder behobenen Weinmangels – so als hätte Jesus quasi gesagt: »Kommt, trinken wir Wasser und tun so, als wäre es Wein!«

Freilich ist diese Auslegung auch schon ein alter Hut. Der Arzt P. A. Desjardin, der 1894 unter dem Pseudonym Paul de Régla einen *Jesus von Nazareth. Vom wissenschaftlichen, geschichtlichen und gesellschaftlichen Standpunkt aus dargestellt* zwischen zwei Buchdeckeln präsentierte, war davon überzeugt, dass bei der Hochzeit in Kana Folgendes geschah: Jesus ließ Wasser statt Wein servieren und brachte es fertig, einem Teil der Gesellschaft zu suggerieren, dass sie Wein tränken, indem er sagte: »Trinkt, dies ist besserer Wein!«[64]

Aber diese exegetischen Scherzartikel sind wahrlich Kinkerlitzchen gegen die von Karl Herbst allen Ernstes vertretene These, Jesus sei gar nicht am Kreuz gestorben.

Dass Jesus von einem Römer namens Pontius Pilatus zum Tod verurteilt wurde und am Kreuz gestorben ist, gehört zu den wenigen gesicherten Tatsachen, die wir über den historischen Jesus wissen. Einem unter Biblikern bisweilen kolportierten Bonmot zufolge ist die Tatsache, dass Jesus in Jerusalem gekreuzigt worden ist, historisch noch viel zuverlässiger, als dass er überhaupt geboren worden ist. Karl Herbst indes entblödet sich nicht, jene abenteuerliche Geschichte zu kolportieren, die im Lauf der Geschichte schon etliche Male fantasiert wurde: Jesus habe das Kreuz überlebt, sei von Joseph von Arimathäa gerettet und in Sicherheit gebracht worden und habe sich dann unerkannt davongemacht, da er ja »als verurteilter und durch Kreuzigungsnarben gekennzeichneter Staatsverbrecher im Geltungsbereich der römischen Justiz nicht mehr öffentlich wirken konnte«[65].

Man wundert sich, dass ein Mann wie Karl Herbst so etwas glauben kann. Herbsts hermeneutisches Kriterium zur Wahrheitsfindung war doch, wir erinnern uns: dass nicht sein kann, was nicht sein darf – d. h. nicht zu dem von ihm anvisierten Jesus-Bild passt. Und nun kann am Ende *doch* sein, was nicht sein darf – nur damit keine Art von Auferstehung das moderne Weltbild stört?

Seltsam, dass sich Karl Herbst nicht fragt, ob das still und heimliche Abzischen des hurtig gesund gepflegten Gekreuzigten zu einem Jesus passt, der in der Passionsgeschichte des Markusevangeliums – in Herbsts höchsteigener Übersetzung – sagt: »Täglich war ich bei euch im Tempel und lehrte, da habt ihr mich nicht überwältigt.«[66]

Sich in Sicherheit bringen und aus dem Untergrund heraus dirigieren wie ein Mafia-Boss, das war des wahren Jesu Sache nicht. Und *wäre* es seine Sache gewesen, einer lebensgefährlichen Konfrontation mit der Macht auszuweichen, er hätte sich das Kreuz mit der Kreuzigung durchaus ersparen können. Der Gute Hirt hätte Möglichkeiten genug gehabt, sein Schäfchen ins Trockene zu bringen – selbst im Garten Gethsemane hätte es noch das Hintertürchen einer Flucht in den Untergrund gegeben.

»Es begab sich aber zu der Zeit …«

Zu den bekanntesten und beliebtesten Texten der Heiligen Schrift zählt die Weihnachtsgeschichte. Es dürfte in unserem Kulturkreis wohl kaum jemanden geben, dem nicht seit Kindertagen jene stimmungsvollen Berichte in den Anfangskapiteln des Matthäus- und Lukasevangeliums vertraut sind, die davon erzählen, was sich rund um die Heilige Nacht alles zugetragen hat: die Reise zur Volkszählung, die Übernachtung im Stall, der Chor der Engel, der Besuch von Viehhirten und sternkundigen Weisen und schließlich die Flucht nach Ägypten. Deshalb erlaube ich mir, die folgende, sicher nicht allzu schwere Quizfrage zu stellen: Stammt die folgende Beschreibung der Ereignisse rund um die Geburt Jesu aus der Bibel, oder hat sie zumindest irgendetwas mit der Bibel zu tun?

»Jesus wurde während der Amtszeit des Hohenpriesters Simon Boethus, der von 23 bis 5 v. Chr. an der Macht war, gezeugt und geboren. Simon Boethus und seine Partei vertraten im Blick auf die rituellen und moralischen Fragen, die das Judentum damals spalteten, eine der beiden großen Strömungen. Die Boethusier nahmen eine besonders strenge Haltung zur sexuellen Moral ein, weshalb Jesus für sie ein außereheliches Kind war, einer Waise gleichzusetzen. Das bedeutete, dass er im ›Haus der Königin‹, in ›Bethlehem in Judäa‹ zur Welt kommen musste.

Herodes, alt und misstrauisch geworden, war sich klar darüber, dass die Essener sich in ihrer Enttäuschung über das Scheitern ihres Tempelprojekts gegen ihn gewandt hatten, und hatte keine Lust, einen Thronanwärter von ihren Gnaden überleben zu lassen. Er war ja nicht einmal davor zurückgeschreckt, seine eigenen Söhne umzubringen: So hatte er seine beiden Söhne aus der Verbindung mit seiner Lieblingsfrau, der Hasmonäerprinzessin Mariamne I., aus Eifersucht umbringen lassen, und zwar im selben Jahr, in dem Jesus geboren wurde.

Die Magier wiederum, Diaspora-Essener mit der liberalen Auffassung derer, die ›glatte Dinge suchen‹, akzeptierten die Legitimität Jesu und wollten ihn beschützen. Als sie nach Qumran kamen, fragten sie, in welchem Haus er geboren sei, denn sein Geburtsort würde ihnen seinen Status als Waise oder Prinz verraten.

Als Herodes von ihrer Ankunft hörte, fragte auch er seine Ratgeber, ›wo der Messias geboren werden solle‹, denn er wollte das Kind unbedingt finden. Sie entschlossen sich, die Frage in ihrer Pescherbedeutung aufzufassen – d. h. ›wo ist der Davidide in seiner Funktion als adoptierter Sohn Gottes geboren?‹ –, und beantworteten sie mit einer Wendung, die ebenfalls nur von einem Pescher-Kundigen verstanden werden konnte: ›In Bethlehem in Judäa‹. Herodes aber wusste nichts von der Peschermethode; er war lediglich das nominelle Oberhaupt der Bewegung und nicht in ihre Geheimnisse eingeweiht. Deshalb dachte er, sie meinten das wirkliche Bethlehem und schickte seine Schergen dorthin. Doch

Jesus befand sich nicht in Bethlehem und blieb so dank Herodes' Unkenntnis verschont ...«[67]

So beschreibt Barbara Thiering, was sich zutrug, als Jesus von Nazareth noch ein Säugling war, und korrigiert mit ihrer Darstellung so manche lieb gewordene Legende.

Noch zwei Weisen, von den drei Weisen zu reden

Nicht nur *nicht* korrigiert, sondern vollinhaltlich bestätigt, verstärkt und in bunten Farben ausgemalt wird die herkömmliche Version der Szene vom Auftritt der drei Weisen aus dem Morgenland bei Maria Valtorta[68]: »Die drei Weisen treten hervor, ein jeder gefolgt von einem Diener. Sie überqueren den Platz. Die wenigen Vorübergehenden drehen sich um, um die prunkhaften Persönlichkeiten anzuschauen, die langsam und feierlich daherschreiten.«

Man könnte meinen, einen Film ablaufen zu sehen, wenn man liest, was die Seherin Valtorta in ihren erbaulichen Visionen alles sieht: »Die Seidenkleider glänzen, die Edelsteine glitzern. Ein großer Federbusch mit kostbaren Diamantensplittern flattert und funkelt auf dem Haupt des Turbanträgers. Einer der Diener trägt eine mit Intarsien verzierte Truhe, deren Beschläge aus reinstem Gold sind; der Zweite einen fein gearbeiteten Kelch mit einem noch mehr verzierten Deckel aus purem Gold; der Dritte einen breiten, niedrigen Krug aus reinem Gold, dessen pyramidenartiger Verschluss mit einem Brillanten besetzt ist. Die Geschenke müssen schwer sein, denn die Diener tragen sie mit Mühe, besonders der Truhenträger.«

Nur zur Erinnerung für minder bibelfeste Leser: Wir befinden uns nicht im Stall von Bethlehem, den das Lukasevangelium voraussetzt, wo Maria das Kind in Windeln wickelt und in eine Krippe legt[69], sondern in dem Haus[70], von dem *Matthäus* erzählt.

Die drei Weisen, die Maria Valtorta sieht, »steigen die Treppe hinauf und treten in einen Raum, der von der Straße bis zur Rückseite des Hauses reicht«, und Maria wartet bereits auf den hohen Besuch. Sie »sitzt da mit dem Kind auf dem Schoß« und »sieht schön aus in ihrem einfachen blütenweißen Gewand, das sie vom Hals bis zu den Füßen, von den Schultern bis zu den zarten Handgelenken bedeckt«.

Wenn Maria Valtorta, die in der ersten Hälfte des 20. Jahrhunderts lebte, Ähnliches beansprucht wie Anna Katharina Emmerick (1774–1824) oder Theresia Neumann aus Konnersreuth (1898–1962) – nämlich in der Ekstase ihrer Visionen gleichsam zu einer Augenzeugin des Geschehens zu werden und die Dinge so zu sehen, wie sie wirklich waren –, dann werden einen aufmerksamen Leser spätestens dann leichte Zweifel beschleichen, ob wir wirklich eine junge jüdische Mutter im Israel des ersten Jahrhunderts vor uns haben und uns nicht womöglich im Atelier eines italienischen Renaissance-Malers befinden, wenn wir von Marias »blonden Zöpfen« lesen, die ihr Haupt umrahmen, sowie von dem »von Rührung geröteten Gesicht, von den zärtlich lächelnden Augen und dem Mund, der sich zum Gruß: ›Der Herr sei mit euch!‹ öffnet.«[71]

In ganz anderem Licht gesehen als bei Maria Valtorta und ganz anders interpretiert als bei der Australierin Thiering werden die im Matthäusevangelium berichteten Ereignisse bei Holger Kersten. Diesen Autor interessieren in diesem Zusammenhang vor allem zwei Fragen: »Wer waren die drei Weisen?« und: »Wie findet man eine Inkarnation?«

»Im griechischen Urtext heißen die Weisen ›Magoi‹, und die Magier wurden erst im sechsten Jahrhundert durch Caesarius von Arles zu Königen erhoben, denen schließlich im neunten Jahrhundert die frei erfundenen Namen Kaspar, Melchior und Balthasar untergeschoben wurden«, schreibt Kersten – sachlich richtig – in seinem Buch *Jesus lebte in Indien*[72].

Wie viele Magier es tatsächlich waren, lasse sich nicht mehr feststellen. Seit Origenes werde ihre Zahl, vielleicht wegen der drei Gaben, mit *drei* angegeben. »Sicher«, notiert der Autor – von einem

Augenblick auf den andern vom Informieren über Sachverhalte ins Spekulieren über Möglichkeiten wechselnd – »ist lediglich, dass jene Leute auf einer langen Reise aus dem Osten kamen, dass sie mit magischen Praktiken vertraut waren, sich in Astrologie hervorragend auskannten und keineswegs arm sein konnten.«

Dass der Stern, der die drei Weisen führte, über einer armseligen Hütte stand, in der ein wenige Stunden altes Kind lag, ist für Kersten eine fromme Legende. »Vielmehr muss das etwa zwei Jahre alte Kind sich schon in der Obhut von ganz bestimmten Menschen befunden haben, die um die Bedeutung dieses Knaben wussten.«

Was für »ganz bestimmte Menschen« sind gemeint? Könnten es womöglich Inder gewesen sein? Holger Kersten sagt es nicht direkt, er stellt nur die Frage: »Hatten die Mitglieder der verbotenen Geheimsekten etwa Verbindung zu ihren Brüdern in Indien, zu den verlorenen Stämmen des Hauses Israel?« – und gibt zu bedenken: »Ob die ›Magier‹ tatsächlich aus Indien kamen, lässt sich heute nicht mehr mit Sicherheit beweisen; wirklich verblüffend ist aber die Übereinstimmung der Geschichte von den drei Weisen mit den Berichten über das Verfahren, nach dem noch heute in Tibet die Wiederverkörperungen von verstorbenen hohen buddhistischen Würdenträgern gefunden werden.«

Mit dieser Methode, in einem Mix aus Realien und kühnen Spekulationen passende Versatzstücke herbeizuholen und sie mit biblischen Texten zu bringen, ohne Rücksicht darauf, welcher literarischen Gattung der betreffende Text angehört und welchen Grad an historischer Glaubwürdigkeit ihm zuzumessen ist, konstruiert Holger Kersten seinen Jesus in Indien.

Das Jesus-in-Indien-Märchen

Holger Kersten hat die hundert Jahre alte Story wieder aufgewärmt, die sich der Russe Nicolai Notowitsch aus den Fingern gesogen hat – eine Story, die den vollinhaltlichen Vergleich mit den Abenteuergeschichten Karl Mays nicht zu scheuen braucht. Demzufolge war Jesus am Karfreitag nur scheintot, überlebte das Kreuz und ging nach seiner vermeintlichen Auferstehung nach Indien, wo er hochbetagt starb – und zwar in Kaschmir, wo sich heute noch sein Grab befinden soll.

Mit Indien hatte Jesus laut dieser romantischen Fantasiegeschichte bereits als Kind zu tun. Die drei Weisen aus dem Morgenland waren Inder, die das Judenbaby Jesus als hohe Inkarnation erkannten. Im Unterschied zur Meinung aller vernünftigen Exegeten hält der sonst so skeptische und, wenn es um die Kreuzigungs- und Grablegungsgeschichten geht, geradezu überskeptische Holger Kersten interessanterweise an der physischen Existenz der im Matthäusevangelium erwähnten »Sterndeuter aus dem Osten« fest und praktiziert somit ebenfalls eine Freistilexegese, die alles bejaht, was ins Konzept passt, und alles verwirft, was die vorgefasste Meinung in Frage stellen würde.

Die weisen Inder hätten sich dann auch um die geistige Entwicklung Jesu bemüht und dafür gesorgt, dass er in gewisse geheime Praktiken eingeweiht wurde und buddhistischen Religionsunterricht erhielt. Zu diesem Zweck wanderte der jugendliche Jesus schon als Zwölfjähriger auf den alten Karawanenstraßen nach Indien. Der erste Indienaufenthalt Jesu fand also genau in jenen Jahren statt, über die man nichts Genaues weiß, weil sich die Bibel darüber ausschweigt. Es ist jene Lücke im Leben Jesu, in die Nicolai Notowitsch hineinfantasierte und die seinem 1894 erschienenen Buch den Titel gab: *Die Lücke im Leben Jesu*.[73]

Nun wurden zwar die auf diesen niedlichen Fantasien basierenden Behauptungen bereits ein Jahr nach Erscheinen als historisch völlig unhaltbare Fälschungen entlarvt, doch als das Notowitsch-Machwerk 1926 in New York wieder aufgelegt wurde, nahm ein für gewöhnlich uninformiertes Leserpublikum wieder für eine sensationelle neue Entdeckung wie 1983, als Holger Kersten von neuem damit anfing.

Der exzellente Indienkenner und Leiter der Orientsammlung der Bayerischen Staatsbibliothek in München Günter Grönbold hat sich daraufhin die Mühe gemacht, allen von Holger Kersten behaupteten Unsinn klitzeklein zu widerlegen – angefangen von falschen Etymologien bis zu sachlichen Irrtümern wie etwa dem, dass die Weisen aus dem Morgenland als gelernte Inder die hohe Inkarnation Jesu laut Kersten mit jenem Verfahren ermittelt hätten, »nach dem noch heute in Tibet die Wiederverkörperungen von verstorbenen hohen buddhistischen Würdenträgern« gefunden würden; in Wahrheit wurde in Tibet allerdings »diese spezielle Inkarnationsnachfolge erst im 15. Jahrhundert nach Christi Geburt eingeführt!«.[74]

Grönbold hat auch nachgewiesen, von welchen Quellen »der einfallsreiche Russe« Notowitsch zu seinem Jesusmärchen à la 1001 Nacht angeregt wurde[75], und hat schließlich auch darauf hingewiesen, wer ein Interesse an der Verbreitung der »Jesus-in-Indien-Legende« hat: nämlich die islamische Ahmadiyya-Sekte, deren Ziel es ist, »im Westen Proselyten zu machen«.[76] Deren Gründer Mirza Ghulam Ahmad (1839–1908) war es auch, der die Ideen über einen Indienaufenthalt des jungen Jesus, die »der Erfindungsgabe des Herrn Notowitsch entsprungen« sind[77], mit der Idee, Jesus habe das Kreuz überlebt, und der These von einem Jesusgrab in Kaschmir verbunden hat.[78]

Die Ahmadiyya-Sekte wird übrigens vom orthodoxen Islam nicht anerkannt – nicht zuletzt deshalb, weil sich Ahmad als wiedergekehrter Christus und Vollender Mohammeds ausgegeben hat, was für orthodoxe Muslime eine arge Zumutung bedeutet.[79]

Eine arge Zumutung für jeden mit einem gesunden Menschenverstand gesegneten und des logischen Denkens fähigen Leser ist auch die Art und Weise, wie Autoren vom Schlag eines Holger Kersten Spekulationen als Tatsachen verkaufen. Eine treffende Charakterisierung dieser »Methode« findet sich bei Günter Grönbold. »Besonders Kersten«, schreibt er, »versteht es hervorragend, eine Spekulation aufzustellen (beliebte Wendungen ›es wäre denk-

bar«, ›wenn wir annehmen‹), diese im nächsten Satz bereits als bewiesen vorauszusetzen und darauf dann die nächste Spekulation
aufzubauen, die kurz darauf dann auch schon wieder als Wahrheit
gilt.«[80]

Ein Grab in Kaschmir

Zu den vielen Absonderlichkeiten, die Holger Kersten aufführt,
um die Jesus-in-Indien-Story zu erhärten, gehört das so genannten Jesusgrab in Kaschmir, von dem er ein Foto zeigt und behauptet, bei dem »Yuz Asaf«, der in dieser Grabstätte begraben liegen
soll, handle es sich »aller Wahrscheinlichkeit nach um Jesus«.

Kersten im Reiseführer-Sound: »Das Grab des Propheten Yuz
Asaf befindet sich heute mitten in der Altstadt von Srinagar, in
Anzimar im Stadtteil Khanyar. Das Gebäude, das später um das
steinerne Grabmal gebaut wurde, heißt ›Rozabal‹ oder ›Rauza Bal‹.
Mit ›Rauza‹ bezeichnet man das Grabmal einer höher gestellten
Persönlichkeit, eines Adeligen, Reichen oder eines Heiligen. Das
Gebäude ist rechteckig, eine kleine Eingangshalle ist angebaut.
Über dem Durchgang zur eigentlichen Grabkammer befindet sich
eine Inschrift, die berichtet, vor vielen Jahrhunderten sei Yuz Asaf
in das Tal von Kaschmir gekommen und sein Leben sei dazu bestimmt gewesen, die Wahrheit zu verkünden«.[81]

»Yuz Asaf« soll »Jesus der Versammler« bedeuten. Was allerdings
»philologisch natürlich Unsinn ist«, wie Günter Grönbold festgestellt hat. [82] »Yuzasaf« ist der Josaphat der »Barlaam-und-Josa-
phat«-Legende, einer Legende von zwei Figuren, die in der Kirche
früher als Heilige verehrt wurden. Der in vielen Übersetzungen
überlieferten Geschichte vom indischen Prinzen Josaphat, dem
sein Vater das luxuriöse Leben als Playboy ermöglicht, damit er
nicht auf die Idee kommt, sich, wie prophezeit worden ist, zum
Christentum zu bekehren, liegt – wie der Sagenforscher Felix
Liebrecht nachgewiesen hat – in Wirklichkeit die Legende des

Buddha zu Grunde.[83] Das Sanskritwort »Bodhisattva« wurde im Arabischen auf Grund eines Schreibfehlers von »Budhasaf« zu »Yudhasaf« und kam als »Ioasaph« ins Griechische, um schließlich im Lateinischen »Josaphat« zu lauten.[84]

Die Kenntnis der Barlaam-und-Josaphat-Legende vermag auch zu erhellen, wieso es zum Grab in Srinagar kam. In den arabischen Versionen der Legende »geht Budhasaf/Yuzasaf nach Kaschmir, stirbt dort und wird dort begraben. ›Kaschmir‹ ist hierin eine irrtümliche Ortsangabe für Kusinagara (Pali: Kusinara), wo nach den indischen Berichten Buddha starb. Die nichtbuddhistischen Autoren der Barlaam und Josaphat-Legende verwechselten den Ort, da es Kusinagara um diese Zeit als Ort auch nicht mehr gab.«[85]

Das ist also das ganze Geheimnis um das Grab Rauzabal in der Khanyar-Straße in Srinagar. Günter Grönbold‹s Resümee: »Wer hier Jesus ins Spiel bringen will, ist ein Fantast und Scharlatan.«[86]

Geschäft mit der Dummheit

Trotzdem gab es und wird es immer wieder von neuem Leser und Leserinnen geben, denen derlei »Enthüllungen« plausibel erscheinen. Wie heißt es bei Kurt Tucholsky: Hochverehrtes Publikum, sag mal: bist du wirklich so dumm ...?

Das Geschäft mit der Dummheit hat sich schon immer gelohnt – schließlich zählt der Spruch »Mundus vult decipi, ergo decipiatur – Die Welt will betrogen werden, also soll sie auch betrogen werden« schon seit uralter Zeit zu den elementaren Lebensweisheiten.

Aber Lügenmärchen werden nicht wahrer, wenn man sie auch noch so oft erzählt. Leider werden sie auch nicht aus der Welt geschafft, wenn sie als Hirngespinst durchschaut und widerlegt werden. Denn es ist ja keineswegs so, dass die Unhaltbarkeit der Geschichte vom angeblichen Indienaufenthalt Jesu erst heutzutage erkannt und erwiesen worden wäre. Der Bestseller von Notowitsch über die »Lücke« in Jesu Leben wurde schon im ersten Jahr nach seinem Erscheinen, in dem er nicht weniger als acht Auflagen erlebte, als das erkannt, was er ist: eine Münchhauseniade.

So schrieb z. B. der *Ostasiatische Lloyd* in seiner Ausgabe vom 13. Juli 1894: »Wer mit den Geistern und Tendenzen des hier in Frage kommenden Gebietes ein wenig vertraut ist, der weiß sehr wohl, dass von Zeit zu Zeit ein schlauer und um seinen Ruf weiter nicht besorgter ›Erfinder‹ sich mit einem spekulativen Buchhändler zusammentut, um durch sensationelle ›Entdeckungen‹ ein leichtgläubiges Publikum ein wenig zu plündern.«[87]

Und Albert Schweitzer, der sich als Erforscher der seriösen wie der unseriösen Jesus-Literatur notgedrungen auch mit der Notowitsch'schen Spottgeburt aus Fantasie und Geschäftstüchtigkeit auseinander setzen musste, kam ebenfalls zu keinem anderen Ergebnis als Grönbold. Schweitzer hat das, was ein Holger Kersten 1993 immer noch als Wahrheit feilbieten will, bereits 1906 als »unbewiesen, unbeweisbar und undenkbar«[88] durchschaut.

Jesus war ein Araber

Einen weiteren Akzent in der Reihe absurder und abstruser Jesus-Bücher hat Kamal Salibi mit der These gesetzt, dass Jesus arabischer Herkunft gewesen sei und der wahre Schauplatz der Bibel eigentlich Arabien wäre.

Der libanesische Professor glaubt nämlich herausgefunden zu haben, dass das Gelobte Land in Wirklichkeit in Saudi-Arabien lag. Dort seien in einem bestimmten Gebiet 80 % aller biblischen Namen zu finden. Jerusalem z. B. sei das heutige Al Sharim. Und bezüglich Jesus vertritt Salibi die folgende These: »Um 100 v. Chr. lebte auf der arabischen Halbinsel ein Prophet namens Issa, welcher mit seiner liberalen Auslegung der mosaischen Gesetze die Sekte der Nazarener gründete. Rund ein Jahrhundert später habe dann Jeshu der Nazarener eine Revitalisierung dieser Sekte angeführt.«[89]

8. Vegetarier, Arier, Planetarier
Der Jolly Joker aus Nazareth

> Bleibt es also dabei, dass nur die reine Fantasie ein Leben Jesu erdichten
> kann, wie es in zahlreichen Jesus-Romanen, aber auch von jüdischen
> Autoren versucht wurde? Das würde ich radikal ablehnen, denn ein los-
> gelassenes Fabulieren in solch reiner Sphäre hasse ich als eine Unzucht,
> und jede poetische Freiheit ohne strenge Begründung erschiene mir als
> unkünstlerischer und verletzender Leichtsinn.
>
> SCHALOM BEN-CHORIN

Obwohl in der Bibel ausdrücklich geschrieben steht, dass Jesus beim letzten Paschamahl, zu dem bekanntlich der Genuss von Lammfleisch gehörte, seinen Aposteln mitteilte: »Ich habe mich sehr danach gesehnt, vor meinem Leiden dieses Paschamahl mit euch zu essen«[1], gibt es überzeugte Vegetarier, die davon überzeugt sind, dass auch Jesus ein überzeugter Vegetarier war.

Jesus der Vegetarier

Wieweit der spanische Fantasy-Autor Juan José Benitez zu ihnen gehört, ist nicht ganz klar, aber jedenfalls zählt zu den »Neuig-keiten«, die er seinen Zeitreisenden im Galiläa des Jahres 30 in Erfahrung bringen lässt, auch diese: »Ich hatte mich erkundigt, ob Jesus ein reichliches Mahl zu sich genommen habe, und der Jünger erwiderte sichtlich verwundert über die Frage, er habe eher wenig gegessen. Er setzte hinzu, wie es der Gewohnheit des Meis-ters entspreche, habe er auch nicht den köstlichen Lammbraten probiert.«[2]

Klar ist die Sache bei Carl Anders Skriver. Dieser Mann hat

nach dem Zweiten Weltkrieg den »Orden« der Nazoräer gegründet und ihn als eine »himmlische Organisation« beschrieben, die »weder weltlich organisiert noch aufgelöst werden« kann: Die Nazoräer sind »ein freier, überkonfessioneller und übernationaler wandernder Orden von christlich, vegetarisch und pazifistisch gesinnten Einzelgängern, Einsiedlern und Familien in weltweiter Zerstreuung«.[3]

Für Skriver und seine Anhänger ist Jesus ein Vegetarier, der in einer Familie aufwuchs, »in der die Kinder vom Mutterleibe an bewahrt wurden vor Fleisch und alkoholischen Getränken«; außerdem habe Jesus »die Nahrung der Frommen Raub und Fraß genannt«, und schließlich und endlich stehe doch ausdrücklich in der Bibel, »dass Brot der Proviant des Herrn und seiner Jünger war«.[4]

Der Jesus, den die »Nazoräer im Zwanzigsten Jahrhundert« propagieren, ist unter den Kräuterpfarrern der Kräuter*papst.* »Iss jegliche Pflanze«, empfiehlt er, »die bittere aber iss nicht«.[5] Carl Anders Skriver behauptet auch zu wissen, dass Jesus nach seiner Auferstehung »den Vegetarier Matthias zum Ersatzmann für Judas Ischariot und den Erzvegetarier Jakobus den Gerechten zu seinem würdigen Nachfolger und zum Haupt der Jerusalemer Gemeinde bestimmt und ihn 30 Jahre als solchen im Leben erhalten und damit offenbart hat, wie er sich die Zukunft seiner Gemeinde als die einer vegetarischen Gemeinde gedacht hat«, und ist fest davon überzeugt, »dass die Urgemeinde vegetarisch und alkoholabstinent gelebt und das Abendmahl ohne Fleisch, Fisch und Wein, mit Brot und Wasser zu sich genommen hat«.[6]

Um eines freilich kommt auch Skriver nicht herum: In den Evangelien steht ausdrücklich, dass Jesus nach seiner Auferstehung Fisch gegessen hat. Aber lieber verändert er den Bibeltext, als dass er sich in seinem Glauben, Jesus sei ein Vegetarier gewesen, auch nur eine Sekunde lang anfechten ließe: »Wir wissen, dass es nur eine Stelle im ganzen Neuen Testament gibt, nach der Jesus, und zwar erst als Auferstandener, Fisch gegessen haben soll (Luk. 24,41–43). Wir bezweifeln die Echtheit der Stelle. Denn Lukas war kein Augenzeuge. Der Auferstandene äußerte kein Verlangen nach Fisch. Der Gedanke, dass man im Reiche Gottes noch gebratene Fische (und Tauben?) begehrt, ist absurd. Lukas hat selbst kein gutes Gewissen dabei: Er lässt dem Auferstandenen Fisch und Honigseim vorlegen. Und er lässt es wohlweislich offen, was von beidem der Herr genommen hat.«[7]

Die von Carl Anders Skriver zur Stützung seiner Lehre herbeizitierte süße Zugabe zum gebratenen Fisch steht freilich textkritisch auf wackeligen Beinen. Der korrekte Bibeltext lautet: »Sie gaben ihm ein Stück gebratenen Fisch; er nahm es und aß es vor ihren Augen.« Lediglich in ein paar späteren Handschriften und Bibelübersetzungen – unter ihnen auch die Vulgata (»illi obtulerunt ei partem piscis assi, et favum mellis«) – gibt es den Zusatz: »und eine Honigscheibe«. Aber davon, dass Jesus zwischen den beiden gewählt und nur vom Honig gegessen hätte, steht nichts im Text. Diese Interpretation entstammt lediglich dem Wunschdenken des Vegetarierapostels Carl Anders Skriver.

Skriver erklärt uns auch nicht, wie es kommen mag, dass – angenommen, Jesus wäre wirklich dieser Erzvegetarier gewesen, für den ihn die Anhänger der »Regel der Nazoräer« halten – die Apostel ihren Herrn und Meister damit brüskieren konnten, dass sie ihm einen Fisch anzubieten wagten, wo sie doch hätten wissen müssen, dass der – im Unterschied zum asketischen Johannes dem Täufer – als »Fresser und Säufer« verschriene Jesus in Wirklichkeit ein strenger Vegetarier war – wiederum im Unterschied zum real existierenden Johannes dem Täufer, der bekanntlich nicht nur wilden Honig, sondern eben auch tierisches Eiweiß in Form von gegrillten Heuschrecken zu sich nahm.

Auch im theosophischen *Evangelium des vollkommenen Lebens*, das Gideon J. R. Ouseley (1835–1906) nicht verfasst, sondern mit Hilfe medial veranlagter Personen und der Geister von Verstorbenen empfangen haben will, deklariert sich Jesus als Vegetarier. Im Vers 8 des 21. Kapitels dieser – wie wir noch sehen werden –

auch heutzutage in manchen Kreisen für eine Offenbarung gehaltenen Schrift sagt Jesus ganz unmissverständlich: »Ich bin gekommen, die Opfer und die Blutfeste abzuschaffen, und wenn ihr nicht aufhören werdet, Fleisch und Blut der Tiere zu opfern und zu verzehren, so wird der Zorn Gottes nicht aufhören, über euch zu kommen, ebenso wie er über eure Vorfahren in der Wüste gekommen ist, die dem Fleischgenusse frönten und von Fäulnis erfüllt und von Seuchen aufgezehrt wurden.«[8]

Davon abgesehen, dass eine vegetarische Ernährung durchaus gewisse Vorzüge hat und selbstverständlich auch kein Christ in irgendeiner Weise gezwungen ist, Fleisch zu essen, gilt es fest zu halten, dass hier die Gestalt Jesu einfach zum Sprachrohr einer bestimmten Ideologie gemacht wird. Mit den Auffassungen und Gesinnungen des historischen Jesus hat das Wunschbild eines vegetarischen Jesus nichts zu tun.

Weder der Jesus der synoptischen Evangelien, der gesagt hat: »Nichts, was von außen in den Menschen hineinkommt, kann ihn unrein machen, sondern was aus dem Menschen herauskommt, das macht ihn unrein«[9], noch der johanneische Jesus, der erklärt: »Wenn ihr das Fleisch des Menschensohnes nicht esst und sein Blut nicht trinkt, habt ihr das Leben nicht in euch«[10], bieten auch nur im Entferntesten einen Anlass, Jesus in einen Vegetarier umzufälschen.

Ebenso wie es auch nicht den geringsten Anlass gibt, den Juden Jesus in einen »Arier« umzupinseln.[11]

Jesus der Arier

Der Vorwurf des Jesus-Fälschens ist – wir bereits gesehen haben – ein wechselseitiger. Kirchengläubige werfen diversen Jesus-Schreibern vor, sie würden Jesus verfälschen, während diese ihrerseits wiederum der Kirche vorwerfen, sie habe Jesus verfälscht. Eine interessante Variante des Vorwurfs, die Kirche habe Jesus ver-

184

fälscht, ist die Meinung, die wahren Urheber des falschen Jesus-Bildes seien – die Juden.

»Ob nun Altes Testament oder Neues – alles ist doch derselbe jüdische Schwindel.« Diese tiefsinnigen Worte sprach Adolf Hitler im Jahre 1934 zu Hermann Rauschning[12]. Houston Stewart Chamberlain (1855–1927), einer der geistigen Vordenker der Nazis, der in seinem Buch *Die Grundlagen des 19. Jahrhunderts* die Ansicht vertrat, die Arier seien zur Führung der Menschheit berufen, meinte kurzerhand: »Wer behauptet, Jesus sei ein Jude, ist entweder ignorant oder unehrlich.«[13]

Weitere Highlights aus der Revue der Jesus-Arisierer gefällig? Für Wilhelm Hauer war Jesus der Sohn eines »deutschen Soldaten« und einer »persischen Mutter«[14], für Walter Grundmann war die Mutter Jesu keine Jüdin, sondern »eine Heidin« und Jesus somit »rassisch entlastet«.[15]

H. Spencer Lewis, der Gründer des AMORC-Ordens – also der modernen Rosenkreuzer-Gemeinschaften (die Abkürzung bedeutet: »Antiquus Mysticus Ordo Rosae Crucis«) –, brachte in seinem 1929 in Kalifornien und 1975 auf Deutsch erschienenen *Bericht über die bekannten und unbekannten Zeitabschnitte aus dem Leben des Großen Meisters* sogar das paradoxe Kunststück zu Wege, aus Jesus einen »ägyptischen Arier«[16] zu machen.

Bereits 1906 schrieb H. Monnier: »Jesus war nicht eigentlich Jude; er war Galiläer, das ist nicht dasselbe«[17], wobei er sich darauf stützte, dass Galilaa im Alten Testament bisweilen abschätzig als »Land der Heiden« etikettiert wurde[18]. Und dieses Galiläa war – wie A. Müller in fantasievoller Freistiletymologie zu ermitteln sich nicht entblödete – nach den dorthin eingewanderten »Galliern« benannt.[19] Wiederum findet sich bestätigt, worauf Neil Postman hingewiesen hat: Ein als »wissenschaftliche Theorie« vorgetragener Blödsinn kann gar nicht groß genug sein – es findet sich immer wieder jemand, der ihn für bare Münze nimmt. Wer weiß, ob nicht irgendwo schon ein Autor am Schreibtisch sitzt und den sensationellen »Nachweis« erbringt, dass der galiläisch-gallische

Jesus nicht Andreas und Petrus, sondern Asterix und Obelix zu Botschaftern seiner Guten Nachricht bestellt habe.

Das esoterische Leben Jesu und der Ursprung des Christentums im Osten ist der Titel eines 1902 in Paris erschienenen Buches. Dessen Autor, Ernest Bosc, der sich aus theosophischem Interesse mit Jesus beschäftigte, war davon überzeugt, dass Jesus kein Semit, sondern ein Arier war.[20]

Der Mann, der Hitler die Ideen gab

Den arischsten Jesus aller Zeiten in die Welt gesetzt zu haben, ist allerdings die Leistung von Jörg Lanz von Liebenfels (1874–1954). Dieser in Wien geborene ehemalige Mönch des österreichischen Zisterzienserstiftes Heiligenkreuz war »der Mann, der Hitler die Ideen gab« – wie es der Psychologe Wilfried Daim formulierte, der das Leben und die abstruse Ideenwelt des Adolf Josef Lanz, wie Lanz von Liebenfels mit bürgerlichem Namen hieß, einer eingehenden Analyse unterzogen hat.[21]

Jesus ist für Lanz von Liebensfels ein blond-blauer Arier, der die Rassenreinheit lehrte. Lanz wörtlich: »Jesus ist kein jüdischer, ja er ist sozusagen der Name des arischheroischen Menschen! Er bedeutet – Asing.«[22]

Man kann Wilfried Daim nur bedauern und bewundern gleichzeitig, dass er sich durch Tausende von Seiten, die voll sind mit Ideen von krudester Niedagewesenheit, hindurchgelesen hat, um uns ein Konzentrat von Lanz von Liebenfels' ariosophischem Wahn geben zu können:

Christus »hat die Aufgabe, die Niederrassigen aufzulösen und die gute, höhere Menschenart zu erlösen«. Er gab auch seinen Aposteln den Auftrag, die »Menschheit von der Plage der sexualdämonischen Unholde und Schratte zu befreien«. Daher war auch der Hauptzweck des ursprünglichen asischen Christentums »Schrattenaustreibung, also Rassenhygiene und Rassenreinigung«.

»Frauja Christus« gründet also die Kirche der Rassenreinheit, ein Institut der Reinzucht der arioheroischen Rasse. Die blonde Rasse ist Gott. Er ist in den »Mischlingen«, in den »Äfflingen« begraben.

Aber durch Reinzucht, durch Entmischung werden die blonden Zuchtmütter der Zukunft, wie Maria Gottesgebärerinnen, und nur noch blau-blonde Kinder, Heldenkinder, haben, die dazu bestimmt sind, die Welt zu beherrschen.

Auch für Kreuzigung und Tod hat Lanz seine rassenmythologische Deutung: Sie »ist im Grunde nichts als eine tiefsinnige Symbolisierung der ewigen Theriomachie, des erbitterten Kampfes des Urariers mit den Drachen-, Unken- und Krötenmenschen der Vorzeit und das Symbol seiner Erniedrigung und Schändung durch Artvermischung. Jesus Christus ist am Kreuz der Unter- und Niedermenschenarten gestorben«, und selbst das »Mysterium der Auferstehung« ist nach Lanz ein vollkommen klarer Sachverhalt: Denn ebenso wie Christus von der »Gesellschaft der Affenmenschen auferstehen musste, ebenso müssen auch wir von der Gesellschaft der Affenmenschen auferstehen«.[23]

Zu den prominenteren Geistern, die neben Daim von Jörg Lanz von Liebenfels und seinen Wahnideen infiziert waren, gehört auch der österreichische Schriftsteller Fritz von Herzmanovsky-Orlando (1877–1954), und selbst ein Mann wie August Strindberg (1849–1912) war in den letzten Jahren seines Lebens von Lanzens Ideen begeistert. In einem Brief vom 10. Juli 1906 ließ der Dramatiker den antisemitischen Ariosophen wissen, er habe schon lange nicht »so eine Prophetenstimme gehört« wie ihn.[24]

Adolf Hitler als neuer Messias

Hitler selber lernte das Lanz'sche Schrifttum bereits in seinen »Wiener Lehr- und Leidensjahren« kennen, wie er in *Mein Kampf* erzählt: »Ich kaufte mir damals um wenige Heller die ersten antisemitischen Broschüren meines Lebens.«[25] Durch Lanzens Ideologie kam er schließlich zur Überzeugung, »im Sinne des allmächtigen Schöpfers zu handeln: Indem ich mich der Juden erwehre, kämpfe ich für das Werk des Herrn.«[26] Diese Überzeugung teilten mit der Zeit auch andere.

Selbst ein ranghoher Nazi wie Reinhard Heydrich (1904–1942) war der Überzeugung, dass Hitler in wenigen Jahrzehnten das sein werde, »was früher Jesus Christus war«.[27] Und nicht zuletzt gab es Pläne, nach dem so genannten Endsieg Hitler religiös zu verehren.

In einem streng geheimen Sitzungsbericht vom 14. August 1942 über die geplante Religionspolitik ist folgender Vorschlag protokolliert: »Sofortige und bedingungslose Abschaffung sämtlicher Religionsbekenntnisse nach dem Endsieg und zwar nicht nur für das Gebiet des Großdeutschen Reiches, sondern auch für sämtliche befreiten, besetzten und annektierten Länder, Protektorate, Gouvernements, etc. mit gleichzeitiger Proklamierung Adolf Hitlers zum neuen Messias. Aus politischen Erwägungen sind von dieser Maßnahme einstweilen der mohammedanische, buddhistische, sowie der Shintonglaube auszunehmen.

Der Führer ist dabei als ein Mittelding zwischen Erlöser und Befreier hinzustellen – jedenfalls aber als Gottgesandter, dem göttliche Ehren zustehen. Die vorhandenen Kirchen, Kapellen, Tempel und Kultstätten der verschiedenen Religionsbekenntnisse sind in ›Adolf-Hitler-Weihestätten‹ umzuwandeln.

Ebenso haben sich die theologischen Fakultäten der Universitäten auf den neuen Glauben umzustellen und besonderes Gewicht auf die Ausbildung von Missionaren und Wanderpredigern zu legen, die sowohl im Großdeutschen Reich, als auch in der übrigen Welt die Lehre zu verkünden und Glaubensgemeinschaften zu bilden haben, die als Organisationszentren zur weiteren Ausbreitung dienen sollen. (Damit fallen auch die Schwierigkeiten bei der geplanten Aufhebung der Monogamie weg – kann doch die Polygamie ohne weiteres als Glaubenssatz in die neue Lehre eingebaut werden.)

Als Vorbild des Gottgesandten möge die Figur des Gralsritters Lohengrin dienen, die keltisch-germanischer Fantasie entsprungen bereits ein gewisses traditionelles Ansehen genießt. (Ähnlich wie die Sagengestalt des Wilhelm Tell in der Schweiz seit langem zu einem Symbol geworden ist).

Durch entsprechende Propaganda müsste die Herkunft des Führers noch mehr als bisher verschleiert werden, so wie auch sein künftiger Abgang einmal spurlos in vollständiges Dunkel zu erfolgen hätte (Rückkehr in die Gralsburg).«[28]

Wie sagte man im Dritten Reich? »Wenn das der Führer wüsste ...« Ob Hitler selbst von den Plänen zu seiner Vergöttlichung gewusst hat? Ja! Und war er davon angetan? Und ob! Dies sei »der erste brauchbare Entwurf«, schrieb er eigenhändig auf das Protokoll, das er »zur Bearbeitung an Dr. Goebbels« weitergab.[29]

Jesus als Führer

Jay Haley, der Leiter des Haley-Madanes-Instituts in Washington D. C., hat ein Buch mit dem Titel *Die Jesus-Strategie* vorgelegt, in dem er Jesus als einen überaus erfolgreichen politischen Psychologen darstellt.

Jesu Fähigkeiten »als Organisator und Menschenführer« seien »beinahe unglaublich«. Männer wie Lenin und Trotzki, Hitler und Mussolini, Mao Tse-tung, Ho Chi Minh und Fidel Castro stünden »weit mehr in seiner Schuld, als man vermuten möchte«. Dies betreffe in erster Linie seinen Grundgedanken: »mächtig zu werden, indem man die Armen und Machtlosen organisiert«.[30] Jesus war nach Haley »der erste Führer, der versuchte, seine Anhängerschaft aus Armen und Machtlosen zu versammeln. Er ging davon aus, dass die Armen mehr der Macht bedürfen als irgendjemand anderer. Darauf gründete seine Taktik, mit der er versuchte, ihre Unterstützung zu gewinnen.«[31]

Dass Jay Haley die Aktionen und Intentionen des historischen

189

Jesus gegen den Strich bürstet, ist evident. Jesus strebte nicht nach Macht. Er lehnte es ab, im Sinne eines politischen Messias tätig zu werden. Die politische Befreiung Israels stand nicht auf seinem Programm. Das Reich, das er verkündet hat, war zwar – wie Joachim Gnilka formuliert – »eine Ordnung, die in diese Welt hineingreifen wird, aber er wollte nicht als militärischer Messias auftreten, dem es etwa zugekommen wäre, die Römer aus dem Land zu verjagen. Sein Heil war ein von Gott kommendes und auf das Endgültige des Menschen bezogenes.«[32]

Der springende Punkt in Jay Haleys Jesus-Interpretation ist also, was der amerikanische Analytiker eigentlich unter Macht versteht. »Führer aller revolutionären Bewegungen haben gelernt, keinen Zweifel daran aufkommen zu lassen, dass sie in jedem Fall an die Macht kommen werden«, schreibt er. Und wie sieht diese Macht aus? Haleys Antwort: »In dem Sinne, in dem das Konzept der Macht hier gebraucht wird, hat ein Mensch dann ›Macht‹, wenn er darüber bestimmen kann, was andere zu tun haben. Machttaktiken werden angewandt, um Einfluss und Kontrolle über die soziale Welt zu gewinnen. Kurz gesagt: Ein Mann hat Macht, wenn er jemandem befehlen kann, sich in einer bestimmten Weise zu verhalten, er hat aber auch Macht, wenn er bei jemandem eine bestimmte Verhaltensweise hervorrufen kann. Ein Mensch kann anderen befehlen, ihn hochzuheben und zu tragen, während ein anderer das Gleiche erreicht, indem er in Ohnmacht fällt. Beide bestimmen, was in ihrer sozialen Umwelt geschieht, indem sie Taktiken der Macht einsetzen. Vielen Menschen scheint Macht wichtiger zu sein als alles andere. Der Alkoholiker, der zum Händler sagt, ›wenn du mich draußen haben willst, schmeiß mich raus‹, mag Schmerz und Demütigung erleiden, aber er bestimmt den Ausgang der Interaktion.«[33]

Fragt sich nur, was ein dermaßen schwammiger Begriff von »Macht« eigentlich begreiflich machen kann. Den Alkoholiker, der sich rausschmeißen lässt, mit Jesus zu vergleichen, der die linke Backe hinhält, mag angehen; aber was hat ein in dieser Weise

»mächtiger« Jesus mit einem Hitler oder einem Mussolini gemein? Mit der gleichen müßigen Logik könnte Haley auch Franz von Assisi mit Michael Jackson oder den Apostel Paulus mit Boris Becker vergleichen – eine Reihe von frappanten Parallelen werden sich allemal finden lassen, und trotzdem hat das eine Phänomen mit dem anderen ganz und gar nichts zu tun.

Der ägyptische Freund

Wilhelm Michaelis, dem Kenner und Herausgeber der apokryphen Schriften zum Neuen Testament, ist aufgefallen, dass »für moderne Fälschungen, die das Leben Jesu und sein Evangelium zum Gegenstand haben, oftmals gerade die Form des Briefes gewählt worden ist«.[34] Beliebt sind etwa »Briefe vom Himmel«, die an verschiedenen Orten in Europa und Asien aufgetaucht sind und in rund zwanzig verschiedenen europäischen und orientalischen Sprachen geschrieben sind.[35]

Wenn man die in der Vorgeschichte des Matthäus berichtete Episode von der Flucht nach Ägypten nicht als das nimmt, was sie ist – nämlich eine in eine bestimmte literarische Form gekleidete Glaubensaussage über Jesus und seine Berufung –, dann muss man annehmen, dass sich Jesus als Kleinkind im Land am Nil aufgehalten hat. Was liegt dann näher, als sich auszumalen, dass er dann bestimmt auch einen Jugendfreund gehabt hat, mit dem er im Sand und anderswo spielte. Was aus Jesus geworden ist, weiß man; was aber kann aus dem kleinen Ägypter – geben wir ihm den Namen Benan – geworden sein? Sicherlich ein Mediziner. Und warum sollte dieser ägyptische Arzt namens Benan, der ein Jugendfreund Jesu und somit ein wichtiger Zeitzeuge für eine Epoche in Jesu Leben war, über die man sowieso nichts Genaues weiß, später nicht einmal auch einen Brief geschrieben haben, in dem er seine Memoiren zu Papier gebracht hat? Fehlt nur noch der Text zu der guten Idee – doch seit 1910 gibt es ihn: Der so genannte »Benanbrief« – eine, wie Josef Blinzler formuliert hat, »dreiste Leben-Jesu-Fälschung«[36] – ist auf dem Mist eines Herrn namens Ernst Edler von der Planitz gewachsen.

Was steht in diesem Brief? Der alt gewordene Benan teilt mit, was er über seinen leider viel zu früh verstorbenen Jugendfreund weiß: Auch in Ägypten hatte man seinerzeit Augen im Kopf, als der Stern von Bethlehem aufging. Ägyptische Priester hätten dafür gesorgt, dass der junge Jesus ein gediegenes Medizinstudium absolvieren und ein tüchtiger Arzt werden konnte. Dann sei Jesus in seine Heimat gekommen, wo er nach nur dreijährigem Wirken verurteilt und hingerichtet wurde. Die Kollegen in Ägypten haben ihn allerdings nicht vergessen, sondern ganz im Gegenteil: Jesu ägyptische Freunde waren die Ersten, die zu seinem Grab gepilgert sind und die ersten Zeugen der Auferstehung wurden.[37]

Angesichts dessen, was wir gewöhnt sind, wenn Jesusfälscher einmal begonnen haben, richtig loszulegen, können wir nicht umhin, dem Benanbrief das Prädikat »besonders harmlos« zu verleihen. Der Brief, den Carl Schmidt 1921 nach allen Regeln der Kunst als Fälschung entlarvt hat[38], steht im Grunde in der Tradition der rationalistischen Wunderinterpretationen des 19. Jahrhunderts als »ein weiterer Versuch, die Heilungswunder naturwissenschaftlich zu erklären«[39] Denken wir nur, was ein John M. Allegro oder eine Barbara Thiering aus dem gleichen Sujet gemacht hätten!

Die Story über die Entdeckung des Briefes, die der preußische Edle seiner sonst ziemlich fantasielosen Fälschung mit auf den Weg gab, ist denn auch weit schöner als der banale Schrieb selbst. Eine Papyrus-Rolle aus dem 5. Jahrhundert soll es gewesen sein, die Herr von der Planitz 1879 von einem Baron von Rabenau geerbt haben will, welcher sie seinerseits 1860 in Ägypten käuflich erworben hätte. Auf der Papyrus-Rolle zu lesen: die koptische Übersetzung des im Jahr 83 n. Chr. in griechischer Sprache geschriebenen Briefes. Absender: ein ägyptischer Doktor namens Benan. Empfänger: ein Herr Straton aus Rhodos.[40]

Und was ist mit Jesus selber? Hat er nicht vielleicht auch einmal einen Brief geschrieben? Da im Neuen Testament erwähnt wird, dass er »mit dem Finger auf die Erde« geschrieben hat[41], wissen wir, dass Jesus kein Analphabet war. Gibt es womöglich irgendeine Korrespondenz von seiner Hand?

Jesus als Briefschreiber

Das Büchlein hat einen fast barock anmutenden Titel: *Ein durch die Geschichtsforschung des Altertums (Eusebius) bekannt gewordenes heilsgeschichtliches Dokument aus der letzten Erdenlebenszeit Jesu, das nicht in den Kanon der Heiligen Schrift (Bibel) aufgenommen und 1845/46 an Jakob Lorber neu geoffenbart wurde: Briefwechsel zwischen Abgarus Ukkama, Fürst von Edessa, und Jesus von Nazareth*[42].

Fürst Abgarus Ukkama eröffnet die Korrespondenz. Er ist erkrankt und hat vom Wundertäter Jesus gehört – und weil er davon überzeugt ist, dass Jesus Gott oder Gottes Sohn ist, bittet er ihn, nach Edessa zu kommen und ihn gesund zu machen.

»Abgarus, Fürst in Edessa, Jesu dem guten Heilande, der in dem Lande um Jerusalem erschienen ist, alles Heil! Ich habe von Dir gehört und von Deinen Gesundmachungen, wie Du sie ohne Arzneimittel und Kräuter verrichtest. Denn die Rede geht, dass Du die Blinden sehen machst, die Lahmen gehen, dass Du die Aussätzigen reinigst und die unreinen Geister austreibst und diejenigen heilst, die mit langwierigen Krankheiten kämpfen, und endlich sogar die Toten auferweckst.

Nachdem ich alle diese Dinge von Dir gehört habe, so habe ich demnach bei mir selbst geschlossen, eines von beiden müsse wahr sein: entweder Du seiest Gott, vom Himmel herabgekommen – oder Du, der diese Dinge tut, seiest doch zum wenigsten ein Sohn des großen Gottes! Ich ersuche dich daher durch dieses Schreiben, dich zu mir zu bemühen, um die Krankheit, die ich habe, zu heilen! Ich habe auch gehört, dass die Juden wider dich murren und Dir Böses zufügen wollen. – Ich aber habe eine zwar kleine, aber wohl geordnete Stadt, welche für uns beide hinreichend sein wird. Daher komme Du, mein überaus hoch geachtetster Freund Jesus, zu mir und bleibe bei mir in meiner Stadt und in meinem Lande! Da sollst Du von jedermann auf Händen und im Herzen getragen sein. – Ich erwarte Dich mit der größten Sehnsucht meines Herzens!«[43]

Jesus antwortet mit einer Seligpreisung des Fürsten und verspricht, dass er nach seiner Himmelfahrt einen Jünger zu ihm senden werde, der ihn von seinem Leiden heilen werde.

»Abgarus, du bist selig, weil du Mich nicht gesehen und doch geglaubt hast! Denn siehe, es steht von Mir geschrieben, dass die, welche Mich gesehen haben, nicht an Mich glauben werden, auf dass die, welche Mich nicht gesehen haben, glauben und leben mögen in Ewigkeit! Was aber das betrifft, darum du Mir schriebst, dass Ich solle zu dir kommen, da Ich im Judenlande verfolgt werde, da sage Ich dir: Es ist nötig, dass alles das, um dessentwillen Ich gekommen bin in die Welt, an diesem Orte an Mir erfüllt werde, und dass Ich, nachdem dieses alles in der Kürze an Mir erfüllt sein wird, zu Dem aufsteigen werde, von dem Ich ausgegangen bin von Ewigkeit. Sei aber geduldig in deiner leichten Krankheit! So Ich in den Himmel werde aufgenommen sein, da werde Ich einen Jünger zu dir senden, damit er deine Krankheit heile und dir und allen, die bei dir sind, die wahre Gesundheit gebe!«[44]

Wer war Jakob Lorber?

Für Sektenkundler und Religionspsychopathologen ist Jakob Lorber (1800–1864) kein Unbekannter. Der Mann, der sich als »Gottes Schreibknecht« vorkam, hat in der Mitte des 19. Jahrhunderts in Graz eine Unmenge von religiöser Literatur produziert, die er und seine Anhänger für göttliche Eingebungen hielten.

Nun haben bekanntlich schon viele Personen und Gruppen innerhalb und außerhalb der christlichen Kirchen im Lauf der

Geschichte den Anspruch erhoben, göttliche Offenbarungen zu besitzen – Glaubenswahrheiten, die über das in den heiligen Schriften der Bibel Offenbarte hinausgehen. Von den apokryphen gnostischen Schriften der ersten Jahrhunderte angefangen, bis zu den Manichäern, von den Katharern des Mittelalters bis zu den vielen Gruppierungen der Neuzeit und neuesten Zeit gab und gibt es immer wieder Menschen, die gewissermaßen einen direkten Draht zu Gott zu besitzen meinen. Insofern ist ein Mann wie Jakob Lorber durchaus nichts Ungewöhnliches in der Geschichte – und auch seine angebliche Neuoffenbarung ist für Kenner der Materie in keiner Weise ein originelles oder einzigartiges Phänomen. Aber während viele andere sektiererische Gruppierungen religiöser Enthusiasten längst nur mehr ein Fall für die Religionsgeschichte sind, hat die obskure Gedankenwelt des »Neuoffenbarers« auch heute noch ihre Anhänger.

Die »Lorber-Gesellschaft«, die in der Zwischenkriegszeit »Neu-Salems-Gesellschaft« hieß und während des Dritten Reiches verboten war, ist heute nach der Wiedergründung im Jahr 1949 in Österreich, Frankreich, Brasilien, Deutschland und in der Schweiz vertreten. In Bietigheim-Bissingen bei Stuttgart existiert ein eigener Verlag, der die Schriften der »Neuoffenbarung durch Jakob Lorber« als eine »christliche Prophetie für unsere Zeit« verbreitet.

Der »Schreibknecht Gottes«

In seinem 40. Lebensjahr – der Musiker Lorber hatte eben eine Stelle als Korrepetitor an der Oper in Triest angeboten bekommen – passierte etwas, was sein Leben nachhaltig verändern sollte. Eines schönen Morgens glaubte er eine Stimme zu hören, die zu ihm sagte: »Steh auf, nimm deinen Griffel und schreibe!« Und Jakob Lorber begann zu schreiben.

»So spricht der Herr für jedermann, und das ist wahr und getreu und gewiss: Wer mit Mir reden will, der komme zu Mir, und

Ich werde ihm die Antwort in sein Herz legen. Jedoch die Reinen nur, deren Herz voll Demut ist, sollen den Ton Meiner Stimme vernehmen.

Und wer Mich aller Welt vorzieht, Mich liebt wie eine zarte Braut ihren Bräutigam, mit dem will Ich Arm in Arm wandeln. Er wird mich allezeit schauen wie ein Bruder den anderen Bruder, und wie Ich ihn schaute schon von Ewigkeit her, ehe er noch war.[45]

Mit der Niederschrift dieser ersten, den Stil der Bibel nachahmenden Passage begann Lorbers Karriere als »Gottes Schreibknecht«. In den 24 Jahren bis zu seinem Tod schrieb er seine 25 Bände umfassenden gesammelten Werke: *Die Haushaltung Gottes, Pathiel, Der Mond, Der Saturn, Die Fliege, Der Großglockner, Die natürliche Sonne, Die geistige Sonne, Schrifttexterklärungen, Die Jugend Jesu, Der Laodizenerbrief des Apostels Paulus, Der Briefwechsel Jesu mit König Abgarus, Die Erde, Jenseits der Schwelle, Bischof Martin, Von der Hölle bis zum Himmel, Die drei Tage im Tempel* und schließlich das zehnbändige *Große Evangelium Johannis*.[46]

Die so genannte Abgar-Legende

Den *Briefwechsel zwischen Abgarus Ukkama, Fürst von Edessa, und Jesus von Nazareth* brachte Lorber in den Jahren 1845 und 1846 zu Papier. Die Legende von einem Briefwechsel zwischen Jesus und einem Fürst namens Abgar ist freilich schon ein alter Hut. Bei dieser Korrespondenz, in der es unter anderem um das angebliche Originalbild Christi in Edessa geht, handelt es sich, wie die wissenschaftliche Forschung längst zweifelsfrei erhärtet hat, keineswegs um einen authentischen Briefwechsel zwischen Jesus und einem Fürsten von Edessa. Vielmehr ist der Text eine Dichtung aus dem 4. Jahrhundert, die ein ehrgeiziger Bischof verfassen ließ – und zwar gar nicht einmal aus erbaulichen Gründen, sondern einzig aus einem machtpolitischen Interesse heraus.[47]

Zweck der Fälschung war es, ein Dokument in Händen zu halten, das beweisen konnte, dass in Edessa bereits zu apostolischer Zeit eine Kirchengemeinde existiert habe. Der Kirchenvater Eusebius, dem man das angebliche Originalmanuskript der Briefe zuspielte, ist darauf hereingefallen. Aber andere – wie z. B. Augustinus oder Hieronymus – ließen sich nicht für dumm verkaufen. Nichtsdestotrotz wurde die Legende dann noch weiter ausgebaut und als *Doctrina Addaei (Lehre des Apostels Addäus)*[48] weiter verbreitet. In dieser Form war die spätantike Legende auch Jakob Lorber bekannt, der sie, um ein paar Briefe erweitert, als »Neuoffenbarung« niederschrieb. Mit anderen Worten: Es handelt sich um eine poetische Weiterdichtung der spätantiken Legende durch Jakob Lorber.

Eine poetische Weiterdichtung

Es gibt eine Reihe von Gründen, die erweisen, dass die Geschichte mit dem Briefwechsel nicht stimmen kann. Hier soll einer aufgezeigt werden, für den keine historischen oder theologischen Spezialkenntnisse vonnöten sind, sondern der jedem einleuchtet, der im Stande ist, seinen gesunden Hausverstand zu gebrauchen.

Im zweiten der Briefe, die Jesus an Abgar schickt, heißt es: »Darum betrübe dich nicht, da du nun weißt, wer Der ist, der dir nun solches veroffenbart hat! Schweige jedoch davon, bis dahin, da Ich werde am Pfahl erhöht werden von den Juden, davon dir sobald Kunde wird, als es geschehen wird.«[49]

Mit anderen Worten: Jesus prophezeit hier dem König Abgar seinen Kreuzestod. Im siebenten Brief des Abgar an Jesus teilt der legendäre Fürst von Edessa Jesus aber dann mit, dass er in Jerusalem Spione hat, die herausgefunden hätten, dass die Juden beabsichtigen, Jesus zu kreuzigen: »Diese meine Beobachter haben mir genau berichtet, was diese stolzen, übermütigen Priester und Pharisäer mit dir vorhaben. Sie wollen dich nicht nur nach ihrer Art steinigen oder verbrennen; nein, das ist ihnen viel zu wenig, sondern sie wollen an dir ein Exempel der allerunmenschlichsten Grausamkeit statuieren! – Höre, o Herr! Diese Bestien in Menschengestalt wollen dich ans Kreuz mit scharfen Nägeln heften lassen und dich so lange daran hängen lassen, bis du langsam vor den ungeheuerlichsten Schmerzen stürbest am Schandpfahle!«[50]

Ganz abgesehen von all den anderen Unstimmigkeiten, von denen dieses stümperhaft zusammengeschusterte Stück trivialster Erbauungsliteratur nur so strotzt, stellt sich die simple Frage: Was ist von einem Briefschreiber zu halten, der seinem Briefpartner etwas als große Neuigkeit mitteilt, was ihm dieser schon längst *selbst* mitgeteilt hat?

Für die Anhänger von Jakob Lorber sind seine oft reichlich obskur anmutenden Lehren[51] als Offenbarungen mindestens so ernst zu nehmen wie die Offenbarungen der Heiligen Schrift. Entsprechend den Abschiedsreden Jesu im Johannesevangelium, wo Jesus den Geist als Beistand und Lehrer verheißt, der die Gläubigen »in die ganze Wahrheit führen« wird[52], erscheinen sie ihnen als »Neuoffenbarung« – als zusätzliche Offenbarung zu der Offenbarung, die in den biblischen Schriften vorliegt. Auch in unserer Zeit fehlt es nicht an so genannten Propheten und vor allem an Prophetinnen.[53]

Der Jesus der Gabriele Wittek

Die großen kosmischen Lehren des Jesus von Nazareth an Seine Apostel und Jünger, die es fassen konnten, mit Erläuterungen von Gabriele in der großen Lehrkirche des Geistes Gottes ist der Titel einer Schrift, herausgegeben vom »Universellen Leben« in Würzburg. Mittelpunkt dieser esoterischen Gruppierung, die sich früher als »Heimholungswerk Jesu Christi« bezeichnet hat, ist Gabriele Wittek. Die 1933 in Augsburg geborene Dame begann im Alter von 41 Jahren, die ihr zuteil gewordenen Offenbarungen zu veröffentlichen.

Eine der »großen kosmischen Lehren des Jesus von Nazareth«,

die er seiner Prophetin am Silvester des Jahres 1991 zuteil werden
ließ, lautet folgendermaßen: »Ihr lebt in einer herrlichen Zeit. Es
ist die höchste kosmische Zeit; denn der Geist des Lebens, Gott in
Mir und Ich in Ihm, gießt das Höchste aus: das Absolute Gesetz.
O sehet: Es ist eine Zeit für die Menschen, die nie wieder kommen
wird. Das Absolute Gesetz, gegeben und gelehrt aus der unmittelbaren Quelle, Gott, zeigt euch euer wahres Sein auf, euer geis-
tiges Erbe, auf dass ihr ganz allmählich wisst und erkennt, dass
ihr wahrlich Kinder des Allerhöchsten seid. Erkennet darin, dass
das Absolute Gesetz, gegeben in allen Details, schon das Ende
der materialistischen Zeit symbolisiert. Denn absolut ist nun mal
absolut. Darüber hinaus gibt es nichts mehr.«[54]

Von Anfang an war es für die Glaubensgemeinschaft der Christen selbstverständlich, dass der vorösterliche Jesus derselbe ist wie
der erhöhte Herr. Die Frauen und Männer, die ihn als Auferstandenen erfahren, erkennen ihn gerade an jenen Wundmalen wieder,
die ihm in einem ganz bestimmten historischen Moment aus ganz
bestimmten religionspolitischen Gründen zugefügt worden sind[55],
und auch der Hebräerbrief legt Wert auf die Feststellung: »Jesus
Christus ist derselbe gestern, heute und in Ewigkeit.«[56]

Bei Gabriele Wittek und ihrem »Universellen Leben« meldet
sich allerdings ein »Christus-Gottesgeist« zu Wort, der in deutlicher Distanz zum historischen Mann aus Nazareth steht. »Mein
Weg als Jesus von Nazareth war ein rein mystischer Weg. Dieser
Lebensweg, den Ich allen Menschen und Seelen vorausging, ist
der unmittelbare und vollkommene Weg nach Innen. Ich sprach:
›Folget Mir nach!‹ Deshalb muss jede Seele diesen Inneren Weg
erkennen und ihn auch beschreiten. Wohl der Seele, die schon
im Erdenkleid – in dem von Zeit und Raum begrenzten Leben
– diesen Läuterungspfad beschreitet und weitgehend vollendet!
Es gibt nur einen Weg zu Gott, unserem ewigen Vater, den Weg
nach Innen.«[57]

Der Jesus der Gabriele Wittek hat das Bedürfnis, die im Evangelium niedergelegte Botschaft pausenlos zu korrigieren und zu

ergänzen. Das vom »Universellen Leben« verbreitete »mächtige Offenbarungswerk Christi« hat den Titel: *Das ist Mein Wort. Alpha und Omega. Das Evangelium Jesu. Die Christus-Offenbarung, welche die Welt nicht kennt* und den Untertitel: *Christus, der Sohn Gottes, der Mitregent der Himmel, der Erlöser aller Menschen und Seelen, der Erbauer und Herrscher des Reiches Gottes auf Erden, offenbart sich über Sein Leben, Denken und Wirken als Jesus von Nazareth.*

Der Werbetext zum 1114 Seiten dicken Sammelband verspricht, dass diese »in der Welt einzigartige« Offenbarung »weit über den Inhalt der Bibel hinaus« gehe und »authentisch das Leben, Denken und Wirken des Jesus von Nazareth« enthalte: »Aus dem Inhalt: Eine Fülle bisher unbekannter Aspekte aus dem Leben Jesu – Die Bergpredigt, von Christus jetzt weiter ausgelegt und vertieft – Grundlegendes über das Leben nach dem Tod – Das Gesetz von Saat und Ernte als Hilfe zur täglichen Selbsterkenntnis – Es gibt keine ewige Verdammnis – Die Voraussetzungen für eine Heilung aus dem Geiste Gottes – Wer sind die reißenden Wölfe im Schafspelz? – Hinweise auf Missbrauch des Namens Christi für unchristliche Zwecke – Das Friedensreich Jesu Christi entsteht durch die Menschen, die Gottes Willen tun – u. v. m.«[58]

Dem Buch ist ein »Vorwort von Bruder Emanuel, dem Cherub der göttlichen Weisheit« (S. 39–46) und ein »Zeugnis« von Alfred Schulte (S. 47–52) vorangestellt. Außerdem enthält es eine Einleitung mit dem Titel »Ich Bin« (S. 53–54), die mit folgenden Worten beginnt: »Meine Reden als Jesus von Nazareth waren nicht das Gesäusel der Pharisäer und Schriftgelehrten, die dem Volk zu Munde sprachen, um Anerkennung, Lob und Lohn zu erhalten. Meine Reden als Jesus von Nazareth waren klar und eindeutig – so, wie auch Meine Reden als Christus durch Mein Instrument, durch Meine Prophetin, den Strahl der göttlichen Weisheit, fließen.«[59]

Die stereotype Formel, mit welcher der durch die »Prophetin und Botschafterin Gottes« Gabriele Wittek sprechende Jesus seine umfangreichen Anmerkungen zum Evangelium einleitet, lautet: »Ich, Christus, erkläre, berichtige und vertiefe das Wort ...«[60]

Freilich ist das Evangelium, das hier erklärt, berichtigt und vertieft wird, nicht das Matthäus-, Markus-, Lukas- oder Johannesevangelium, sondern das von Gideon J. R. Ouseley (1835–1906) verfasste *Evangelium Jesu.* Ihm sind wir schon im Zusammenhang mit dem Vegetarier-Jesus begegnet. In den Würzburger Offenbarungen ist der komplette Text des Ouseley-Evangeliums Abschnitt für Abschnitt abgedruckt, jeweils unterbrochen durch die Korrekturen und vertiefenden Erklärungen, die Jesus nunmehr seine Prophetin Gabriele wissen ließ.

Versuchen wir einen Moment lang anzunehmen, es wäre tatsächlich im Sinne Jesu, seine Anhänger nach zweitausend Jahren über das, was er damals in Galiläa sagte und tat, eines Besseren zu belehren – dann muss es erlaubt sein zu fragen, weshalb dieser Jesus dann seine neuen Einsichten nicht gleich Herrn Ouseley in die Feder diktiert hat, sondern diesen wackeren Mann erst einmal Dinge zu Papier bringen ließ, die er nun – nur ein paar Jahrzehnte später – über den Würzburger Umweg schon wieder zurechtzurücken Ursache hatte.

Jesus in der Arche Noah

Zu den eher kuriosen Dingen die in dieser *Christus-Offenbarung, welche die Welt nicht kennt* erläutert werden, gehört die Offenbarung, dass neben der Krippe in einer »Felsenhöhle« bei Bethlehem auch eine Katze mit ihren Jungen lag und sich außer einem Ochs und Esel auch noch ein Pferd, ein Schaf und Tauben rund um den neugeborenen Jesus befanden. Mit anderen Worten: Im Ouseley-Evangelium tummelt sich gleich eine ganze Arche Noah um das neugeborene Jesuskind: »Und es waren in der Höhle ein Ochse, ein Pferd, ein Esel und ein Schaf, und neben der Krippe lag eine Katze mit ihren Jungen; und es waren auch Tauben über ihnen, und jedes Tier hatte seinen Gefährten, ein Männchen oder Weibchen. Solches geschah, dass Er geboren wurde inmitten der Tiere.

Denn Er kam, um auch sie von ihren Leiden zu befreien. Er war gekommen, die Menschen von ihrer Unwissenheit und Selbstsucht frei zu machen und ihnen zu offenbaren, sie seien Söhne und Töchter Gottes.«[61]

Es gibt aber auch weniger kuriose Dinge. Zum Beispiel scheint jener Würzburger Jesus vom Dialog zwischen Christen und Juden, der nicht zuletzt auch in der berühmten Erklärung des Zweiten Vatikanischen Konzils über das Verhältnis der Kirche zu den nicht christlichen Religionen mündete, noch nichts gehört zu haben.

Ein esoterischer Jesus bezichtigt die Juden

Im Dokument *Nostra aetate*, das am 28. Oktober 1965 verabschiedet und feierlich verkündet worden ist, heißt es klipp und klar: »Obgleich die jüdischen Obrigkeiten mit ihren Anhängern auf den Tod Christi gedrungen haben, kann man dennoch die Ereignisse seines Leidens weder allen damals lebenden Juden ohne Unterschied noch den heutigen Juden zur Last legen. Gewiss ist die Kirche das neue Volk Gottes, trotzdem darf man die Juden nicht als von Gott verworfen oder verflucht darstellen, als wäre dies aus der Heiligen Schrift zu folgern. Darum sollen alle dafür Sorge tragen, dass niemand in der Katechese oder bei der Predigt des Gotteswortes etwas lehre, das mit der evangelischen Wahrheit und dem Geiste Christi nicht in Einklang steht. Im Bewusstsein des Erbes, das sie mit den Juden gemeinsam hat, beklagt die Kirche, die alle Verfolgungen gegen irgendwelche Menschen verwirft, nicht aus politischen Gründen, sondern aus Antrieb der religiösen Liebe des Evangeliums alle Hassausbrüche, Verfolgungen und Manifestationen des Antisemitismus, die sich zu irgendeiner Zeit und von irgendjemandem gegen die Juden gerichtet haben.«[62]

Der nur mehr nach »Innen« blickende Jesus der Gabriele Wittek indes scheint vergessen zu haben, dass er selber Jude war und in seiner letzten Stunde für die, die ihn ans Kreuz schlugen, gebetet hat: »Vater, vergib ihnen, denn sie wissen nicht, was sie tun.«[63] Vielmehr erklärt uns dieser esoterisch-neognostische »Christus-Gottesgeist« mehr oder weniger unumwunden, dass die Juden daran schuld sind, dass er so viel leiden musste.

»Wäre das Geschlecht David nicht in der Sünde verblieben, so hätte Ich wohl den Erlöserfunken allen Seelen und Menschen gebracht; jedoch die Leiden und den physischen Tod am Kreuz hätte Ich dann nicht erdulden müssen. So litt Ich für die Söhne und Töchter der Menschen, weil sie nicht bewusst Söhne und Töchter Gottes wurden, indem sie Gottes Willen erfüllten. Hätte das Geschlecht David zu Mir gestanden, so hätte das ganze Geschehen einen anderen Verlauf genommen. Und hätte das gesamte jüdische Volk – einschließlich seiner Schriftgelehrten und Pharisäer – den Sohn Gottes an- und aufgenommen, indem sie das Gesetz Gottes erfüllt hätten, dann wäre die Teilkraft in der Urkraft geblieben. Denn wer das ewige Gesetz erfüllt, bedarf keiner Stütze.«[64]

Mit anderen Worten: Auch in dieser »Neuoffenbarung« von einem Jesus, der den »Weg nach Innen« predigt, haust einmal mehr der Geist des Antisemitismus als heimlicher Untermieter. Und wenn dieser neuoffenbarende Jesus immer wieder gegen die Kirche und gegen »so genannte christliche Konfessionen« polemisiert, so hat er doch auf der anderen Seite nicht die geringsten Hemmungen, für ein ganz bestimmtes Kursprogramm Reklame zu machen.

»Ein großes Geschenk aus den höchsten Himmeln ist die von Mir erweckte christliche Mysterienschule für all jene, die den Läuterungspfad beschreiten wollen. In dieser Schule des Geistes wird dem Schüler, gemäß seinem Bewusstseinsstand, der individuelle Pfad nach Innen gelehrt. Bevor der Willige diesen individuellen Weg beschreiten kann, sind zwei aufbereitende Meditationskurse zu absolvieren ...«[65]

Aus Jesus kann man alles machen – einen Arier und einen Vegetarier, warum nicht auch ein Mitglied der verborgenen »Großen Weißen Bruderschaft«, wie Helene Petrowna Blavatzky (1831–1891), die Gründerin der »Theosophischen Gesellschaft«, gemeint hat?[66] Der deutsche Ableger ihrer Gesellschaft hatte übrigens in Würzburg seinen Sitz, und sein Sekretär wurde niemand Geringerer als Rudolf Steiner (1861–1925), später als Begründer der Anthroposophie hervorgetreten.

Wir haben gesehen, wo Jesus schon überall war: in Rom und in Frankreich, in Indien und in Japan. Würde es nicht auch ganz gut zu ihm passen, wenn er auch in Amerika gewesen wäre?

Für die Mormonen ist klar, dass Jesus auch den von der abendländischen Welt offiziell erst 1492 entdeckten amerikanischen Kontinent nicht unbeachtet ließ. Die auf Joseph Smith (1805–1844) zurückgehende »Kirche Jesu Christi der Heiligen der Letzten Tage« ist davon überzeugt, dass Jesus den in Nordamerika sesshaften Abkömmlingen der versprengten Stämme Israels gleich mehrfach Besuch abstattete. In den Kapiteln 11–26 der im *Buch Mormon* enthaltenen Schrift »3. Nephi« wird berichtet: »Jesus Christus zeigte sich dem Volke Nephi, als die Menge im Lande des Überflusses versammelt war, und belehrte sie, und auf diese Weise zeigte er sich ihnen.«[67]

Amerika, du hast es besser – kann man da nur sagen. Denn während die anderen Völker der Erde oft jahrhundertelang darauf warten mussten, bis irgendwelche Nachfolger der Apostel zu ihnen kamen und, die ihnen fremde Sprache radebrechend, von der Frohen Botschaft Jesu Kunde brachten, besorgt der Herr und Meister die Evangelisierungsarbeit in der Neuen Welt höchstpersönlich. In 3. Nephi 11,8–14 lesen wir zum Beispiel: »Und als sie verstanden, erhoben sie ihre Augen wieder gen Himmel; und sehet, sie sahen einen Mann vom Himmel herniedersteigen, der war mit einem weißen Kleide angetan. Er kam herab und stand mitten unter ihnen; und die Augen des ganzen Volkes waren auf ihn gerichtet, und sie wagten nicht, ihren Mund aufzutun und miteinander zu reden, und verstanden nicht, was es bedeutete, denn sie dachten, dass ihnen ein Engel erscheine.

Und er streckte seine Hand aus und sagte zum Volk: Sehet, ich bin Jesus Christus, von dem die Propheten bezeugten, dass er in die Welt kommen werde. Und sehet, ich bin das Licht und das Leben in der Welt, und ich habe aus dem bitten Kelch getrunken, den mir der Vater gegeben hat, und ich habe den Vater verherrlicht, indem ich die Sünden der Welt auf mich nahm, worin ich mich dem Willen des Vaters in allen Dingen von Anbeginn unterwarf.

Nachdem Jesus diese Worte gesprochen, fiel alles Volk zur Erde nieder; denn sie erinnerten sich, dass ihnen prophezeit worden war, Christus werde sich ihnen nach seiner Himmelfahrt zeigen.

Und der Herr redete zu ihnen und sprach: Steht auf und kommt zu mir und legt eure Hände in meine Seite und fühlt die Nägelmale an meinen Händen und Füßen und wisst, dass ich der Gott Israels und der Gott der ganzen Erde bin und für die Sünden der Welt getötet wurde.«[68]

Für seine Freunde in Amerika macht Jesus auch sonst manche Ausnahmen. Er setzt Sakramente ein, wiederholt die Bergpredigt, beruft zwölf Jünger, lehrt das Vaterunser, heilt Kranke, segnet Kinder und setzt das Abendmahl noch einmal ein, um schließlich wieder gen Himmel zu fahren – aber bei Bedarf von dort wieder zurückzukehren, zum Beispiel um den Heiligen Geist zu bringen und eine wunderbare Brotvermehrung vorzunehmen, bei der neben den Broten nicht etwa wie im Evangelium auch Fisch, sondern – wie 3. Nephi 20,7 ausdrücklich festhält – *Wein* mitvermehrt wird. Amerika, du hast es offensichtlich wirklich besser!

Angesichts der schier atemberaubenden Entdeckungen, die wir machen können, wenn wir die Enthüllungen der Jesus-Fälscher Revue passieren lassen, wundert uns rein gar nichts mehr. Auch nicht, wenn wir erfahren, dass Jesus als Außerplanetarier zu uns kam.

»Die Hypothese eines ›Marsmenschen‹ Jesus vertreten keineswegs nur Wahnsinnige edle Visionäre«, berichtet der italienische Journalist Vittorio Messori in seinem 1976 unter dem Titel *Ipotesi su Gesù* in Turin erschienenen Jesus-Buch, »sie wird z. B. auch von Professor Wjatscheslaw Saitsew von der Akademie der Wissenschaften in Minsk (UdSSR) geteilt. Sie wird mit großer Überzeugungskraft in zahlreichen antichristlichen Pamphleten der Volksrepublik China dargelegt. Sie wird mit besonderer Hartnäckigkeit von Gruppen in Südamerika propagiert, wo man behauptet, dass die frühkolumbianische Gottheit Quetzal Coatl (›Die Schlange mit den grünen Federn‹) mit demselben Raumschiff gelandet sei, mit dem auch Jesus gekommen wäre.«[69]

Messoris Kommentar: »Das alles sind Hypothesen an der Grenze des Irrsinns, die jedoch aus der ehrlichen Feststellung entstehen, dass die Evangelien und ihr Protagonist Jesus schwierige Probleme aufgeben für jeden Erklärungsversuch, der allein auf der Hilfsquelle der historischen Forschung basiert.«[70]

Der Schweizer Eduard Albert Meier – Inspirator einer in Hinterschmidrüti angesiedelten »Freien Interessengemeinschaft für Grenz- und Geisteswissenschaften und Ufologiestudien« – ist sogar davon überzeugt, dass Jesus von noch viel weiter als vom Mars herkommt. Ihm zufolge stammt Jesus von Außerirdischen ab, die in der Sterngruppe der Plejaden im Sternbild Stier zu Hause sind.[71] Niedergeschrieben ist diese sensationelle Information in einem *Talmud Immanuel*, den Meier 1963 in Form von in Harz gegossenen Schriftrollen bei Jerusalem aufgefunden haben will. Nach dem Urteil von Joachim Finger handelt es sich bei diesem

Text, der auch *Evangelium des Judas Ischarioth* genannt wird, um eine Schrift mit »unverhüllt rassistischen und antisemitischen Aussagen«, in welcher »die weiße Rasse als auserwählt und intelligent dargestellt« wird, weil sie »von den Himmelssöhnen gezeugt« wurde, und andererseits den Juden eine jahrtausendelange Verfolgung und schließlich sogar der Holocaust nach zweitausend Jahren als Strafe dafür vorausgesagt wird, dass sie »so hartnäckig an ihrem Glauben, ihrer Besonderheit und ihrer diebischen Praxis fest halten«[72].

9. Postmodernes Glasperlenspiel
»Gut gemeint« heißt noch lange nicht »gut gemacht«

> Ich bin der gleichen Meinung wie Schopenhauer:
> Warum immer nach den neuesten Büchern greifen,
> wo man doch auch die guten lesen kann!
> FRIEDRICH DÜRRENMATT (1921–1990)

Seinerzeit war an den Wänden vieler Studentenwohnungen ein Poster mit seinem Bild zu sehen. Obwohl er weder politisch noch militärisch sonderlich erfolgreich war, wurde er nach seinem Tod zum Idol: Ernesto Guevara Serna, genannt »Che« Guevara.

Jesus und Che Guevara

Der am 14. Juni 1928 geborene lateinamerikanische Sozialrevolutionär, von Beruf Arzt, beteiligte sich als Guerillaführer am Aufstand von Fidel Castro gegen den kubanischen Diktator Batista y Zaldívar und hatte nach dem Sieg der Revolution in Kuba wichtige Staatsämter inne. 1965 verließ er die Insel, um in Bolivien eine revolutionäre Bewegung aufzubauen. Che Guevara starb einen gewaltsamen Tod. Er wurde von bolivianischen Regierungstruppen gefangen genommen und am 9. Oktober 1967 ohne Gerichtsurteil erschossen.

»Sacrificio – Wer verriet Che Guevara?« ist der Titel einer knapp sechzigminütigen TV-Dokumentation, die zwei junge Schweden – Erik Gandini und Tarik Saleh – produziert haben. In diesem Film meldete sich zum ersten Mal Ciro Bustos zu Wort – jener Mann, von dem es heißt, dass er Che Guevara verraten hat; das heißt, dass er es war, der den bolivianischen Militärs den entscheidenden Hinweis gab, als Che Guevara zusammen mit mehr als einem Dutzend Guerilleros im September 1967 im Dschungel Boliviens festgenommen wurde.

Über Che Guevara gibt es Bücher, Bild- und Tondokumente in Hülle und Fülle. Wie kann es sein, dass diese Fernsehdokumentation so großes Aufsehen erregte, als sie bei der »Input« in Kapstadt gezeigt wurde – einer alljährlich stattfindenden Konferenz, an der mehr als tausend Filmemacher, Fernsehredakteure und Programmverantwortliche aus rund vierzig Ländern – vor allem aus den Hochburgen des öffentlich-rechtlichen Fernsehens in Europa und Nordamerika – teilnehmen, um fünf Tage lang eine repräsentative Auswahl der international besten TV-Programme zu sehen und auszutauschen.

Was hat die beiden jungen Filmemacher aus Stockholm so sehr fasziniert, dass sie jahrelang recherchierten, Zeugen in drei Kontinenten befragten und eine Internet-Seite mit Originaldokumenten veröffentlicht haben? Auf diese Frage gab der Journalist Kraft Wetzel in einem für die Hamburger Wochenzeitung *Die Zeit* verfassten Bericht die folgende Antwort: »Wer einen Judas braucht, will einen Christus installieren. Ohne Judas wäre die Geschichte Jesu nur halb so attraktiv. Sie wäre auch die Geschichte eines politischen Selbstmörders. Dass dieser Wunderheiler und Prediger aus der Provinz keine Chance hatte, wie er da auf einem Esel nach Jerusalem einritt, mitten in die Machtzentrale seiner Gegner, war von Anfang an klar.«[1]

Die Parallele zwischen Jesus und Che Guevara sieht Kraft Wetzel darin, dass Fidel Castro den am 9. Oktober 1967 von einem bolivianischen Sergeanten im Auftrag eines CIA-Agenten erschossenen »Che« ganz bewusst zu einem Märtyrer stilisierte. »Kein Christus ohne Judas: Fidel Castro wusste Bescheid«, sagt der Autor. Che Guevara und seine Mitkämpfer seien damals mehr oder weniger sinnlos durch den Dschungel geirrt, ohne den geringsten revolutionären Nutzen. »Mit Jesus unterlegt«, sagt Kraft Wetzel, »funktionierte Che dennoch als Mythos. Ausgerechnet der asthmageplagte Anführer der kläglichsten Freischärlertruppe der lateinamerikanischen Revolutionsgeschichte brachte es binnen weniger Jahre zur Ikone der 68er Generation.«[2]

Die zwischen Che Guevara und Jesus gezogenen Parallelen demonstrieren, dass das, was Paulus Anfang der 50er-Jahre des 1. Jahrhunderts an die Christengemeinde von Korinth geschrieben hat, immer noch stimmt: »Die Juden fordern Zeichen, die Griechen suchen Weisheit. Wir dagegen verkündigen Christus als den Gekreuzigten: für Juden ein empörendes Ärgernis, für Heiden eine Torheit.«[3] Auch in den Augen vieler Zeitgenossen ist es einfach unvernünftig und dumm, wenn einer so weit geht, dass er sich für seine Überzeugungen umbringen lässt.

Es war unvernünftig, verrückt, eben schlicht und einfach idiotisch, sich ans Kreuz schlagen zu lassen.

Als vernünftig denkender Mensch hätte Jesus anders reagieren müssen. Er hätte erkannt, dass er mit den von ihm vertretenen Ideen keine Chance hatte gegen die Mächtigen – gegen die, die in Gesellschaft und Politik das Sagen hatten. Als die Schergen der Hohen Priester mit Schlagstöcken und Schwertern anrückten, um ihn festzunehmen, hätte er sich nicht willig abführen lassen wie ein unvernünftiges Stück Vieh, das zum Schlachter geführt wird, sondern hätte vernünftigerweise seine Bergpredigt und seine Lehre vom Reich Gottes auf der Stelle widerrufen.

Jesus hätte gesagt: »Kein Problem, Leute, regt euch doch nicht auf; das alles war doch nicht so ernst gemeint. Selbstverständlich weiß ich, dass ihr die Stärkeren seid, und ihr könnt sicher sein, dass ich nie wieder so unüberlegt und voreilig meinen Mund aufmachen werde. Es lebe der Kaiser in Rom, und es lebe Pontius Pilatus, sein Statthalter hier in Jerusalem, und die mit ihm kooperierenden Priester und Hohepriester!«

Stattdessen aber hat Jesus – wie dem Neuen Testament, der Urkunde und *Ur*-Kunde des christlichen Glaubens, zu entnehmen ist – etwas ganz anderes gesagt. Den Schergen der Tempelwache hält er vor: »Wie gegen einen Räuber seid ihr mit Schwertern und

Knüppeln ausgezogen, um mich festzunehmen. Tag für Tag saß ich im Tempel und lehrte, und ihr habt mich nicht verhaftet.«[4] Später im nächtlichen Verhör beim Hohepriester schon wieder dasselbe. Statt endlich einzulenken und einen rettenden Rückzieher zu versuchen, redet dieser Mann provozierenden Klartext: »Ich habe offen vor aller Welt gesprochen. Ich habe immer in der Synagoge und im Tempel gelehrt, wo alle Juden zusammenkommen. Nichts habe ich im Geheimen gesprochen. Warum fragst du mich? Frag doch die, die mich gehört haben, was ich zu ihnen gesagt habe; sie wissen, was ich geredet habe.«[5]

Kein Wunder, dass solches Reden nicht folgenlos bleibt. Die verbale Aggression des verhafteten Sprüchemachers erzeugt eine Gegenaggression. »Auf diese Antwort hin schlug« – wie das Johannesevangelium notiert – »einer von den Knechten, der dabeistand, Jesus ins Gesicht und sagte: Redest du so mit dem Hohenpriester? Jesus entgegnete ihm: Wenn es nicht Recht war, was ich gesagt habe, dann weise es nach; wenn es aber Recht war, warum schlägst du mich?«[6]

Die »Torheit« des Kreuzes

Es lässt sich nicht leugnen. Jesus *war* nicht vernünftig. Ganz im Gegenteil. Die Entscheidung des Nazareners, das Kreuz auf sich zu nehmen, war ausgesprochen dumm – »für Juden ein Ärgernis, für Heiden eine Torheit«, wie Paulus im Ersten Brief an die Korinther völlig richtig sagt, »für die Berufenen aber, Juden wie Griechen, Christus, Gottes Kraft und Gottes Weisheit. Denn das Törichte an Gott ist weiser als die Menschen, und das Schwache an Gott ist stärker als die Menschen.«[7] Das muss einer aber erst einmal akzeptieren, um Jesus folgen zu können – zunächst einmal im Sinne des gedanklichen Nachvollzugs, und erst recht, wenn es gilt, Jesus auch in der Gestaltung des Lebens nachzufolgen.

Der erste große Meisterdenker des Christentums hat sich keinerlei Illusionen gemacht. Er wusste, dass die Botschaft, die die Jesus-Anhänger verkünden, auf Ablehnung und Unverständnis stößt, dass diese umwertende Sicht der Dinge aber trotzdem so und nicht anders verkündigt zu werden hat, ohne Abstriche und Kompromisse.

Der Befund ist sonnenklar. Dass einer wie Jesus bereit ist, für seine Botschaft in den Tod zu gehen, und sogar bereit ist, ein so schändliches Ende wie den Verbrechertod am Kreuz freiwillig auf sich zu nehmen, ist nach den Maßstäben vernünftigen Denkens starker Tobak – damals wie heute: in der Zeit der Spätantike ebenso wie in Zeiten der Postmoderne. Die Frage ist nur, welche Konsequenzen aus diesem Befund zu ziehen sind, und zwar Konsequenzen in zweierlei Richtung: erstens für den Bereich christlicher Verkündigung und zweitens Konsequenzen hinsichtlich der Thematik der Jesus-Verfälschung.

Was die christliche Verkündigung betrifft, so wäre die leitende Frage: Wie muss ich, wenn ich den authentischen Jesus verkündigen will, von Jesus reden? Wie muss ich dem Menschen von heute diese Botschaft sagen, damit er sie richtig versteht – sich keine falschen Vorstellungen macht, sich nicht einfach ablehnend an den Kopf fasst, wenn er so etwas hört, sondern überhaupt in der Lage ist zu *begreifen*, worum es geht.

Mit »christlicher Verkündigung« ist hier freilich nicht bloß die Predigt im Sinne eines den Gottesdienst begleitenden Kanzelwortes gemeint. Das wäre zu kurz gegriffen. Unter Verkündigung soll hier alles Reden über Jesus verstanden werden, das mit der Absicht geschieht, eben kein *falsches* Zeugnis von Jesus zu geben, sondern ihn und seine Botschaft unverfälscht weiterzugeben. Zu dieser Art von Verkündigung zählen auch alle populären Darstellungen der Person Jesu – von Romanen, Erzählungen, Hörspielen und Theaterstücken bis hin zu Musicals, Passionsspielen und Jesus-Filmen.

Die zweite Konsequenz, die sich aus dem oben genannten Befund im Hinblick auf das Thema verfälschender Darstellungen

Jesu ergibt, bestünde im Versuch, aus einer genauen Analyse dieses Befundes einen kritischen Maßstab zu gewinnen, um beurteilen zu können, wann und wo, aus welchen Gründen und zu welchem Zweck denn eigentlich der wahre Jesus verfälscht wird: welchen Bedürfnissen entsprechend ein bestimmtes maßgeschneidertes Jesus-Bild angefertigt wird.

Maßgeschneiderte Jesus-Bilder

Im Jahr 1968, als die Protestbewegung auf dem Höhepunkt war, erschien in einer amerikanischen Underground-Zeitung ein Plakat, das Jesus im Stil polizeilicher Verbrecherfahndung beschrieb und vor seiner Gefährlichkeit warnte. Der Text dieses Plakates, in dem die Generation der Hippies und der gegen das Establishment protestierenden Studenten Jesus als einen der ihren wieder erkannte, fand große Resonanz. Er wurde binnen kürzester Zeit in sämtliche Weltsprachen übersetzt und in fast allen Kontinenten verbreitet.

»*Gesucht wird*: Jesus Christus, alias der Messias, Sohn Gottes, König der Könige, Herr der Herren, Fürst des Friedens usw. Berüchtigter Führer einer Untergrundbefreiungsbewegung. *Er hat sich folgender Vergehen schuldig gemacht*: Er praktiziert ohne Lizenz als Arzt, Weinhersteller und Essensverteiler. Legt sich mit Geschäftsleuten im Tempel an. Er verkehrt mit bekannten Kriminellen, Radikalen, Subversiven, Prostituierten und Leuten von der Straße. Er behauptet, die Autorität zu haben, Menschen in Gottes Kinder zu verwandeln.

Äußere Erscheinung: typischer Hippie – langes Haar, Bart, Robe, Sandalen. Er treibt sich gern in Slums herum, hat einige reiche Freunde, verkriecht sich oft in der Wüste. *Achtung*: Dieser Mann ist extrem gefährlich. Für seine zündende Botschaft sind besonders jene jungen Leute anfällig, denen man noch nicht beigebracht hat, ihn zu ignorieren. Er verändert Menschen und behauptet, sie frei zu machen. *Warnung:* Er läuft immer noch frei herum.«[8]

Die Grundaussage dieses Fahndungsplakates heißt: Jesus ist anders. Anders als das herkömmliche Bild, das Erzieher und Lehrer, Pfarrer und Kirchen von ihm vermittelt haben. Der Zeitbezug des Porträts ist unverkennbar. Die so genannte 68er-Generation hat all das an Jesus beschrieben und unterstrichen, was für sie faszinierend und imponierend war: sein unkonventionelles Auftreten, seine Aufmüpfigkeit, sein gesellschaftliches Außenseitertum, den »Zug nach unten«, den der marxistische Philosoph Ernst Bloch an Jesus feststellte[9] und den auch Adolf Holl, das Stichwort von Bloch aufgreifend, in seinem 1971 erschienenen *Jesus in schlechter Gesellschaft* ausgiebig beschrieben hat.[10]

Die Protestgeneration aus der Zeit des Vietnamkriegs, des Prager Frühlings und der chinesischen Kulturrevolution hat Jesus genauso als Bild und Gleichnis ihrer eigenen Ideale und Wertvorstellungen, Ängste und Sehnsüchte wieder erkannt, wie dies bereits die erste Generation der Urkirche und später die zuerst verfolgten, dann zur staatstragenden Macht gewordenen Christen des Römischen Reiches, noch später das Mittelalter, die Reformation, die Barockzeit, die Aufklärung und die Romantik getan haben und wie dies auch unsere Zeit immer noch tut – nur dass zu Beginn des 21. Jahrhunderts eben andere Jesus-Bilder in Mode sind als zur Zeit der Studentenrevolte.

Der antiautoritäre Jesus ist »out«, dafür ist der therapeutische, archetypische, universelle, esoterische Jesus »in«. Jedenfalls ist Jesus nach wie vor ein »Symbol, das wie eine große Projektionswand unerschöpfliche Fantasien anzieht«.[11]

Sich mit Jesus auseinander setzen heißt vor allem: sich mit Bildern auseinander setzen. Es ist ein Bilderstreit zwischen Bilderstürmern und Bilderverehrern. Was wir von Jesus zu fassen bekommen, sind immer nur die Bilder von ihm. Schon in den Evangelien ist das Originalbild von Jesus nirgendwo unmittelbar greifbar, sondern immer nur hinter den Bildern des »synoptischen Jesus«, des »johanneischen Jesus« usw. erkennbar und erahnbar.

Auf unserer Spurensuche sind wir bereits einer Fülle von Verfälschungen des authentischen Jesus-Bildes begegnet – jenes Jesus-Bildes, das die ernsthafte Wissenschaft mit den strengen Methoden der modernen historisch-kritischen Forschung in einem offenen und öffentlich geführten Diskussionsprozess aus dem, was in den ältesten Urkunden des Christentums glaubhaft bezeugt wird, als historisch hieb- und stichfeste Wahrheit über Jesus ermittelt hat.

Die Zusammenschau der unterschiedlichen Jesus-Bilder hat gezeigt, dass es Verfälschungen des authentischen Jesus-Bildes gibt, die eindeutig Ausgeburten blühender Fantasie sind – Jesus-Fälschungen, die das Original bis zur Unkenntlichkeit entstellen. Zum Beispiel wenn der Jude Jesus mit ideologischem Hokuspokus in einen »Arier« verzaubert wird oder wenn ausgerechnet das in Frage gestellt wird, was wir von Jesus am zuverlässigsten wissen: nämlich dass er den Tod am Kreuz gestorben ist.

Andere Verfälschungen des authentischen Jesus-Bildes wiederum bleiben auf dem Boden sinnvoller Spekulation. Sie versuchen Züge an Jesus und Hintergründe seines Lebens zu erhellen, über die wir aus den Quellen keine zuverlässigen Informationen haben. Sie zeigen Jesus aber immerhin so, wie er möglicherweise gewesen sein könnte – mit einem größeren oder kleineren Grad an Wahrscheinlichkeit oder Unwahrscheinlichkeit.

Stellen wir nochmals die Frage: Wie muss einer von Jesus reden, wenn er den Menschen von heute nahe bringen möchte, wer dieser Jesus war und was ihn eigentlich bewegte? Machen wir die Probe aufs Exempel und sehen wir nach, ob man dies so tun soll, wie es Jack Miles in seinem Buch *Jesus. Der Selbstmord des Gottessohns*[12] getan hat.

Beginnen wir ganz von vorne. Ich sehe irgendwo ein Buch angekündigt und überlege, ob ich mir dieses Buch kaufen soll. Wichtig für den Entschluss, mir ein Buch zu kaufen, das ich ja noch nicht kenne, ist die Vermutung, dass dieses Buch im Stande sein wird, mir etwas mitzuteilen, was ich bisher nicht gewusst habe, oder dass es mir eine Perspektive zeigen wird, die ich bisher noch nicht gesehen habe. Diese Vermutung wird wesentlich geprägt von dem *Titel*, den das Buch hat, und von dem Werbetext, mit dem der Verlag für seine Neuerscheinung Reklame macht.

»Ich war Ötzi…«

Eine »Reinkarnation von bislang unbekannten Ausmaßen« verspricht mir zum Beispiel der Werbetext für ein Buch mit dem Titel *Ich war Ötzi. Die Botschaft aus dem Eis*. Die Gletscherleiche, die seit der Bronzezeit im Grenzgebiet zwischen Österreich und Italien unter Eis lag, ehe sie Anfang der 90er-Jahre von deutschen Urlaubern entdeckt wurde, war ein Mann. Aber dieser Mann, so erfahre ich hier, ist wieder geboren worden, und zwar als eine Frau, die im 20. Jahrhundert zur Welt kam. Erfreulicherweise hat sich die Dame sogar noch an ihr damaliges früheres Leben erinnern können. »Renate Spieckermann erinnert sich an ein früheres Leben: an das von ›Ötzi‹, dem ›Mann aus dem Eis‹, der die Weltöffentlichkeit bereits als archäologische Sensation überrascht hat.«[13]

Gibt es eine berechtigte Hoffnung, dass ich durch die Lektüre etwas erfahre, was ich gern erfahren möchte? Falls es eine solche Hoffnung gibt, werde ich nicht zögern, das Buch zu lesen.

Doch zurück zum Jesus-Buch von Jack Miles. Wie steht es mit dem? Ich sehe es und frage mich: Lohnt es sich für mich, ein Buch zu lesen, das mir verspricht, Aufschluss über den »Selbstmord des Gottessohns« zu geben? Ich muss zugeben: Für mich persönlich ist die Frage ein wenig theoretisch, da ich mich aus beruflichen Gründen mit Büchern dieser Art zu beschäftigen habe. Aber es wäre immerhin möglich, dass mich ein solches Buch über mein professionelles Interesse hinaus auch persönlich interessieren könnte. Tut es dies?

Das Reizwort vom »Selbstmord« des Gottessohns stachelt zumindest eine gewisse Neugierde an: Was soll das heißen, dass Jesus Selbstmord begangen hat? Und schon beginne ich den Werbetext zu lesen: »Jack Miles, der sich den Evangelien zwar mit der Kompetenz eines Theologen, aber mit dem Interesse eines Lesers nähert, entdeckt in der Figur Jesu einen Charakterzug des alttestamentarischen Gottes, der nur in der Person seines Sohnes wirklich sichtbar werden konnte: seine Schwäche, die im Tod am Kreuz bis in die grausamste Form gesteigert wird. In der Geschichte von der Auferstehung kann er seine Allmacht auch denen glaubhaft machen, die sich selbst zu den Schwachen und Erniedrigten zählen müssen.«[14]

Tut mir leid, aber ich muss es bekennen: Nach der Lektüre dieses Textes weiß ich immer noch nicht, ob es sich wirklich lohnt, Zeit und Energie aufzuwenden, um ein Buch wie dieses zu lesen. Genau genommen bin ich so klug wie zuvor. Abgesehen von der Information, dass Jack Miles – wie man es von einem ehemaligen Jesuiten wohl mit Recht erwarten darf! – theologisch bewandert ist, dass er sich aber in diesem Fall mit der Bibel nicht als Theologe, sondern als »Leser« beschäftigt, erfahre ich nichts Konkretes. Alles, was in diesem Werbetext gesagt wird, könnte auch in Werbetexten für ganz biedere und stockkonservative Jesus-Bücher stehen. Im Grunde würde eine Beschreibung wie diese sogar auf ein Buch wie *Cur Deus homo* passen – jene bereits im Mittelalter geschriebene theologische Abhandlung von Anselm von Canterbury (1033–1109), in welcher der Autor tief schürfende Überlegungen darüber anstellt, was für Beweggründe Gott wohl veranlasst haben könnten, in der Person Jesu von Nazareth Mensch zu werden – Überlegungen, die als so genannte »Satisfaktionstheorie«[15] überaus folgenreich waren und geschichtsmächtig wurden.

Natürlich wird die Vermutung, ob ein bestimmtes Buch für mich eine wertvolle Lektüre darstellt oder ob es eher belanglos für mich ist, auch wesentlich von dem mitgeprägt, was ich sonst noch alles über den Autor weiß oder von ihm schon gehört und gelesen habe. So wie es Autoren gibt, denen man nach dem Motto »Wer einmal lügt, dem glaubt man nicht, und wenn er auch die Wahrheit spricht« ganz bestimmt kein zweites Mal auf den Leim geht, gibt es auch Autoren, die so interessant sind, dass man von ihnen möglichst jede Zeile gelesen haben möchte, die sie je geschrieben haben.

Den Autor Jack Miles möchte ich weder in die eine noch in die andere Gruppe einordnen. Ich kann ihn aber keinesfalls zu jenen Autoren rechnen, von denen ich mir wirklich Erhellendes über Jesus erwarte – zumindest nicht etwas, das nicht in hunderttausend anderen Büchern genau so oder eben noch viel besser zu lesen wäre. Die erste Assoziation, die ich zu seinem 1996 erschienenen Buch *Gott. Eine Biographie*[16] hatte, war der Titel eines Nestroy-Stücks: *Einen Jux will er sich machen.*

Es schien mir keine sehr ernsthafte Idee zu sein, wenn sich einer vornimmt, von Gott eine Biografie zu schreiben, indem er einfach alles, was in der Bibel über Gott steht, so nimmt, wie es dasteht, und daraus eine Art Lebensgeschichte destilliert. Man kann sich nur wundern, was für Vorstellungen von Gott einer haben muss, wenn er meint, man könne von Gott eine »Biographie« schreiben. Aber abgesehen davon wäre zu fragen: Wie soll dies geschehen, da nirgendwo ein Quellenmaterial zu erkennen ist, das für eine solche Biografie auszuwerten wäre?

Was für Vorstellungen von verblüffender Schlichtheit muss einer über die Bibel haben, um im Ernst meinen zu können, es genüge, einfach die Bibel zu lesen – ohne Rücksicht darauf, dass es sich bei der Bibel nicht um ein Buch aus einem Guss handelt, sondern um eine Sammlung höchst unterschiedlicher Texte, die über einen Zeitraum von Jahrtausenden hinweg in verschiedenen Situationen entstanden sind, von Menschen mit ganz unterschiedlichem Temperament, geistigem Niveau, Bildungsgrad, Frömmigkeit usw. verfasst, redigiert und ehrfürchtig tradiert wurden.

Mit solchen Überlegungen im Hinterkopf musste ich mir sagen: Da kann doch nichts Vernünftiges herauskommen – außer ein möglicherweise durchaus amüsantes, vermutlich aber doch eher ziemlich ödes und langweiliges Buch, kurzum das, was ich ein typisch postmodernes Glasperlenspiel nenne.

Oder sollte es womöglich so sein? Da hat die historisch-kritische Methode jahrhundertelang akribisch gearbeitet, um den Bibeltext in all seine Schichten zu zerlegen und den Sinn jedes einzelnen Überlieferungsstücks zu ermitteln und zu erhellen, und nun kommt irgendeiner dahergelaufen, zertrümmert mit einem Handstreich ein ganzes Räderwerk und wähnt, er habe das Rad erfunden?

Nein, diese Vorstellung wäre zu absurd – sagte ich mir, das Ganze kann also nur ein Witz sein, ein theologischer Jux, den sich jemand machen wollte. Der Autor wird doch nicht im Ernst erwarten, dass man das ernst nimmt. *Gott. Eine Biographie* – was sollte das denn anderes sein als eine Lachnummer, ein theologisches Kabarettprogramm für fortgeschrittene Semester, die intelligent genug sind, um zu wissen, an welchen Stellen sie lachen müssen?

Die Frage, um die es mir ging, war also geklärt. Dieses Buch ist kein Buch, dem ich Herberge auf meinem Nachttischchen geben möchte. Wenn ich an theologischem Lachdefizit leide, kann ich ja gleich zum guten alten Anselm von Canterbury greifen – und werde ganz bestimmt jede Menge unfreiwillig komischer Pointen finden.

Der Selbstmord des Gottessohns

Gottes Biografie war der erste Streich, Jesu Selbstmord der zweite. Ich frage: Um wie viele Ecken muss ich eigentlich denken, um dem Ausdruck »Selbstmord« im Zusammenhang mit dem Lebensschicksal eines Jesus von Nazareth einen einigermaßen brauchbaren Sinn abgewinnen zu können? Und diese Frage ist durchaus nicht rhetorisch. Ich weiß es wirklich nicht. Aber vielleicht weiß es wenigstens Jack Miles selbst.

»Das Wort Suizid«, sagte er in einem Radio-Interview, »erweckt natürlich den Eindruck, dass es hier um etwas Krankhaftes geht. Gesunde Menschen reden in unserer Gesellschaft nicht von Selbstmord, nur geistig Kranke. Natürlich sage ich nicht, dass Gott geistig behindert ist. Ich wollte diesen Titel *Selbstmord des Gottessohnes* zuerst verwenden, um die Gewalttätigkeit des Themas, die Dimension des Dramas wiederherzustellen, die durch die moderne Exegese verloren gegangen ist. Zweitens habe ich gedacht: Wenn man die Verantwortung für den Tod Gottes Gott selbst zuschreibt, dann schneidet man die ganze Kontroverse, wer für den Tod Jesu verantwortlich war – die Römer oder die Juden –, einfach durch. Die Römer und die Juden sind einfach Werkzeuge in den Händen Gottes, und wenn man die Geschichte auf diese Weise betrachtet, dann wird sie zwar noch gewalttätiger, aber die Gewalt ist völlig in Gott und im Leben Gottes selbst verortet. Menschliche Wesen werden nicht wegen irgendeines Verbrechens angeklagt.«[17]

Ich kann es nicht fassen. Ist wirklich so viel raffinierter verbaler Aufwand nötig, um ein verhältnismäßig banales Ziel zu erreichen – nämlich dem möglichen Missverständnis den Wind aus den Segeln zu nehmen, die Juden – oder die Römer – seien schuld am Tod Jesu? Ich kann Heinz Zahrnt zustimmen, der über den *Selbstmord des Gottessohns* gesagt hat: »Was Miles bietet, kann man den Entwurf der ›Theodizee‹ nennen; sie bildet den theologischen Kern des Buches.«[18] Allerdings möchte ich nicht versäumen hinzuzufügen: Das ist aber auch schon das Höflichste und Freundlichste, was man über dieses Buch sagen kann. Man kann das Ganze auch anders nennen.

Was Miles bietet, ist etwas für Liebhaber postmoderner Glasperlenspiele. Wem es Vergnügen und Labsal bereitet, sich in diesen – nicht einmal falschen, nur eben absolut folgenlosen – Gedankengängen zu ergehen und auf der Müllhalde der Geistesgeschichte lauter gleich gültige und letztlich *gleichgültige* Trümmer aufzustöbern und mit ihnen nach Herzenslust herumzuspielen, der soll dies ruhig tun. Wenn ihm Jesu Selbstmord nicht genügt, dann kann er meinetwegen auch zum Thema »Abels Selbstmord« tiefsinnige Glasperlen hin und her schieben.

Eine Gebrauchsanweisung gefällig? Womöglich gar die zünden-de Idee zu einem ganzen Buch? Bitte sehr: Mit ein bisschen Fanta-sie wird man spielend alle möglichen Gründe finden können, wa-rum Abel – den schon die Kirchenväter als typologisches Voraus-bild für den leidenden Christus entdeckten – letztlich selbst daran schuld war, dass er erschlagen wurde, und dass Kain demnach gar keinen Brudermord beging, sondern lediglich das Werkzeug von Abels selbstmörderischer Absicht war. Immerhin gab und gibt es ja auch – wenn schon nicht postmoderne, so doch postholocaus-tische – Glasperlenspieler, die so unverschämt waren, den sechs Millionen Juden blauäugig zu unterstellen, sie wären an ihrer Ver-nichtung selbst schuld.

Doch halt! Sollte meine Diagnose, Jack Miles' Gerede vom *Selbstmord des Gottessohns* sei nur ein harmloses Herumspielen mit letztlich gleichgültigen Gedankengängen, womöglich *ebenfalls* et-was zu blauäuig und zu vorschnell gewesen sein?

Vielleicht hat Heinz Zahrnt, der Jack Miles den Entwurf einer »Theodizee« bescheinigte, doch nicht so Recht, wie ich dachte. Vielleicht geht es doch eher um eine Anthropodizee, um eine Rechtfertigung des Menschen angesichts bestimmter Übel.

Zumindest bliebe als Hausaufgabe die Frage zu klären: Ist die-se seltsame Story von einer »Krise im Leben Gottes« wirklich so harmlos, wie sie aussieht – gleichsam nur in postmoderner Belie-bigkeit einfach so dahingequatscht, aber ansonsten natürlich völlig unverbindlich –, oder müsste man sich nicht doch auch Gedanken darüber machen, *wen* Jack Miles denn eigentlich von *welcher* Schuld entlastet, wenn ihm so sehr daran liegt zu sagen, Gott selbst war der Mörder? Was meint er wirklich, wenn er sagt: »Menschliche Wesen werden nicht wegen irgendeines Verbrechens angeklagt«? Vielleicht enthalten die Gedanken seines Buches mehr Spreng-kraft, als dem Autor bewusst ist.

Der langen Rede kurzer Sinn: Postmoderne Glasperlenspiele wie das Jesus-Buch von Jack Miles sollten meiner Meinung nach nicht leichtfertig und ungeprüft in der Ecke »harmloses Spielzeug« abgestellt werden. Sie sollen aber um Gottes willen auch nicht vorschnell dämonisiert werden.

Wie ein Sagenerzähler Jesus verwurstet

Zur gleichen Kategorie wie das Jesus-Buch von Jack Miles gehören für mich auch die Ausführungen, die Michael Köhlmeier über Jesus zu bieten hat, auch wenn das Ganze bei ihm viel banaler und humorloser und auf weit niedrigerem Niveau stattfindet als bei Jack Miles.

Der aus Hohenems in Vorarlberg stammende Michael Köhlmeier ist nicht nur als Verfasser grotesk-surrealer Fantasien hervorgetreten, sondern hat sich auch als Erzähler einen Namen gemacht. So »erzählte« er die Sagen des klassischen Altertums – d. h., er brachte in freier mündlicher Rede die Mythen der Griechen und Römer zu Gehör, von den Irrfahrten des Odysseus bis zur Verwandlung Daphnes; und zwar mit so großem Erfolg, sprich: so großem Hörerecho und so vielen verkauften CDs, dass man beschloss, die Reihe fortzusetzen, und Köhlmeier nach dem gleichen Erfolgsrezept auch die Geschichten der Nibelungen verwursten durfte. Kein Wunder, dass zu guter Letzt sogar noch die Bibel als Stofflieferant herhalten musste, um den Redefluss des alemannischen Sagenerzählers bei Laune zu halten.

Doch mit dem Etikett beginnt schon der Schwindel. Die biblischen Geschichten, erzählt von Michael Köhlmeier, haben zwar viel mit dem Erzählen und dem Erzähler, jedoch herzlich wenig mit der Bibel zu tun.

Es stimmt mich nachdenklich, wenn ich im Klappentext zu seinem 2001 erschienenen Buch *Der Menschensohn. Die Geschichte vom Leiden Jesu* Folgendes lese: »Die Passion, die Geschichte vom Leiden Jesu und seiner Auferstehung, ist nicht nur das eindrucksvollste Glaubenszeugnis der Urkirche, sondern auch ein Mythos, eine Sage, die Michael Köhlmeier herausforderte, sie auf seine eigene Art frei zu erzählen. Nicht die theologische Deutung oder die historische Beweisführung interessieren ihn, sondern die zeitlose Gegenwart, die in den überlieferten Geschichten liegt.«[19]

Dies ist – mit Verlaub gesagt – keine Werbung für ein Buch, sondern in meinen Augen ein Vernichtungsurteil, eigentlich eine totale Bankrotterklärung für dieses literarische Unternehmen. Im Grund wird mir hier nämlich gesagt: Es ist völlig egal, ob das Buch, das du hier in Händen hältst, einen Sinn hat oder nicht, ob es in dieser oder jener Weise mit der Wahrheit über Jesus zu tun hat oder nicht; Hauptsache ist nur, dass einer hier die Möglichkeit wahrnimmt, »frei« und »auf seine eigene Art« zu erzählen.

Das – sagen wir's höflich – grundlegende Missverständnis Köhlmeiers besteht darin, die Erzählungen der Bibel für beliebig formbare Inhalte zu halten, ohne zu begreifen, dass im Buch der Bücher nicht um des Erzählens willen erzählt wird, sondern einzig und allein darum, um bestimmte Erfahrungen auszudrücken – nämlich *Glaubens*erfahrungen, die, wenn die Erzählungen verändert werden, naturgemäß *mit*verändert werden bzw. auf der Strecke bleiben.

Köhlmeiers biblische Geschichten sind – weniger höflich gesagt – ein Akt kultureller Barbarei, eine Verballhornung und Banalisierung der Bibel, wobei altehrwürdige religiöse Texte in typisch postmoderner Beliebigkeit lediglich als amüsantes Spielmaterial missbraucht werden. Mit Selma Lagerlöfs oder Johann Peter Hebels sehr wohl auf die Intentionen biblischen Erzählens zielenden Texten oder auch mit der grandiosen *Legenda Aurea* des Jacobus de Voragine hat Köhlmeiers Buch nichts gemein.[20]

Nach dem Alten Testament kam das Neue Testament dran. Und so bekamen die Radiohörer Geschichten von *Jesus* erzählt, und zwar, passend zur Karwoche, die Leidensgeschichte. Titel der vom Österreichischen Rundfunk ausgestrahlten Sendung: »Die Passion des Jesus Christus, nacherzählt von Michael Köhlmeier.«[21]

Köhlmeiers Haupt- und Identifikationsperson, um sich Jesus anzunähern, ist der Apostel Thomas. Der Erzähler beschreibt ihn als skeptischen Sinnsucher, welcher durch seinen Freund Judas Iskariot auf Jesus aufmerksam wird. Gleichzeitig ist Thomas als eine Art Tiefbauingenieur bei Pontius Pilatus angestellt und entdeckt beim Bau eines Brunnens ein Stück Holz, dessen Anblick ihn erschaudern lässt. Aus diesem Holz – wir ahnen es schon – wird eines Tages das Kreuz gezimmert werden, an dem Jesus stirbt.

Der eloquente Vorarlberger verwendet also als Quelle für seine Erzählfassung der Passionsgeschichte Jesu nicht nur die Bibel, nicht nur kanonische und außerkanonische Evangelien, sondern auch so manche obskure Legende – in diesem Fall Legenden, die im Umkreis der so genannten Kreuzesauffindung durch Kaiserin Helena erfunden wurden.

Dass Legenden nicht unbedingt zur Erhellung der historischen Wahrheit taugen, versteht sich von selbst. Aber um historische Wahrheit geht es Michael Köhlmeier ohnedies nicht. Sonst hätte er Nikodemus und Joseph von Arimathäa wohl kaum ohne mit der Wimper zu zucken zu »Hohenpriestern« ernennen dürfen. Aber worum geht es denn diesem Erzähler?

Auf der einen Seite findet er nichts dabei, die fantastischsten Legenden, voll gepfercht mit allen erdenklichen Geschmacklosigkeiten und Absurditäten, Unglaublichkeiten und Unmöglichkeiten, zu referieren, auf der anderen Seite aber fühlt er sich bemüßigt, der Bibel am Zeug zu flicken und deren Bildsprache zu hinterfragen – und gebärdet sich dabei als Entmythologisierer der biedersinnigsten Sorte.

So teilt uns der Dichter z. B. ganz treuherzig mit, er habe eigentlich nie verstanden, was denn dieses »Blutschwitzen« Jesu eigentlich sein solle, von dem das Lukasevangelium erzählt; er für seinen Teil könne es sich nur so erklären: Jesus hat sich beim Gebet auf dem Ölberg »das Gesicht zerkratzt«.

Bedenklicher freilich als derlei hanebüchene »Enthüllungs«-Exegese ist, dass an keiner Stelle deutlich wird, was der Autor mit seinen Erzählungen eigentlich bezweckt – außer eben zu erzählen und sich als Erzähler in Szene zu setzen.

Legenden – ich sagte es schon – nehmen es mit der Wahrheit, mit der Tatsächlichkeit des von ihnen berichteten Geschehens nicht so genau; aber nicht jede Legende, die historische Tatsachen missachtet, verdreht oder verfälscht, tut dies in frommer und erbaulicher Absicht. Die Legendenerzähler verfolgten oft genug höchst eigennützige Ziele – z. B. um der Kirche ihres Ortes eine ältere Tradition anzudichten, als sie wirklich hatte, und ihr so einen höheren Status zu verleihen; so geschehen z. B. in Edessa durch die ominöse Legende von König Abgar; und nur allzu oft waren es höchst düstere und finstere Ideologien, die ihr Unwesen trieben – antisemitische Legenden etwa, einzig und allein zu dem Zweck erfunden und weitererzählt, um konkrete Akte von Judenfeindschaft zu legitimieren und zu rechtfertigen.

Selbst im Fall der Oberammergauer Passionsspiele bedurfte es mehrerer energischer Anläufe, um die Texte von Antisemitismen zu befreien und im Sinne der Judenerklärung des Zweiten Vatikanischen Konzils gleichsam stubenrein zu machen. Und wiewohl in der revidierten Fassung der Oberammergauer Leidensgeschichte Jesu die als antisemitisch verstandene Textpassage »Sein Blut komme über uns und unsere Kinder«[22] gestrichen wurde; wiewohl in der Abendmahl-Szene ein siebenarmiger Leuchter auf dem Tisch steht und der Segensspruch hebräisch gesprochen wird, ging die von den bayerischen Passionsspielern ohnedies bereitwillig vollzogene Reform dieses auf ein Pestgelübde von 1633 zurückgehenden und alle zehn Jahre aufgeführten Laienspiels manchen Vertretern jüdischer Organisationen nicht weit genug.

Aber nach diesem Exkurs über das Oberammergauer Spiel der Passion Jesu wieder zurück zu Köhlmeiers Spiel *mit* der Passion Jesu. Legenden mögen edel und hehr oder berechnend und heimtückisch sein – aber sie haben stets eine Botschaft, sie vertreten immer ein ganz bestimmtes Anliegen. Köhlmeiers Bibel-Erzählungen hingegen haben keinerlei »Message« außer der Selbstgefälligkeit des Erzählens; und das macht diese Erzählungen so gespenstisch.

Köhlmeiers Bibel-Erzählungen sind reinstes l'art pour l'art. Das Erzählen ist in ihnen reiner Selbstzweck. Es gibt weder so etwas wie eine »Moral aus der Geschichte«, noch bietet der Autor dem Zuhörer irgendeinen Zuwachs an Erkenntnis, geschweige denn, dass er eine neue Perspektive, einen anderen, bisher unbekannten Blickwinkel auf Jesus eröffnen würde, der dem Zuhörer helfen würde, Jesus neu und besser zu verstehen. Im Gegenteil: Köhlmeiers passioniertes Passions-Parlando ist eher dazu angetan, das Bild von Jesus zu verunklaren, statt es zu klären. Nicht nur, dass dem Zuhörer dieser Geschichten zu keinem Zeitpunkt plausibel gemacht wird, was gläubige Israeliten damals eigentlich antrieb und innerlich bewegte – einen Mann wie Jesus z. B. oder einen Mann wie Johannes den Täufer, den Köhlmeier gleichsam als spirituellen Gegenpol zum politischen Barabbas sieht –, man weiß am Ende nicht so recht, was dieser Jesus eigentlich will. Er wirkt seltsam bizarr und scheint reichlich schizophren zu sein. Ein Befund übrigens, der sich an literarischen und sonstigen künstlerischen Hervorbringungen sehr oft feststellen lässt – z. B. auch am »Jesus«-Film aus der Serie der von Leo Kirch initiierten Bibelfilme.

Missachtung der Bildsprache

Die Schriftstellerin Marie Luise Kaschnitz (1901–1974) hat in einem Aufsatz über Jesus geschrieben, bei Jesus habe es »Unverständliches und Schockierendes auf Schritt und Tritt« gegeben. Als Leserin der Evangelien fiel ihr auf, dass Jesus sich oft merkwürdig »paradox« verhalten habe. Als ein »hochmütiger und demütiger Herr« habe er sich gezeigt. Einerseits habe er seinen Jüngern beim Letzten Abendmahl so viele friedliche und tröstende Worte gesagt – »die Abschiedsreden waren versöhnlich«, sagt Kaschnitz –, andererseits sei er »am Ende nur noch traurig« gewesen[23].

Die Dichterin hat ausgezeichnet beobachtet, nur hat sie eines nicht bedacht – oder nicht gewusst: dass die Evangelien nicht alle die gleiche Sprache sprechen. Das Johannesevangelium hat bekanntlich eine ganz andere Perspektive als die Synoptiker. Bei Johannes wird Jesus als der erhöhte Herr dargestellt, der selbst auf dem Ölberg noch, als die Häscher kommen und ihn verhaften, das Heft in der Hand behält. Als er sagt: »Ich bin es«, weichen sie zurück und fallen wie tot zu Boden[24]; bei den realitätsnäher erzählenden Synoptikern liegt er selber am Boden[25]. Wer naiv beide Ebenen durcheinander mischt, muss zwangsläufig den Eindruck haben, dieser Jesus sei psychisch labil oder womöglich nicht ganz richtig im Kopf.

Naiv durcheinander gemischt werden die beiden Ebenen leider auch in dem von Roger Young gedrehten, 20 Millionen Dollar an Produktionskosten verschlingenden Zweiteiler »Jesus« aus der Serie »Die Bibel«[26]. Darum muss ich, auf Jesus-Verfälschungen achtend, diesem – wie im begleitenden Pressetext stolz hinausposaunt wurde – »aufwändigsten und ambitioniertesten TV-Projekt, das jemals verwirklicht wurde«, das Prädikat »Mit Vorsicht zu genießen« verleihen.

Man mag vielleicht fragen, was ich denn an einem Film auszusetzen habe, der gerade *nicht* ein anderes Jesus-Bild propagieren möchte als die Kirche, sondern den Anspruch erhebt, die Bibel so zu verfilmen, wie sie ist. Mehr noch: wieso ich mich erdreisten kann, an einem Film herumzunörgeln, der sogar im Vatikan Gefallen fand und dessen Hauptdarsteller von Papst Johannes Paul II. in Sonderaudienz empfangen wurden. Darauf kann ich nur antworten: weil »gut gemeint« noch lange nicht auch »gut gemacht« heißt.

Es gibt leider auch so etwas wie Jesus-Fälschung aus frommen Motiven. Sie geschieht in bester und lauterster Absicht; und wo sie geschieht, wird meist gar nicht bemerkt, dass hier etwas nicht stimmt.

An dieser Stelle kann es nicht schaden, wieder in Erinnerung zu rufen, was wir mit »Jesus-Fälschung« überhaupt meinen. Es geht nicht um Glaubensfragen, die sind ein ganz anderes Thema. Es geht um den historischen Jesus, nicht um den Christus des Glaubens. Jesus-Fälschern auf den Zahn fühlen heißt, nicht nachprüfen, ob das Richtige über Jesus geglaubt wird oder ob womöglich irgendwelche Häresien vertreten werden; was dabei einzig und allein interessiert, ist die Frage, ob ein Buch, ein Film oder ein Stück Literatur den Jesus der Geschichte korrekt darstellt – oder ob sich ein Autor, aus welchen Gründen auch immer, an der historischen Wahrheit über Jesus versündigt.

Eine solche Versündigung an der historischen Wahrheit ist nicht nur der Fall, wenn ein Autor z. B. behauptet, dass Jesus nicht am Kreuz starb oder dass er kein Jude war. Man kann auch ein falsches Bild von Jesus erzeugen, wenn man lauter richtige Einzelstücke benutzt, sie aber nicht richtig zusammensetzt – und genau dies geschieht im Jesus-Streifen der »Kirch-Bibel« an einigen Stellen.

Kritiker haben süffisant kommentiert, dass der Satan in diesem Film mal »im dunklen Designeranzug«, mal als hübsche »Lady in Red« erscheint. Dazu will ich anmerken: Dass der Versucher Jesu in zweierlei Gestalt auftritt, wäre an und für sich nichts Verkehrtes und die Botschaft der Bibel Verfälschendes. Die Evangelien beschreiben ja nicht, wie dieser Versucher aussah und an welchen Erkennungsmerkmalen ihn Jesus identifizierte. Wichtig ist nur, dass Jesus dem Widersacher widersagte und ihn sozusagen »zum Teufel schickte«; und dies vermittelt der Film, und darin ist er auch korrekt. Bedenklicher ist eher, dass der Satan in diesem Film überhaupt auftritt und im Bild zu sehen ist, und wenn ich »bedenklich« sage, dann meine ich das nicht moralisierend, sondern ganz wörtlich: Dies ist etwas, was zu bedenken wäre. Etwas worüber sogar *sehr genau* nachgedacht werden müsste.

Der Film »Die Bibel – Jesus« zeigt mir, dass offenbar *nicht* genügend nachgedacht wurde. In diesem durchaus nicht schlechtesten Exemplar einer langen Reihe von Jesus-Filmen liegen symbolische

Szenen und Realszenen auf der gleichen Ebene; von der *Bildsprache* her wird keinerlei Unterschied zwischen ihnen gemacht.

Hier lügt das Bild

Selbst im simpelsten Krimi ist das ganz anders. Wenn ein Film z. B. zeigt, dass jemand träumt, dann wird durch die Bildsprache klar und für jeden erkennbar sein, dass der Traum ein Traum ist und wo die Wirklichkeit anfängt; erst recht, wenn es sich um Albträume und Fieberfantasien handelt. Selbst Kleinkinder, die von früh bis spät vor der Glotze hocken, sind im Stande, mühelos zu begreifen, dass die Maus, die sie in einem dokumentarischen Tierfilm sehen, eine andere Art von Maus ist als die Mickymaus im Zeichentrickfilm, die sprechen kann und lustige Dinge treibt. Ebenso klar müsste ein Bibelfilm von der Bildsprache her einen Unterschied machen zwischen *deutenden* Bildern, die die Wirklichkeit aufschließen, und Bildern, die sich sozusagen auf der fotodokumentarischen Ebene bewegen. Unser Jesus-Film tut das leider nicht.

Wenn bei der Taufe Jesu Wunderbares geschieht und sogar Gottes Stimme zu hören ist, dann wird dies in diesem Film gezeigt, als würde es sich um ein reales, fotografierbares Geschehen handeln. Und wenn der neben Jesus befindliche Johannes der Täufer bei dieser Gelegenheit dann auch noch in großer Ergriffenheit – zu wem eigentlich? – »Seht, das Lamm Gottes!« flüstert, wird das Ganze zum unfreiwillig komischen optischen Kalauer.

Mit anderen Worten: Der Film nimmt die Semantik der filmischen Bildsprache nicht ernst – oder, noch schlimmer, er *kennt* sie gar nicht, und es ist ihm überhaupt nicht bewusst, was er anrichtet, wenn er ihre Gesetzmäßigkeiten außer Acht lässt und sie unreflektiert einsetzt, ohne mögliche Wirkungen und möglicherweise unerwünschte Nebenwirkungen zu bedenken.

So ist es zweifellos eine gute Idee, Jesus in diesem Film als hei-

ter-fröhlichen und unbeschwerten, als einen im Sinne der Forde-
rung Nietzsches »erlöst aussehenden« Menschen zu zeigen und
ihn lachen zu lassen, sooft es nur geht. Wenn Jesus aber auch lacht
und sein frohes Gesicht aufsetzt in Situationen, wo es gar nichts
zu lachen gibt, dann wird die frohe Botschaft der Fröhlichkeit zur
peinlichen Botschaft – und Marie Luise Kaschnitz würde wieder
einmal »Unverständliches und Schockierendes« feststellen müssen.

Ein besonders krasser Fall ist das Wunder vom reichen Fischfang. Eine Szene wie diese so fotorealistisch zu zeigen, wie es in
diesem Film geschieht, heißt, sie verfälschen, und dies geschieht
in der Tat. Das Eigentliche kommt in keiner Weise über die Leinwand. Die ursprüngliche Jesus-Erfahrung der Apostel, die in dieser
kerygmatischen Wundergeschichte vom wunderbaren Fischfang
transportiert wird – das unerschütterliche Vertrauen der Jünger
auf ihren Herrn auch in Zeiten, wo alles vergeblich erscheint –,
bleibt auf der Strecke. Was wir sehen, ist ein plumpes Überwälti-
gungswunder.

Dieser Zimmermann aus Nazareth, der so tut, als würde er
mehr von Fischfang verstehen als alle Fischer dieser Welt, zieht
eine regelrechte Show ab, um seine Anhänger für sich einzuneh-
men, besonders einen so nüchternen und skeptischen Mann wie
Petrus. Jesus gebärdet sich gleichsam als ein Wundertäter, der alles
daransetzt, seiner Mannschaft zu beweisen, dass er kein Kleinka-
liber ist. Mit einer geschickt eingefädelten, dramaturgisch gut vorbereiteten und die Zuschauer umso mehr verblüffenden »Action«
zieht Jesus seine Jünger gleichsam innerlich über den Tisch. Aber
damit tut er genau das, was er vorher bei der Versuchung durch
den Satan dezidiert abgelehnt hat: das heißt, er wirkt exakt jenes
Wunder, das ihm der Versucher vorgeschlagen hat, als er sagte:
»Wenn du Gottes Sohn bist, so befiehl, dass aus diesen Steinen
Brot wird«[27] – nur mit dem Unterschied, dass es nicht um Brote,
sondern um Fische geht.

Mit anderen Worten: Hier *lügt* das Bild. Oder noch deutlicher gesagt: Hier lügt das *Bild*. Denn es wird zwar alles so gezeigt und gesagt, wie es in der Bibel steht, aber die optische Präsentation widerspricht der Intention des biblischen Textes, und damit wird das Ganze unwahr. Das, was ich sehe, erzählt mir nicht die Wahrheit über Jesus. Er wird verfälscht.

Um zu vermeiden dass ich missverstanden werde, will ich es ausdrücklich betonen: Auf dieser Ebene und nur auf dieser Ebene finde ich den auf weite Strecken sonst durchaus tadellosen Film schlicht und einfach missglückt – und ich würde mir wünschen, dass die, die beeindruckt waren und nichts auszusetzen finden, wenn ihn sehen, einfach sensibler werden, um die mit der Bildsprache verbundene Problematik wahrzunehmen.

10. Vision oder Fata Morgana
Spekulationen und Hoffnungen rund um ein Tuch

Nicht vom Brote allein,

es lebt vom Traum auch der Mensch ...

JOSEF WEINHEBER (1892–1945)

s gehört zu den menschlichen Grundbedürfnissen, anderen
Menschen seinen Dank, seine Wünsche oder seine Gefühle
auszudrücken. Wem es zu schwer ist, selber die rechten Worte zu
finden, der hat die Möglichkeit, sich an die Worte anderer anzu-
lehnen – oder gleich den fertigen passenden Glückwunsch, Gruß
oder Trostspruch aus dem reichhaltigen Angebot in den Papier-
und Schreibwarenabteilungen der Kaufhäuser auszuwählen.

Auch im Internet kann man fündig werden. Selbst wer nur einen originellen Ansagetext für seinen Anrufbeantworter sucht,
wird im weltweiten Web reich bedient.

Tönendes Erz und echtes Gefühl

Ein inniger Vers auf dem Lebkuchenherz, ein flottes Wort auf der
Urlaubskarte, ein passendes Gedicht zur passenden Gelegenheit –
nur die Moden und die Medien haben sich geändert, aber nicht
die Bedürfnisse der Menschen. Insofern ist es kein Zufall, dass
das *Museum komischer Vorträge* – eine vom Hofschauspieler Johann
Ferdinand Rüthling (1793–1849) zusammengestellte Sammlung
heiterer Gedichte, nach der heute kein Hahn mehr kräht – seinerzeit der große Renner war. Elf Auflagen davon hat der Berliner
Verlag, in dem es erschienen ist, verkauft. Wer ein Büchlein wie
dieses besaß, kam nicht so leicht in Verlegenheit, wenn er gebeten

wurde, den nächsten geselligen Abend durch den Vortrag eines heiteren Gedichts zu bereichern.

»Mir und mich« heißt eines der humoristischen Gedichte von Johann Ferdinand Rüthling, das ich ganz besonders liebe. Nicht so sehr, weil hier die Eigenheit des Berliners, im Gebrauch von Dativ und Akkusativ nicht ganz sattelfest zu sein, in satirischer Weise aufs Korn genommen wird, sondern weil dieses Gedicht in witziger Weise die Einsicht vermittelt, dass ein echtes Gefühl auch dann echt und stark bleibt, wenn es in unbeholfener oder gar falscher Weise ausgedrückt wird.

»Ich liebe *dir*, ich liebe *dich*! / Wie's richtig is, ich weeß es nich; / ich lieb' nich uf den dritten Fall, / ich lieb' nich uf den vierten Fall, / ich lieb' uf alle Fälle!«[1]

Keiner wird an der Lauterkeit der kindlichen Liebe zweifeln, nur weil die Zeichnung, die der kleine Knirps gemalt hat, vielleicht ein wenig bizarr ist oder weil im selbst verfassten Muttertagsgedicht des Töchterchens alles verkehrt ist, was nur verkehrt sein kann.

Wenn ein Liebesbrief von Fehlern strotzt, macht das die im Brief zum Ausdruck gebrachte Liebe nicht unwahr oder unecht. Die Begründungen, die ein Verliebter vorbringt, um zu beweisen, wie toll und unvergleichlich seine Geliebte ist, mögen unzutreffend und falsch, ja sogar absolut lächerlich sein – sie vermögen dennoch nicht, die echten Gefühle des Herzens zu entwerten. Die Liebe ist die Liebe – unabhängig davon, wie gut oder wie schlecht es dem Liebenden gelingt, seiner Liebe Ausdruck zu verleihen.

Wie bei der Liebe so beim Glauben. Der Glaube eines Menschen kann untadelig und echt, richtig und wahr, tief und stark sein, und der Gläubige kann diesem Glauben trotzdem in höchst anfechtbarer Art und Weise Ausdruck verleihen, kann ihn mit hanebüchenen, völlig untauglichen, ja absolut lächerlichen Argumenten zu begründen versuchen.

So wie Liebe nicht vor Torheit schützt, schützt auch Glaube nicht vor Torheit. Mein Reden über den Glauben kann ausgesprochen dumm sein, aber daraus folgt noch lange nicht, dass auch

mein Glaube dumm ist. Ich habe ihn nur unzulänglich ausgedrückt.

Freilich gilt auch das Umgekehrte – nämlich das, worauf der
Apostel Paulus in seinem berühmten Hohen Lied der Liebe hingewiesen hat: Meine Rede über den Glauben kann ausgesprochen
gescheit, hochgestochen, elegant, tiefsinnig und dogmatisch ganz
und gar unanfechtbar sein; wenn aber hinter meinen Worten keine
Lebensrealität zu finden ist, nützt alles nichts. Dann sind die schönen Worte nur schöne Worte. Das ergreifende, an Engelszungen
gemahnende Gerede wäre dann nur seelenloses Geschwätz, bloß
»tönendes Erz« und »klingende Schellen«.[2]

Was ich damit sagen will? Auch das Reden über Jesus kann
fromm und ehrlich gemeint sein und dennoch falsch sein. Es kann
einer den wahren Jesus auch verfehlen, wenn er wirklich den wahren Jesus meint.

Ein Jesus-Sucher wird zum Dissidenten

»Ich bin nicht unfehlbar« ist der Titel des Interviews, in dem der
ungarische Pfarrer Andreas Gromon zu seinem »Fall« Stellung
nahm, nachdem er von seinem kirchlichen Oberen des Amtes
enthoben worden war, weil er abweichende Ansichten über die
Auferstehung Jesu und die Gottessohnschaft Christi geäußert hatte. Gromon war ehedem Mitglied der von Pater Gyorgy Bulányi
gegründeten »Bokor«-Bewegung – einer ebenso kritischen wie
charismatischen Initiative, die sowohl dem kommunistischen Re-
gime als auch der kirchlichen Obrigkeit ein Dorn im Auge war.

Auf die Frage, was ihn an der offiziellen Lehre der Kirche störe
und was er selber eigentlich unter Auferstehung verstehe, antwortete der ehemalige Priester: »Ich bin dankbar, dass ich das erklären
kann. Ich verneine nicht nur nicht, dass es eine Auferstehung und
ein ewiges Leben gibt, sondern ich glaube ausdrücklich daran.«[3]

Was ihm Schwierigkeiten bereite, sei das Sterben Jesu Christi am Karfreitag und die Auferstehung am Ostermorgen. »Ich bin derzeit der Ansicht«, so Gromon wörtlich, »dass Jesus am Kreuz nicht gestorben ist, dass seine Verletzungen nicht zum Tod geführt haben, sondern dass er lediglich in ein Koma fiel, aus dem er am Ostermorgen erwachte. Natürlich hätte man ihn sofort wieder verfolgt, deshalb hat man ihn verborgen, deshalb erschien er nicht mehr in den Städten und traf sich mit seinen Jüngern nur geheim, in entlegenen Gegenden.«[4]

Ich kann es nicht verhehlen: An dieser Aussage eines ungarischen Priesters gibt es etwas, das mir sehr gefällt. Nicht – wie ich sogleich betonen möchte – auf der inhaltlichen Ebene; denn hier liegt Andreas Gromon meiner Meinung nach falsch, und hier ist er denn auch zu kritisieren. Aber mir gefällt das Wort »derzeit« in seiner Aussage.

Ob Gromon, der als Dissident des kommunistischen Regimes in seiner Heimat Repressionen erlebte und dann auch als Dissident der katholischen Kirche nicht ungestraft davonkam, das ganz bewusst gerade so betonen wollte oder ob es ihm gleichsam unabsichtlich herausgerutscht ist, ist nebensächlich. Mir imponiert die Haltung, die hier zum Ausdruck kommt. Ein Mann, der sagt: »Ich bin derzeit der Ansicht«, ist ein Mann, der sich auf einem Weg befindet. Ein Mann, der weiß, dass er »nicht unfehlbar« ist, ist kein Mann, der selbstgerecht darauf pocht, dass seine Erkenntnisse der Weisheit letzter Schluss sind und dass nicht sein kann, was nicht sein darf.[5]

Insofern tanzt Andreas Gromon in unserem Zusammenhang ein wenig aus der Reihe. Er ist keiner der üblichen Jesus-Fälscher. Er ist eher ein Jesus-*Sucher* als ein Mann, der um einer vorgefassten Meinung willen bereit ist, die Wahrheit mit Füßen zu treten und die Tatsachen so lange zu verbiegen, bis sie endlich in sein Konzept passen.

Ein Jesus-Sucher will freilich auch Karl Herbst[6] sein, mit dessen These über den Tod Jesu Gromon nicht nur sympathisiert, sondern – wie aus seinen Aussagen hervorgeht – völlig d'accord ist. Karl Herbst nimmt an, dass Jesus nicht am Kreuz gestorben ist, sondern das Kreuz überlebt hat, und er glaubt diese Annahme auch beweisen zu können.

Der »Kriminalfall Golgatha«

In den Zeugenstand gerufen wird ein Stück Stoff, eine weltberühmte Reliquie, auf der das Abbild eines gekreuzigten Mannes zu sehen ist: das Turiner Grabtuch. Die Frage ist freilich, ob es zu Gunsten von Karl Herbst aussagen wird, oder ob sich am Ende etwas ganz anderes herausstellt.

Am 13. April 1992 verschickte Karl Herbst zehn Briefe an zehn verschiedene Adressaten. Die Briefe hatten alle denselben Inhalt. Die Adressaten hatten auch etwas Gemeinsames. Es waren lauter Personen, die entweder aktiv oder passiv mit der Durchführung des Radiocarbontests zu tun hatten, der im Jahr 1988 an Stoffproben vom Turiner Grabtuch vorgenommen worden war – eines Tests, der das eindeutige Ergebnis erbracht hatte, dass dieses Gewebe aus dem Mittelalter stammt und daher nicht das echte Leichentuch Jesu sein kann.

Die zehn Personen wurden von Karl Herbst darüber informiert, dass »demnächst eine Buchveröffentlichung« anstehe, die durch Fotos und Dokumente nachweisen würde, dass die dem Tuch entnommenen Proben vertauscht wurden.[7]

Ferner teilte Karl Herbst den Briefempfängern mit, »dass allen mit der Sache Befassten letzte Gelegenheit zur Stellungnahme geboten« würde und dass er sie ausdrücklich um »sachliche Gegenargumente« bäte, »die in jedem Fall geprüft und bei der Veröffentlichung entsprechend berücksichtigt« würden. Gleichzeitig versicherte Herbst, »dass eine eventuelle Antwortverweigerung noch nicht als Zustimmung gedeutet wird, sondern nur als Indiz dafür, dass dem um Stellungnahme Gebetenen nichts bekannt ist, was die Thesen des Autors entkräftet«, und stellte den Betreffenden anheim, dass entweder sie selber oder eine ausgewiesene Person ihres Vertrauens »jede gewünschte Manuskriptpassage mit Fotos und Dokumenten einsehen dürften, um konkret genug antworten zu können«.[8]

Es liegt natürlich die Frage nahe, was wohl geschehen sein mag, und der Leser erhält denn auch vom Buchautor postwendend die Antwort: »Hier das Summarium der zehn Reaktionen: drei antworteten nicht (Ratzinger, Ricci, Saldarini), vier antworteten ausweichend (Tite, Riggi, Testore, Ballestrero), drei antworteten gesprächsbereit (Bollone, Vial, Gonella).«[9]

Kriminalfall Golgatha. Der Vatikan, das Turiner Grabtuch und der wirkliche Jesus heißt das Buch, in dem Karl Herbst über diese Korrespondenz berichtet. Seitenweise präsentiert er dort – zum Teil in faksimilierter Form – die bei ihm eingelangten Antwortschreiben, um dann seine Schlüsse zu ziehen. Zum Beispiel diesen: »Wer diese sieben von zehn Reaktionen auf das faire Angebot, die Wirklichkeit aufzudecken, um eventuelle Irrtümer zu korrigieren, einmal in Ruhe bedenkt, kann die psychische Tiefendimension des Kriminalfalls Golgatha erspüren: Die Existenzangst und die Fesselung an Dogmen zwingt fortwährend auch gutwillige und geradlinige Menschen, unpassende Fakten zu verschweigen oder zu verdrehen und dabei sich selbst zu krümmen.«[10] Wie sagte doch der Dichter? »Willst du dich selber erkennen, so sieh, wie die andern es treiben; willst du die andern verstehn, blick in dein eigenes Herz ...«[11]

Um zu verstehen, welchen Hintergrund Karl Herbsts Aktion hatte, muss man sich in Erinnerung rufen, dass am 13. Oktober 1988 der damalige Erzbischof von Turin Kardinal Anastasio Ballestrero bekannt gegeben hat, dass nach den Labortests das Grabtuch aus dem Mittelalter stamme. Nachdem das Untersuchungsergebnis sodann von verschiedenen Seiten angezweifelt worden war, meldete sich Michael Tite, der Kurator des Britischen Museums und der Koordinator der Untersuchungen am Turiner Textil, zu Wort und wies die Vorwürfe zurück. Die Altersbestimmung des Grabtuchs sei an den richtigen Gewebsproben vorgenommen worden, sagte Tite. Vorwürfe, er habe die Gewebsproben vertauscht, seien absurd.

Italienische Zeitungen hatten zuvor gemeldet, dass nach Ansicht des französischen Wissenschafters Bruno Bonnet-Eymard der Kurator Michael Tite die dem Grabtuch entnommenen Stoffproben heimlich mit Teilen eines Linnens aus dem 13. Jahrhundert vertauscht habe.[12]

Für Karl Herbst, der ja davon ausgeht, dass eine auf dem Turiner Grabtuch sichtbare Blutspur beweist, dass Jesus nicht am Kreuz gestorben ist, sondern die Kreuzigung überlebt hat und lebendig unter dem Tuch lag, ist völlig klar, warum manipuliert worden sein muss. Weil sonst Aussagen über den historischen Jesus möglich wären, welche »christliche Grunddogmen auflösen würden«.[13] Denn diese folgenschwere Blutspur am Grabtuch würde beweisen, dass der für die christliche Vorstellung von einer »Erlösung durch den Tod am Kreuz« so unverzichtbare Tod am Kreuz gar nicht stattgefunden hat.

In die gleiche Kerbe schlagen Holger Kersten und Elmar R. Gruber mit dem gemeinsam verfassten Buch *Das Jesus-Komplott. Die Wahrheit über die Auferstehung.* Das deutsche Pendant zum Sensationsschreiber-Duo Baigent und Leigh hat ebenfalls den Vatikan im Visier: Der Vatikan könne nicht zulassen, dass herauskommt, dass Jesus nicht am Kreuz gestorben ist.[14]

Wie Karl Herbst meinen auch Holger Kersten und Elmar R. Gruber allen Ernstes, dass auf Grund dieses von Hans Naber erstmals beobachteten Blutspurbefundes[15] das Turiner Grabtuch »der Kirche zur Gefahr, vielleicht sogar zum Verhängnis werden« könnte.[16]

Anders als Herbst, Kersten und Gruber war der deutsche Jesuitenpater Werner Bulst, der sich Jahrzehnte seines Lebens mit sindonologischen Studien beschäftigte[17], *nicht* davon überzeugt, dass das Turiner Grabtuch beweisen würde, dass Jesus nicht am Kreuz gestorben sei. Er war aber sehr wohl davon überzeugt, dass bei der Entnahme der Gewebeproben eine Manipulation stattgefunden hätte, als er 1990 ein Buch veröffentlichte, in welchem er den Radiocarbontest als »manipuliert« bezeichnete und von einem »Betrug am Turiner Grabtuch« sprach.[18]

Dass hier ein Mann, der keineswegs am Kreuzestod Jesu und an der Auferstehung zweifelte, am gleichen Strang zog wie die anderen, die sehr wohl am Kreuzestod Jesu und an der Auferstehung zweifelten, ist ein kurioser Hintertreppenwitz der Geschichte der Grabtuchforschung. Man stelle sich vor: Zwei gegensätzliche Fraktionen, die beide in gleicher Weise am Erweis der Echtheit des Grabtuchs interessiert sind, werfen dem Vatikan Manipulation vor, aber sie tun es aus völlig *entgegengesetzten* Motiven.

Die *agnostische* Fraktion der Grabtuchapologeten braucht ein echtes Grabtuch, um zu beweisen, dass nach der Kreuzigung mit Jesus nichts Übernatürliches geschah und das leere Grab nicht anders leer war als ein leeres Krankenhausbett, das von einem als geheilt entlassenen Patienten verlassen wurde. Die pietistische Phalanx der Grabtuchverehrer hingegen möchte ein echtes Grabtuch, um dem Gottmenschen Jesus so nahe zu kommen wie nur möglich und gleichsam einen materiellen Beweis für die Wirklichkeit seiner Auferstehung in Händen halten zu können.

Dies lässt das Ausmaß der Irritation und der großen Enttäuschung erahnen, die es bedeutete, als der am Turiner Grabtuch vorgenommene Radiocarbontest nicht die erwartete Bestätigung der Echtheit des Linnens brachte.[19]

Aber das Turiner Grabtuch beweist eben weder, dass Jesus nicht am Kreuz starb, noch ist es eine Art fotografischer Schnappschuss von seiner Auferstehung. Das Turiner Grabtuch beweist überhaupt nichts über Jesus!

Das Turiner Grabtuch – ich muss es in aller Deutlichkeit sagen – ist nicht echt. Dieses in Turin aufbewahrte 4,37 Meter lange und 1,11 Meter breite Stück Stoff[20], auf dem das blasse Abbild eines nackten Mannes zu sehen ist, dessen gekreuzte Hände den Genitalbereich verdecken, ist keineswegs jene kostbare »reine Leinwand«[21], die laut Bibel Joseph von Arimathäa am Spätnachmittag des Todestages Jesu gekauft hat, um den verstorbenen Gekreuzigten darin einzuwickeln und in einem Felsengrab beizusetzen.

Nach allem, was wir über dieses Tuch wissen und mit Bestimmtheit sagen können, ist dieses aus handgesponnenem Garn gewebte Linnen, das seit dem Jahr 1578 in Turin aufbewahrt wird, mehr als vier Jahrhunderte dem Haus Savoyen gehörte und nach dem Tod des italienischen Exkönigs Umberto im März 1983 in den Besitz des Vatikans überging, eine im Spätmittelalter auf höchst raffinierte Weise produzierte Reliquie – also keine echte Reliquie, sondern eine Fälschung, die in der Tat das Prädikat verdient, die raffinierteste »Jesus-Fälschung«[22] aller Zeiten genannt zu werden. Mögen auch noch so viele Bücher mit der kämpferischen Parole »Und das Grabtuch ist doch echt«[23] geschrieben, gedruckt und mit Begeisterung gelesen werden, es hilft nichts: Das Turiner Grabtuch ist nicht echt und wird durch noch so viel Wunschdenken und Fantasien in wissenschaftlichem Mäntelchen auch nicht um einen Deut echter.

Die Löcher im Kupferkessel

Seit Jahrzehnten werden der Öffentlichkeit in schöner Regelmäßigkeit Berichte über angebliche Beweise für die Echtheit des Turiner Grabtuches präsentiert. Dadurch ist bei Menschen, die sich nicht näher mit der Materie beschäftigen, sondern die nur das wahrnehmen, was in den Medien Schlagzeilen macht, nach und nach der Eindruck entstanden, die Wissenschaft hätte die Echtheit des Tuches bewiesen. In Wirklichkeit ist das genaue Gegenteil der Fall. Wenn überhaupt etwas wissenschaftlich erwiesen ist, dann die Tatsache, dass das Tuch *nicht* echt ist.[24]

Der 1,2 Millionen Dollar teure Radiocarbontest von 1988, der überaus sorgfältig vorbereitet wurde und von drei renommierten Instituten in der Schweiz, Großbritannien und den USA unabhängig voneinander mit übereinstimmendem Ergebnis durchgeführt wurde, hat ergeben, dass das Tuch aus der Zeit zwischen 1260 und 1390 stammt und somit nicht alt genug ist, um als Leichentuch des gekreuzigten Jesus in Frage zu kommen. Bezeichnenderweise wurde jedoch dieser Test hinterher von genau den gleichen Leuten angezweifelt, die ihn vorher auf das Vehementeste gefordert hatten.

Die Verfechter der Echtheit des Turiner Grabtuches, die ein massives Interesse daran haben, dieses Linnen für das echte Leichentuch Jesu halten zu dürfen, hatten sich schon vor Jahrzehnten dafür ausgesprochen, eine solche naturwissenschaftlich abgesicherte Datierung, wie sie der Radiocarbontest ermöglicht, vornehmen zu lassen, um endlich Gewissheit darüber zu haben, dass das Tuch echt ist. Als der Test dann nicht das erwünschte Ergebnis erbrachte, war die Enttäuschung naturgemäß riesengroß. Flugs wurde eine »Betrugstheorie« in die Welt gesetzt.

Ohne auch nur einigermaßen plausibel machen zu können, weshalb ausgerechnet die Kirche eine eventuelle Echtheit des Tuches vertuschen wollen sollte, wurde behauptet, es sei manipuliert worden: man hätte Gewebsproben vertauscht. Und als man damit nicht durchkam, wurde eine neue »Erklärung« hinausposaunt. Nun war's plötzlich kein Betrug mehr, sondern es wurden doch die richtigen Gewebsproben untersucht, aber – so behauptete man – durch die Hitze, der das Tuch bei einem Brand in der Schlosskapelle von Chambéry im Jahr 1532 ausgesetzt war, sei beim Test ein falsches Ergebnis herausgekommen. Kurzum, der Test sei zur Datierung des Grabtuchs »unbrauchbar«.[25]

Diese geschickte Sprachregelung hat den Vorteil, dass der, der sie benutzt, sich nicht die Blöße geben muss, den Test rundheraus als »falsch« zu bezeichnen, ihn aber doch behandeln kann, als wäre er falsch. Eine solche schönfärberische Redeweise hat gewiss etwas mit der Art und Weise zu tun, wie jemand die Realität wahrnimmt, ändert jedoch nicht das Mindeste an der Realität selber. Wenn ich mich beispielsweise in der Illusion sonnen möchte, mein Bankkonto wiese einen hohen Kontostand auf, dann wäre für mich die Lektüre eines Kontoauszuges, der mir schwarz auf weiß beweist, dass mein Konto überzogen ist, zur Aufrechterhaltung meiner Illusion ebenfalls »unbrauchbar«. Die Dinge so zu sehen, wie sie sind, könnte ich in einem solchen Fall am allerwenigsten »gebrauchen«.

Die konfusen und widersprüchlichen Argumente, die für die vermeintliche Echtheit des Grabtuchs angeführt werden, und überhaupt dieser verzweifelte Versuch, gleichsam zu retten, was noch zu retten ist, erinnern mich an einen alten jüdischen Witz, in welchem es ebenfalls um Realitätswahrnehmung und Realitätsverweigerung geht. Da wirft einer seinem Freund vor, er habe ihm den geliehenen Kupferkessel kaputt zurückgegeben. Aber der andere streitet energisch ab, was doch klar vor Augen liegt. »Erstens«, sagt er, »hast du mir überhaupt keinen Kessel geborgt, zweitens waren die Löcher schon vorher drin, und drittens habe ich ihn dir unversehrt zurückgegeben!«

Es ist das Schöne an Sigmund Freuds berühmter Studie *Der Witz und seine Beziehung zum Unbewussten*, dass Freud die Witze, die er dort analysiert, vorher erzählen muss – unter anderem auch den mit dem Kupferkessel. »Die Geschichte vom geborgten Kessel, der bei der Zurückstellung ein Loch hatte, wobei sich der Entlehner verantwortete, erstens habe er überhaupt keinen Kessel geborgt, zweitens sei dieser schon bei der Entlehnung durchlöchert gewesen, und drittens habe er ihn unversehrt, ohne Loch, zurückgestellt, ist ein vortreffliches Beispiel einer rein komischen Wirkung durch Gewährenlassen unbewusster Denkweise«, sagt

Freud. Und weiter: »Jede einzelne Einrede ist für sich gut, zusammengenommen aber schließen sie einander aus.«[26]

Der Radiocarbontest ist keineswegs der einzige Grund, der die Annahme ins Reich der Fantasie verweist, dass der tote Jesus von Nazareth mit dem Turiner Textil jemals Hautkontakt gehabt hätte. Dieser Test ist lediglich der schlagendste empirische Beweis dafür, dass es dieses Tuch vor dem Mittelalter nicht gegeben hat. Der historische Befund und die bisher leider viel zu wenig berücksichtigten Ergebnisse der Bibelwissenschaft beweisen ebenfalls ganz klar, dass das Turiner Grabtuch keinesfalls das wirkliche Leichentuch des historischen Jesus ist.

Glaubenskrieg um ein Stück Stoff

Es ist hier nicht der Ort, ausführlich darzulegen, weshalb die vermeintliche Echtheit des Turiner Grabtuchs nichts weiter ist als eine Fata Morgana. Wer Genaueres darüber wissen möchte, den muss ich auf mein Buch *Jesus und das Tuch* verweisen. Ich habe es – genauso wie dieses Buch hier – für Menschen geschrieben, die nicht bereit sind, sich täuschen zu lassen; für Menschen, die sich nicht damit zufrieden geben, nur ihre Gefühle sprechen zu lassen und – sozusagen nach dem Motto »Ich liebe dir, ich liebe dich; wie's richtig is, ich weeß es nich« – ihren Verstand unbenutzt zu lassen und gar nicht erst den Versuch machen zu wollen, herauszufinden, wie es richtig ist.

Aber auch dies muss in aller Deutlichkeit gesagt werden: Den nüchternen – und mag sein: für manche auch ernüchternden – Befund zur Kenntnis nehmen, dass das Turiner Grabtuch nicht das Leichentuch des historischen Jesus ist, bedeutet nicht, die religiöse Bedeutung dieses Tuches zu verkennen.

Es ist nicht das Geringste dagegen zu sagen, wenn Gläubige das Turiner Grabtuch andächtig verehren. Wenn ich mich entschließe, nach Turin zu pilgern, um die »Sacra Sindone di Torino« zu sehen, oder wenn ich ein Bild vom Fotonegativ des Tuchbildes betrachte und anhand dessen über das Leiden Jesu meditiere, dann heißt das nicht, dass ich einer Fata Morgana auf den Leim gehe. Fromme Fata Morgana wäre es aber, wenn ich mir unter Ausschaltung aller kritischen Vernunft suggerieren wollte, dieses Tuch sei echt. Auch von der Art und Weise, wie Matthias Grünewald den Auferstandenen gemalt hat, kann ich mich in meinem religiösen Gefühl ergreifen lassen. Aber zu meinen, ich hätte in diesem Gemälde eine fotorealistische Abbildung dessen vor mir, was am Ostermorgen in Jerusalem vor sich ging, wäre absurd.

Die Frage, ob das Turiner Grabtuch echt oder nicht echt ist, ist keine Frage des Glaubens, sondern eine Frage der Wissenschaft. Sie wird aber oft genug zu einer Glaubensfrage gemacht. Papst Johannes Paul II. hatte Recht, als er sich 1998 bei seinem Besuch der Grabtuchausstellung in Turin für eine »vorurteilslose Erforschung« des Linnens ausgesprochen hat.[27] Genau darum geht es: um eine vorurteilslose Erforschung. Es geht darum, nicht nur die eine Möglichkeit zu prüfen, dass es sich beim Turiner Grabtuch um das echte Leichentuch Jesu handeln könnte, sondern eben auch die andere, dass das Grabtuch eine Fälschung sein könnte, und dann abzuwägen, welche Argumente die gewichtigeren sind.

Das Problem ist nur, dass sich hier die Geister scheiden. Viele Gläubige wollen eine solche vorurteilsfreie kritische Prüfung gar nicht. Statt das Turiner Grabtuch als das zu nehmen, was es ist – nämlich eine durchaus imposante, hochinteressante und trotz allem, was wir bis jetzt darüber wissen, immer noch genügend rätselhafte Schmerzensmann-Ikone aus dem späten Mittelalter –, klammern sie sich lieber in fundamentalistischer Weise an eine pseudowissenschaftlich untermauerte »Echtheit« des Tuches. Das müsste nicht so sein, das sollte nicht so sein, es ist aber so. Und warum ist es so?

Papst Benedikt XVI. dürfte den Nagel auf den Kopf getroffen haben, als er – damals noch als Kardinal Joseph Ratzinger – bei einem Vortrag in Turin sagte: »Vor dem Grabtuch begegnen sich

Vernunft und Gefühl.«[28] Diese Begegnung ist oft genug eine Kollision, ein Aufeinanderprallen zweier verschiedener Denkungsarten. Der tiefere Sinn dieses leidenschaftlichen Streites um die Echtheit des Tuches ist darin zu finden, dass hier im Grunde ein von der aufgeklärten Vernunft der Neuzeit verunsicherter Glaube Trost sucht. Allerdings sucht er ihn an der falschen Stelle. Denn er engagiert gewissermaßen den Bock für die Rolle des Gärtners: Die gleiche rationale Vernunft, die dem Gläubigen im Laufe der Neuzeit sukzessive die Beweise, die er für seinen Glauben zu haben meinte, aus den Händen schlug, soll die quälenden Zweifel des in seinem Glauben verunsicherten Gläubigen beschwichtigen und ihm einen möglichst schlagenden Beweis für den Glauben geben. Schön wär's, wenn dies ginge. Es geht aber nicht. Es *kann* nicht gehen. Denn es ist ein Ding der Unmöglichkeit – und widerspricht im Übrigen auch dem Wesen des Glaubens.

Der Schleier von Manoppello

In der Debatte um die Echtheit des Turiner Grabtuchs hört man oft das Argument, das Negativbild des Gekreuzigten auf dem Turiner Grabtuch wäre ein Beweis für die Auferstehung Jesu. Es ist klar, dass sich ein in seinem Glauben angefochtener Gläubiger eben dies aufs Innigste wünscht. Denn dann könnte er sich sagen: Wenn dieses Tuch tatsächlich das Tuch ist, das den Leichnam des gekreuzigten Jesus berührte und nun dieses wunderschöne Abbild seines Leibes zeigt, dann bin ich kein Narr, wenn ich an seine Auferstehung glaube, denn dann habe ich einen Beweis, dass er tatsächlich auferweckt wurde und aus dem Felsengrab als Sieger emporstieg.

Ein Beweis dieser Art ist nur für den ein Beweis, der sowieso schon glaubt, was bewiesen werden soll. An diesem Punkt ist am deutlichsten mit Händen zu greifen, dass der verbissene Streit um die Echtheit in Wahrheit ein Glaubenskrieg ist.

Es ist ungemein interessant zu beobachten, dass sich, wenn es um die Frage des Glaubens geht, unter den Verfechtern der Echtheit des Turiner Grabtuchs die Geister gleich mehrfach scheiden. Sie scheiden sich nämlich nicht nur in solche, die aus »unfrommen« Motiven an der Echtheit interessiert sind – eben, um beweisen zu können, dass Jesus das Kreuz überlebt hat und dass es daher keine Auferstehung gegeben hat –, und in solche, die genau aus dem gegenteiligen Grund interessiert sind, die Echtheit der Reliquie beweisen zu können – um eben einen materiellen Anhaltspunkt für die Auferstehung Jesu zu haben.

Auch innerhalb der Gruppe der gläubigen Grabtuchverehrer scheiden sich die Geister. Während die einen keinerlei Probleme haben, die Entstehung des Abbildes auf dem Tuch mit einem Wunder zu erklären, sind die anderen bestrebt, unbedingt eine natürliche Erklärung des Phänomens zu finden, um durch diese gleichsam naturwissenschaftliche Absicherung der Echtheit eine Stütze für den Glauben zu gewinnen.

Werner Bulst und Heinrich Pfeiffer – zwei der führenden katholischen Grabtuchforscher – sind ein typisches Beispiel für diesen unterschiedlichen Ansatz.[29] Während sich Bulst, zumindest nach meinem Kenntnisstand, eigentlich immer für den letzteren Weg ausgesprochen hat und es sozusagen aus methodischen Gründen ablehnte, in der Erklärungsfrage gleich von vornherein auf ein Wunder zu rekurrieren, ist für seinen Mitarbeiter und Mitbruder im Jesuitenorden Heinrich Pfeiffer die Echtheitsfrage gleichsam mit der Glaubensfrage verbunden. Anders als andere Sindonologen hält Heinrich Pfeiffer auch den so genannten Schleier von Manoppello für echt. Diese Tuchreliquie, die zwar nicht so prominent ist wie das Turiner Grabtuch, deren Bekanntheitsgrad allerdings schlagartig angestiegen ist, als ein deutscher Journalist das Ergebnis seiner Recherchen über ihre Herkunft veröffentlichte[30], wird von vielen Gläubigen ebenfalls als eine materielle Hinterlassenschaft Jesu betrachtet.

Die Vertreter der am naturwissenschaftlichen Beweis interessierten Fraktion der Grabtuchapologeten legen nun in dieser Frage eine erfreuliche Nüchternheit an den Tag und sind gegenüber einer möglichen Echtheit des Schleiers überaus skeptisch eingestellt. Freilich ist dies nicht verwunderlich, denn wenn der Schleier von Manoppello echt wäre, kämen sie in noch größere Beweisnot, als sie sowieso schon sind. Sie haben ohnehin schon Mühe genug, sich eine plausible Möglichkeit auszudenken, wie das Abbild des Gekreuzigten auf natürliche Weise entstanden sein könnte[31], und sie haben genug zu tun, um die Zweifel, die sich auf Grund der zahlreichen Ungereimtheiten ihrer Theorien einstellen, durch immer neue, noch abenteuerlichere Annahmen zu beschwichtigen – zum Beispiel, dass der Tote mit dem Tuch nicht umhüllt war, da dies ein verzerrtes Abbild ergäbe, sondern dass das Tuch in einem gewissen Abstand vom Körper darüber gebreitet bzw. plan ausgespannt sein musste etc.

Für den Fall, dass der Schleier von Manoppello nun ebenfalls echt wäre, müssten sie zusätzlich beweisen, wie es sein kann, dass auch auf diesem hauchdünnen Gewebe ein Abbild entstehen konnte, allerdings ein völlig anderes als auf dem Grabtuch: nämlich ein Bild des Gesichtes von Jesus, aber nicht als Fotonegativ, sondern als Positiv und in Farbe, außerdem hat Jesus darauf auch nicht wie in Turin die Augen geschlossen, geschweige denn, dass sie ihm mit irgendwelchen »Pilatusmünzen« zugedrückt worden wären, vielmehr zeigt der Schleier von Manoppello ein Jesus-Gesicht mit offenen Augen. Zwischen diesem Gesicht auf dem Schleier und dem Antlitz auf dem Grabtuch eine Ähnlichkeit zu erkennen ist schon nicht leicht, und dann auch noch annehmen zu sollen, diese beiden »nicht von Menschenhand gemachten« Bilder wären im selben Moment durch denselben Vorgang gleichzeitig entstanden, ist eine Leistung, die im Sinne der Vorurteilsfreiheit nicht so leicht zu erbringen ist. Jedem, der ein wenig Menschenverstand besitzt, muss es schwer fallen, einen solchen Tatbestand zu akzeptieren.

Heinrich Pfeiffer allerdings scheint in diesem Punkt keinerlei

Probleme gehabt zu haben. Er hat erklärt, dass er an die Echtheit beider Reliquien glaubt. Im Nachwort zu dem zweibändigen Werk über das Turiner Grabtuch, das er gemeinsam mit Werner Bulst herausgegeben hat, will er es ausdrücklich als ein »persönliches Glaubensbekenntnis« gewertet wissen, wenn er sowohl das Turiner Grabtuch als auch den Schleier von Manoppello als »echte Bilder Christi« bezeichnet. »Dafür mich dem Spott und der Lächerlichkeit auszusetzen«, schreibt Pfeiffer, »davor habe ich keine Furcht, sondern nur einzig die, die Dinge Gottes schlecht zu verhandeln.«[32]

Um es noch einmal in aller Deutlichkeit zu sagen: Diese durchaus verehrungswürdigen Tuchreliquien sind keine Beweise für die Auferstehung Jesu. Zum Glauben kommt ein Mensch auf anderen Wegen als durch solche »Beweise«. Selbst die Ostergeschichten des Neuen Testaments gehen diesbezüglich respektvoller mit der Logik um. Wenn Maria von Magdala das leere Grab sieht, sagt sie sich nicht, als wäre dies die einzig mögliche Schlussfolgerung: »Jesus ist nicht da, also muss er auferstanden sein.« Sondern sie sagt sich: »Jesus ist nicht da, also muss jemand die Leiche weggeschafft haben.«[33] Dass Jesus auferstanden ist, glaubt sie, weil sie sich von ihm angerufen und im Innersten angerührt erfährt, und nicht, weil es als einzig mögliche logische Konsequenz erscheint, die aus einem materiellen Befund zu ziehen wäre.

Beweismaterial gesucht

Wenn ich in diesem Buch das Prinzip vertrete, dass man mit Jesus nicht mogeln darf, so gilt dies nicht nur für die eine Seite. Es darf auch keine Jesus-Fälschung aus frommen Motiven geben. Nichts, aber auch gar nichts kann es rechtfertigen, in Sachen Jesus die Tatsachen zu verdrehen. Kein noch so guter Zweck kann ein unlauteres Mittel heiligen. So verkehrt es ist, um irgendwelcher abstruser Ideologien willen die historischen Fakten zu ignorieren und beispielsweise den Juden Jesus in einen »Arier« umzufälschen[34], ebenso verkehrt und abwegig wäre es, das Gleiche um des Glaubens willen zu tun.

Wem es Angst macht und wen es in seinem Glauben anficht, dass die wissenschaftlichen Erkenntnisse der Neuzeit gewisse Dinge fragwürdig erscheinen lassen, die früher mit der größten Selbstverständlichkeit für wahr gehalten wurden, der darf seine Angst nicht dadurch bekämpfen, dass er die Erkenntnisse der Wissenschaft ignoriert oder versucht, sie durch eifrig erstellte »Gegengutachten« außer Kraft zu setzen. Die Wissenschaft und der Glaube sind keine Feinde. Der Glaube hat nur eine einzige Feindin, und sie ist immer dieselbe, in welcher Maske sie sich auch verstecken mag – die Angst.

Die Angst ist die Feindin des Glaubens, und sie, diese Angst des Gläubigen, als Glaubender den Boden unter den Füßen zu verlieren, ist gleichzeitig die Mutter allen Fundamentalismus.

Das Wort »Fundamentalismus« ist ein missverständliches und oft genug missverstandenes Wort. Allzu oft dient es in der innerkirchlichen Auseinandersetzung lediglich als Schimpfwort und wird als Keule benutzt, um Gegner zu treffen. Dann werden in einer hitzigen Debatte schnell einmal alle , die etwas konservativere Ansichten vertreten, als Fundamentalisten gebrandmarkt.

In diesem primitiven, billig-polemischen Sinn ist der Ausdruck »fundamentalistisch« hier nicht gemeint. Ich möchte diesen Begriff vielmehr in jenem klug differenzierenden Sinn verstanden wissen, in welchem ihn Wolfgang Beinert analysiert hat. Der Regensburger Dogmatiker beschreibt den Fundamentalismus als »Verlangen nach Sicherheit um jeden Preis« und zeigt auf, dass diese grundlegende Lebenseinstellung vom Neuen Testament her gesehen »dem Wesen nach Glaubenslosigkeit oder wenigstens Glaubensunfähigkeit« bedeutet. Wenn wir »die Grund-Lebenseinstellung des Fundamentalisten« betrachten, sagt Beinert, »so müssen wir sagen: Sein Fundamentalismus besteht wesentlich darin, dass er Sicherheit mit Gewissheit verwechselt«.[35]

Der langen Rede kurzer Sinn: In dieser scheinbar rein wissenschaftlichen Frage, ob ein Stück Stoff so oder so zu datieren ist, geht es gar nicht um Wissenschaft. Es geht in Wirklichkeit gar nicht um die Klärung historischer oder archäologischer Fragen, sondern um Glauben. Präziser gesagt: um einen angefochtenen Glauben, der fundamentalistischen Trost sucht. Um einen Glauben, der durch die schwer verdaubaren Erkenntnisse der modernen Wissenschaften verunsichert worden ist und der nun durch neue, bessere, leichter verdauliche und für den Glauben bekömmlichere wissenschaftliche Erkenntnisse beruhigt werden möchte. Dabei ist völlig zweitrangig, ob diese wissenschaftlichen Erkenntnisse wirklich wissenschaftlich sind oder nur den Anschein von Wissenschaftlichkeit haben. Das Gefühl will über die Vernunft siegen und fordert Beweise. Es ist genau so, wie es Rüthling so treffend beschrieben hat: »Wie's richtig is, ich weeß es nich; ich lieb' uf alle Fälle!«

Wer sich aber mit »Beweismaterial« der genannten Art zufrieden gibt, der zeigt damit, dass er nicht nur nicht weiß, »wie's *richtig* is«, sondern es im Grunde auch gar nicht wissen *will*. Hauptsache, diese scheinbar wissenschaftlichen Beweise erfüllen ihren Zweck: Sie beschwichtigen sein beunruhigtes Gemüt, sie bannen seine Ängste, und er kann wieder glauben wie früher, kann sich einlullen in seinen Glauben wie ein Kind und sich von Herzen darüber freuen, dass es Dinge gibt, die ihm dabei helfen und ihn stützen: sei es ein Tuch oder sei es die Tafel, die Pontius Pilatus über dem Kreuz des zum Tod verurteilten Jesus anbringen ließ.

Die Jesus-Tafel

Die Jesus-Tafel ist der Titel eines Buches von Michael Hesemann. Gemeint ist damit eine Reliquie, die in einer römischen Kirche aufbewahrt wird. Hesemann habe »mit der Unbestechlichkeit des Historikers« alle Hinweise auf diese Inschrift verfolgt und ihre

251

Entdeckung im Jahre 325 in Jerusalem »rekonstruiert«, behauptet der Text auf der Umschlagseite des Buches, der dem Leser als Erstes ins Auge springt. Der Autor habe »alle Aspekte und Details untersucht« und »Expertengutachten eingeholt«, bis sich »die Mosaiksteine« zu einem »klaren Bild« fügten und »das Unglaubliche« sich als wahr erwies: »Sämtliche Daten sprechen für die Echtheit der Tafel, die damit ein zeitgenössisches Dokument des wohl folgenreichsten Prozesses der Weltgeschichte ist, ein Stück vom Kreuz des Jesus von Nazareth.«[36]

Hesemanns Buch gibt sich den Anschein, als könne es den Nachweis erbringen, dass diese Reliquie – die so genannte »INRI-Tafel« in der Basilika Santa Croce in Gerusalemme in Rom – eine echte Reliquie und somit die Kreuzesinschrift über dem echten Kreuz Jesu sei. Der Autor ist offensichtlich gewitzt genug, die Echtheit nicht glattweg zu behaupten. Die Echtheit des fraglichen archäologischen Objektes wird allerdings geschickt suggeriert. Wer gerne glauben will, dass sich »das Unglaubliche als wahr« erweist, kommt voll auf seine Rechnung. Das Buch ist schließlich nicht geschrieben worden, um Skepsis zu erzeugen oder eine beim Leser bereits vorhandene Skepsis zu verstärken. Sonst hätte der Autor sich so kurz fassen können wie der Jesuitenpater Eberhard von Gemmingen, der in einem Beitrag für eine Sendung der deutschsprachigen Abteilung von Radio Vatikan über die so genannte Sieben-Kirchen-Wallfahrt in Rom ebenfalls auf die in der Basilika Santa Croce in Gerusalemme aufbewahrten »Teile der Marterwerkzeuge, die Kaiserin Helena im 4. Jahrhundert von ihrer Reise ins Heilige Land mitgebracht hat«, zu sprechen kam und ganz nüchtern und ohne jede Aufgeregtheit den weisen und vernünftigen Rat gab, man sollte diese Reliquien »fromm verehren, auch wenn über ihre Geschichtlichkeit nichts sicher ausgesagt werden kann«.[37]

Jedem, der nur einigermaßen Bescheid über Kirchengeschichte weiß und sich mit der Geschichte der so genannten »Kreuzesauffindung« beschäftigt hat, ist bekannt, dass dieses Ereignis im historischen Sinn niemals stattgefunden hat, sondern lediglich eine legendäre Überhöhung der sehr wohl historischen Errichtung der Grabeskirche in Jerusalem darstellt. Demzufolge gibt es beim Lesen dieses Buches eigentlich nur zwei Möglichkeiten: Entweder der Leser wird durch die Lektüre erfahren, wieso die bisherigen Forscher, die die vorhandenen Quellen kritisch geprüft haben, Unrecht hatten, oder aber er wird erfahren, dass versucht wird, ihn zu täuschen.

Es ist hier nicht der Ort, sämtliche Argumentationen, die in diesem Buch für die angebliche Echtheit dieser zum Kreuz Jesu gehörigen Reliquie ins Treffen geführt werden, zu referieren und kritisch zu hinterfragen – und es lohnt sich auch gar nicht. Wir wollen uns lediglich eine Sache näher ansehen, nämlich die Rekonstruktion der »Entdeckung« dieser Reliquie, womit bekanntlich die Auffindung des Kreuzes durch Kaiserin Helena gemeint ist.

Nach allem, was wir bereits wissen, gibt es überhaupt kein von Kaiserin Helena aufgefundenes echtes Kreuz Jesu und hat nie ein solches gegeben. Die Berichte darüber sind lediglich Legenden. Umso gespannter können wir sein, ob es dem Autor des Buches gelingt, uns dennoch zu beweisen, dass Helena ein Kreuz gefunden hat, noch dazu das echte.

Auch Michael Hesemann kommt um den Befund nicht herum, dass Eusebius von Cäsarea den sensationellen Fund, der Konstantins Mutter gelang, »verschwieg«[38] und dass erst Ambrosius Jahrzehnte später der Erste ist, der davon etwas weiß. Hochinteressant ist freilich, wie Hesemann diesen Befund deutet. Er schreibt: »Als im Jahre 395 Kaiser Theodosius verstarb, hielt Ambrosius, Bischof von Mailand, die Totenrede. Man wird davon ausgehen dürfen, dass dieser hochrespektierte Mann bei einem Staatsbegräbnis, vor dem versammelten Hofstaat, keine Legenden zitierte, als er ausdrücklich an das Ereignis der Kreuzauffindung erinnerte ...«[39]

Ich habe schon an früherer Stelle empfohlen, meine Leserinnen und Leser mögen ihr logisches Denkvermögen trainieren, um für die Lektüre solcher Bücher gewappnet zu sein. Ich frage: Wie steht es mit der logischen Stringenz von Hesemanns Argument?

Und ich kann nur antworten: Es ist überhaupt kein Argument, es ist die pure Suggestion. Es wird kein Tatbestand erhoben, von dem man »ausgehen« kann, es wird einem bloß einer einzureden versucht.

Wer oder was sollte Ambrosius gehindert haben, »Legenden zu zitieren«? Ob dem Mailänder Bischof selber bewusst war, dass er bloß eine Legende erzählte, oder ob er gemeint hat, es sei historisch so gewesen, wie er sagte, ist wieder eine andere Frage. Kurz und gut: Das genaue Gegenteil von dem ist wahr, was Hesemann hier behauptet. Es gibt *keinen* Grund, davon auszugehen, dass ein Bischof in einer Zeit, in der es gang und gäbe war, Legenden zu erzählen, *keine* Legende vortrug.

Sehen wir uns Hesemanns Argumentation genauer an, dann begegnen wir wieder einmal einem altbekannten Argumentationsstil: Das X, das im ersten Halbsatz suggeriert wird – Es kann doch wohl keine Legende erzählt worden sein, wenn ein so honoriger Mann wie Ambrosius den Mund aufmachte! –, wird im nächsten Halbsatz sofort als bewiesenes U vorausgesetzt: Nein, es war keine Legende, sondern ausdrücklich ein »Ereignis«! – und dem Leser wird hurtig ein X für ein U vorgemacht. Von der »Unbestechlichkeit des Historikers«, die vom Klappentext in höchsten Tönen beschworen wird, ist nichts zu entdecken. Hesemanns Buch über die echte Tafel des echten Kreuzes ist kein wissenschaftliches Sachbuch, sondern eine wissenschaftlich verbrämte Fantasy-Story.

Nachwort: Jesus und kein Ende
Wer knackt den »Michelangelo-Code«?

Da seh ich nun die Phantasie,
die oft als Abgott thronte durch der Künste Gnaden,
wie falsch sie war, von Irrtum überladen,
und was sich jeder, sich zum Nachteil, hofft …
MICHELANGELO BUONARROTTI (1475–1564)

Schwarzseher hatten das Nachsehen. Das Jahr 2000 war gekommen, aber der Weltuntergang fand nicht statt. Keine der düsteren Prophezeiungen war eingetroffen: Die Sterne fielen nicht auf die Erde. Die Kräfte des Himmels blieben unerschüttert. Sonne und Mond schienen wie immer.

Das Jüngste Gericht lässt auf sich warten

Die Feuerwerkskörper, mit denen man das neue Millennium begrüßt hatte, waren verglüht, und das Leben ging weiter wie früher. Wer gehofft oder gefürchtet hatte, er werde mit eigenen Augen sehen können, wie Jesus anlässlich der zweitausendsten Wiederkehr seines Geburtstages am Himmel erscheint, um als höchster Richter tätig zu werden und die Schafe von den Böcken zu scheiden, wurde enttäuscht. Auch das von manchen sehnsüchtig erwartete Raumschiff setzte nicht zur Landung an. Ihm hätte Jesus entsteigen sollen, um ein Häuflein Auserwählter zur Himmelfahrt zu bitten und sie durch die Tiefen des Weltalls zu lotsen – viele Lichtjahre weit, irgendwohin in die Plejaden, wo ihnen das Schicksal erspart bleiben würde, das ihnen im irdischen Jammertal unweigerlich drohte.

255

Bibelleser, die fest mit der Apokalypse gerechnet hatten, weil ihrer Meinung nach die in der Heiligen Schrift erwähnten Anzeichen für den Jüngsten Tag längst eingetreten zu sein schienen, waren blamiert. Es ließ sich nicht leugnen, dass das voreilig errechnete Ablaufdatum der Schöpfung nicht stimmte. Die Uhren im Himmel gingen offenbar anders. Aber wo immer der Fehler auch liegen mochte, er lag ganz bestimmt nicht in der Heiligen Schrift. Man hatte sich eben geirrt und nicht richtig interpretiert.

Jesus konnte nichts dafür. Er in seiner Herzensgüte hätte der Menschheit vielleicht den genauen Termin des Weltuntergangs verraten. Aber leider wusste selbst der Meister nichts Genaueres. Nicht einmal ihn hatte man eingeweiht. So hatte er nur die allgemein gehaltene Warnung aussprechen können: »Wacht und betet allezeit, damit ihr allem, was geschehen wird, entrinnen und vor den Menschensohn hintreten könnt.«[1]

Die Verfasser des Neuen Testaments hatten keinen Zweifel daran gelassen, wie streng geheim der Zeitpunkt ist, an dem Himmel und Erde vergehen: »Jenen Tag und jene Stunde kennt niemand, auch nicht die Engel im Himmel, nicht einmal der Sohn, sondern nur der Vater.«[2] Wie sollten die Nachfolger des Meisters klüger sein können als der Mann aus Nazareth selbst!

Andererseits waren da so viele Details in der Heiligen Schrift zu finden, präzise Hinweise auf die schrecklichen Geschehnisse vor dem Herannahen der Erlösung, dass kaum eine Generation von Christen der Versuchung widerstehen konnte, sie als apokalyptisches Puzzlespiel zu benutzen – auch und gerade in unserem Jahrhundert, das gekennzeichnet war von eine Kette von Katastrophen: Hiroshima, Holocaust, Titanic, Tschernobyl, Aids, Ali Agca. Das Dritte Geheimnis von Fatima war die passende Ergänzung zu dem, was bereits in der Bibel offenbart worden war – eine Ansicht, die keineswegs nur von sensationslüsternen Gläubigen vertreten wird, sondern von höchst honorigen Kirchenleuten.

Auch Pater Johannes, ein katholischer Ordensmann, der als Krankenhausseelsorger in einer deutschen Kleinstadt seinen

Dienst tut, ist dieser Meinung. Die Beschäftigung mit den Botschaften der Muttergottes an die Hirtenkinder von Fatima ist seit Jahren sein Hobby. Lange Zeit wurde er deswegen von seinen Mitbrüdern dafür belächelt. Aber seit der polnische Papst selbst eine Dankwallfahrt nach Portugal unternommen hatte, um für seine Genesung nach dem Attentat zu danken, weiß Pater Johannes, dass er auf dem richtigen Weg ist, auch wenn ihn dieser Weg durch eine finstere Schlucht führte und von dunklen Geheimnissen begleitet wird.

Der Tod kommt am 11. September

»Was Gott tut, das ist wohl getan, wenn ich's auch nicht begreifen kann«, murmelt Pater Johannes, der an diesem milden Herbstnachmittag im September des Jahres 2001 am Krankenbett einer Krebspatientin sitzt und ihr Trost spenden möchte. Noch weiß der Spitalsgeistliche nicht, dass es ihm beschieden sein wird, früher zu sterben als die todkranke alte Frau neben ihm, deren Körper voller Metastasen ist.

Die Patientin hat die Augen geschlossen. Sie scheint eingeschlafen zu sein. Pater Johannes bleibt noch eine Weile bei ihr. Auch er hat die Augen geschlossen. Mit seinen Gedanken ist er jetzt weit weg. Er denkt wieder einmal über die Frage nach: Was war zwischen Maria und Maria Magdalena?

Da bewegt sich die Tür. Die Krankenschwester betritt das Zimmer. »Kommen Sie!« ruft sie ganz aufgeregt. »Sehen Sie sich das an!«

Das Fernsehen hat sein Programm unterbrochen. Ein Livebericht aus New York. Noch weiß man nicht, was das alles zu bedeuten hat. Ein Flugzeug ist in einen Wolkenkratzer gerast. Das World-Trade-Center brennt. Schwarzer Rauch qualmt empor. Plötzlich rast ein zweites Flugzeug heran und verwandelt sich in einen Feuerball.

Pater Johannes schreit laut auf. Aber es ist kein Schreckens-schrei, den der Geistliche ausstößt. Es hört sich eher an wie ein triumphierendes Freudengeheul.

Es hört sich eher an wie ein triumphierendes Freudengeheul.

Schwester Waltraud ist entsetzt. Was ist los mit Pater Johannes? Hat er den Verstand verloren?

»Ich Narr!«, ruft er und schlägt sich mit der flachen Hand auf die Stirn. »Ich Narr! Ich hätte es wissen müssen ...«

»Ist Ihnen nicht gut? Soll ich einen Arzt rufen?«, fragt die Kran-kenschwester.

»Der Michelangelo-Code!«, flüstert Pater Johannes. Es sind sei-ne letzten Worte. Obwohl der Weg zur Intensivstation denkbar kurz ist, kommt jede Hilfe zu spät. Das Herz des Paters hat aufge-hört zu schlagen, und er hat niemandem mehr sagen können, was es mit dem »Michelangelo-Code« auf sich hat.

Der »Michelangelo-Code«

Dies ist eine kurze Zusammenfassung des ersten Kapitels eines Romans mit dem Titel *Der Michelangelo-Code*. Auch in ihm geht es – wir ahnen es schon – um das Thema Jesus, um angebliche Dokumente, die beweisen, dass Jesus ganz anders war, als ihn die Kirchen darstellen. Und wenn ich recht sehe, dürfte es sich um eines der übelsten Machwerke dieses Genres handeln. Nicht was die Handlung des Thrillers betrifft, denn die ist ganz hübsch – nach dem üblichen Strickmuster geschaffen: Ein Toter, der ein Geheimnis mit ins Grab nimmt, und dann beginnen die Recher-chen. Aber die Thesen über Jesus, die in diesem Buch vertreten werden, sind von einer bisher nie gekannten Perfidie.

Dies sage ich vor dem Hintergrund einer nun schon gut drei Jahrzehnte währenden Beschäftigung mit unseriöser Literatur zum Thema Jesus, durch welche ich – ohne dies angestrebt zu haben – sozusagen ein Experte für religiöse Schmutz- und Schundliteratur

geworden bin. Als ich seinerzeit in der Wühlkiste eines Antiquari-
ats eine Broschüre mit dem Titel *Der wahre Jesus*[3] entdeckte, nahm
das Unheil seinen Lauf. Ich konnte nicht umhin, mich zu fragen,
warum man solch einen blühenden Blödsinn schreibt, verlegt,
kauft, liest und vielleicht sogar liebt. Auf Grund der Abhärtung
durch jahrelange Lektüre solcher schwachsinnigen Bücher bin ich
zweifellos schockresistenter als der Normalbürger. Mich bringen
die meisten dieser Schmöker eher zum Gähnen als auf die Palme.
Doch in diesem Fall muss ich wirklich sagen: So etwas ist mir bisher noch nie untergekommen.

Bekanntlich ist der Jesus-Literatur nichts Menschliches fremd
und nichts Göttliches heilig. Es wurde schon so gut wie alles in
den Schmutz gezogen. Es gab schon Spekulationen abwegigster
Art. Jesus als Hurenbock, Homosexueller, Vollidiot, Fakir oder
Schamane. Sexuelle Beziehungen zu etlichen männlichen und fast
allen weiblichen Personen, die im Neuen Testament erwähnt werden – das alles hatten wir schon. Aber dass es auch Beziehungen
intimer körperlicher Art zwischen Jesus und seiner Mutter gegeben haben könnte, das hat noch kein Jesus-Fälscher im Ernst zu
behaupten gewagt.

Im *Michelangelo-Code* wird *dieses* Tabu gebrochen. Doch ich will
nicht ungerecht sein: Ganz so primitiv, wie es sich jetzt in dieser ersten Darstellung anhört, sind die Spekulationen auch wieder nicht, die dieses Buch über die Frage anstellt, die Jesus bei
der Hochzeit gestellt hat: »Weib, was ist zwischen mir und dir?«[4]
In manchen Momenten hat das Buch sogar einen verblüffenden
Tiefgang. Worum geht es?

Dunkle Geheimnisse

Hellhörig geworden durch die seltsam klingenden letzten Worte,
die ein Krankenhausseelsorger murmelt, ehe er das Zeitliche segnet, beginnt eine Krankenschwester mit Hilfe eines Journalisten

Recherchen anzustellen, was es wohl mit jenem »Michelangelo-Code« auf sich haben könnte, von dem der Sterbende etwas gewusst zu haben scheint.

Bereits binnen kürzester Zeit stellt sich heraus, dass es sich um eine brisante Angelegenheit handelt, die bis in die höchsten Etagen der katholischen Kirche führt. Der Vatikan – so finden die Hobbydetektive heraus – ist hinsichtlich der Frage von Marienerscheinungen gespalten. Während die einen der Ansicht sind, dass die Frömmigkeitsformen, die mit Wallfahrtsorten wie Lourdes oder Fatima verbunden sind, nicht mehr zeitgemäß wären und eher zurückgedrängt werden sollten, gibt es eine andere Gruppe von Klerikern in der Machtzentrale der katholischen Kirche, die in diesem Punkt anders denkt. Diese Leute wollen mit Marienerscheinungen Politik machen und den Wallfahrtsort Medjugorje aufwerten und von dort aus politische Botschaften verbreiten, die, als Wortmeldungen der Muttergottes deklariert, mit entsprechend größerer Resonanz rechnen können.

Die aufgeklärte Fraktion im Vatikan, hinter welcher – na, wer wohl? Erraten! – die Freimaurer stehen, will dies hintertreiben. Aber vergeblich. Die Gegenseite war längst aktiv. Die vermeintlichen Pläne sind bereits verwirklicht. Es sind vollendete Tatsachen geschaffen worden: zum Beispiel Medjugorje. Dieser Wallfahrtsort ist keineswegs, wie alle Welt glaubt, infolge von Marienerscheinungen entstanden. Er wurde von langer Hand geplant.

Die Krankenschwester begegnet einem Geistlichen, der ihr glaubhaft versichert, dass bereits in den Siebzigerjahren, als von irgendwelchen Erscheinungen einer »Gospa« noch längst nicht die Rede war, Spendengelder lukriert wurden, um dort jene Kirche zu bauen, die für die lokalen Bedürfnisse viel zu groß gewesen wäre – worüber sich manch einer wunderte. Es habe »schon so sein müssen«, lautet die fromme offizielle Sprachregelung. Die Gottesmutter habe »auf ihre Weise dafür gesorgt«, dass die frommen Pilger Platz genug haben, hier »zwischen den Bergen« die Muttergottes verehren zu können.

Aber leider ist, wie schon ein alter griechischer Weiser so treffend bemerkt hat, der Kampf der Vater aller Dinge. Es gibt allerlei Fehden. In und um den Vatikan, in und um Medjugorje, das damals noch im Machtbereich des Kommunismus lag. Glücklicherweise sind es nur ein paar Eingeweihte, die von den Fäden wissen, die heimlich gezogen werden, aber bedauerlicherweise halten nicht alle den Mund – was natürlich noch mehr Fehden nach sich zieht.

Der jugoslawische Staatspräsident, so erzählt man es Waltraud und Klaus – das Ermittlerpaar ist inzwischen ein Liebespaar! –, habe bereits zu einem sehr frühen Zeitpunkt von den Machenschaften des Vatikans Kenntnis erhalten – vermutlich auf Grund einer undichten Stelle im Britischen Geheimdienst – und habe dem Vatikan gedroht, den ganzen Schwindel auffliegen zu lassen. Eine Drohung, die sicherlich nicht ohne Rücksprache mit Moskau erfolgte und bei welcher – aber dafür will sich keiner der von der Krankenschwester und dem Journalisten befragten Personen verbürgen – angeblich auch Mao Tse-Tung die Finger im Spiel hatte.

Was blieb den »mutigen Männern in Rom« also übrig, als dafür zu sorgen, dass der lästige Mitwisser aus dem Verkehr gezogen wurde. Jemanden »aus dem Verkehr ziehen«, so wird das recherchierende Duo belehrt, heiße in der Sprache der Geheimdienste, jemanden *endgültig* aus dem Verkehr ziehen. Und nun wird es ein wenig kompliziert. Denn es gibt einen Mosaikstein, der nicht ins Bild passt: das Sterbedatum des jugoslawischen Staatsmannes. Tito hätte zu dem Zeitpunkt, um den es geht, längst tot sein müssen, aber nachweislich hat er damals noch gelebt.

Josip Broz Tito starb, wie alle Welt weiß, am 4. Mai 1980 – knapp eineinhalb Jahre nach dem Konklave, in welchem die rot gewandeten Wahlmänner einen polnischen Kardinal zum Papst gemacht hatten, und »ein Jahr vor dem heimtückischen Attentat auf unseren Heiligen Vater«, wie »Fatima-Fan« Johannes – jener am 11. September 2001 beim Anblick der Livebilder vom Attentat in New York selig im Herrn entschlafene Krankenhausseelsorger – immer zu sagen pflegte.

Die Aufklärung, die an dieser Stelle aufgetischt wird, klingt so unglaubwürdig, dass man sofort durchschaut, dass sie aus der Gerüchteküche der Verschwörungstheoretiker kommt. Der Tito, der starb, sei nicht der wirkliche Tito gewesen. Den echten Tito habe man bereits viel früher »aus dem Verkehr gezogen« und durch eine andere Person ersetzt. Niemandem sei es aufgefallen. Selbst enge Vertraute hätten sich täuschen lassen.

Nur ganz Wenige hätten bemerkt, dass Tito ab einem gewissen Zeitpunkt, wenn er in der Öffentlichkeit sprach, in der Aussprache mancher Worte eine andere Dialektfärbung hatte als früher. Aber die Mitwisser des Geheimnisses hätten den Mund gehalten.

»Weib, was ist zwischen mir und dir?«

Wäre alles nach Plan gegangen, hätte man in Medjugorje das »Geheimnis des Michelangelo« verlautbart. Die Madonna hätte eines schönen Tages den Seherkindern »geoffenbart«, dass nicht sie es war, sondern Maria Magdalena, die damals bei der Hochzeit in Kana dabei war, wo Jesus dieses scheinbar schroffe Wort sagte: »Weib, was ist zwischen mir und dir?«

Die Folgen, die das gehabt hätte, kann man sich ausmalen: auf der einen Seite eine beispiellose Verunsicherung der frommen Gläubigen, auf der anderen Seite ein weltweites Hohngelächter der Kirchenfeinde.

Um den Schaden zu begrenzen, hätte Rom gute Miene zum bösen Spiel machen müssen. Dem Papst wäre nichts anderes übrig geblieben, als den Unsinn abzusegnen – also den übernatürlichen Charakter der Botschaft zu bestätigen. Zum Beweis für die Glaubwürdigkeit hätte man jene berüchtigten und geheimnisumwitterten »Michelangelo-Papiere« aus der Versenkung holen müssen, die seit Jahrhunderten im Vatikan aufbewahrt werden und – wie seinerzeit das Dritte Geheimnis von Fatima – immer nur vom jeweils amtierenden Papst gelesen werden durften.

Inhalt der Papiere: eine Niederschrift des Künstlers, in der er zu Protokoll gab, was ihm die Muttergottes, die ihm in einer Vision erschienen war, als »Geheimnis« mitgeteilt hatte. Diese Papiere waren zwar gefälscht, das wusste man inzwischen, aber sie waren ein schlagender Beweis, dass die Worte der Madonna wahr waren, weil sie jetzt in Medjugorje exakt das Gleiche sagte, was sie schon vor einigen Jahrhunderten gesagt hatte.

Der besondere Witz an der Sache: Michelangelo selber glaubte gar nicht an die Echtheit der Marienerscheinung. Er hielt das Ganze für einen irrwitzigen Traum, den er nach durchzechter Nacht gehabt hatte, und ärgerte sich hinterher, überhaupt jemandem davon erzählt zu haben. Aber die Herren in Rom ließen nicht mit sich spaßen und zwangen den Künstler, die Botschaft aufzuschreiben.

Es gab, wie gesagt, eine gefälschte Version dieser Papiere. Die *echten* Papiere waren jedoch ebenfalls gefälscht, allerdings von Michelangelo selber. Also handelte es sich um die perfekteste Fälschung, die man sich denken kann: echt, aber nicht wahr. Michelangelo hatte die zweite Version nicht freiwillig geschrieben. Als Schreibstube diente eine Folterkammer der Inquisition.

Ob Michelangelo nun lediglich geträumt hatte, die Muttergottes wäre ihm erschienen, oder ob er eine echte Erscheinung hatte: Maria hatte ihm brisante Dinge mitgeteilt. Erstens, dass sie keine allzeit reine Jungfrau geblieben wäre, und zweitens, dass auch Jesus kein Junggeselle war, sondern eine Frau und einen Sohn hatte. *Welche* Frau? *Welchen* Sohn?

In der einen Version erklärt die Muttergottes, sie wäre in Wirklichkeit Maria Magdalena – nicht Jesu Mutter, sondern seine *Frau*. Die wahre Mutter Jesu sei zu diesem Zeitpunkt längst tot gewesen, ebenso wie der heilige Josef, man habe zur Tarnung der Ehe zwischen ihr und Jesus der Öffentlichkeit die Komödie einer Mutter-Sohn-Beziehung vorspielen müssen.

Falls dies wahr wäre, würde sich endlich die leidige Frage befriedigend beantworten lassen, wieso drei von vier Evangelisten die unter dem Kreuz stehende Muttergottes »unterschlagen«. Bekanntlich wird nur im Johannesevangelium erwähnt, dass Maria beim Sterben Jesu zugegen war, die Synoptiker schreiben nichts davon. Sie wussten nicht, was wir nunmehr wissen: dass es sich bei Maria und Maria Magdalena um ein und dieselbe Person handelt! Johannes, der ebenfalls unter dem Kreuz stand und zu dem Jesus sagte: »Siehe da, deine Mutter!« – wäre dann tatsächlich der Sohn *dieser* Frau gewesen: Maria Magdalena die Mutter des Lieblingsjüngers, Jesus quasi der Stiefvater von Johannes.

Diese Theorie allein wäre schon ein starkes Stück, aber es kommt noch schlimmer. Wir haben noch nicht die Botschaft der *zweiten* Version vernommen. In der alternativen Version der »Michelangelo-Papiere« spricht Maria mehr oder weniger die gleichen Worte, nur sagt sie das Gegenteil: Sie selber sei keineswegs Maria Magdalena, sondern sehr wohl die wirkliche Mutter Jesu gewesen, Jesus und sie hätten aber damals vereinbart, nach außen hin einen anderen Eindruck zu erwecken. Auch Jesus wäre damit einverstanden gewesen, dass sie – und jetzt zitiere ich wörtlich aus dem Dokument oder angeblichen Dokument, dessen Text der Autor des Romans *Michelangelo-Code* abgedruckt hat – »zur Tarnung in der Öffentlichkeit als Maria Magdalena auftritt, auf dass der Heiland der Welt nicht für ein Muttersöhnchen gehalten werde«.

Fast überflüssig zu erwähnen, dass auch das eine Fälschung ist – obendrein eine ziemlich plumpe: Jener Kardinal, der irgendwann im 19. Jahrhundert diesen betulich verharmlosenden Satz einfügte, hatte sich nicht einmal die Mühe gemacht, Michelangelos Handschrift zu imitieren! Womit klar ist, dass hinter den Worten »zur Tarnung« ursprünglich etwas ganz anderes stand.

Aber – in einem guten Jesus-Fälscher-Buch ist eben kein Ding unmöglich! – der Autor des Romans setzt noch einen drauf: Michelangelos Rache.

Falls auch nur ein Bruchteil von dem stimmt, was uns der Autor des *Michelangelo-Code* als Ergebnis seiner Recherchen präsentiert, dann könnte dies vielleicht in dem ganzen Wust von Spekulation und Aberwitz das berühmte Körnchen Wahrheit sein: Michelangelo soll – erzürnt darüber, dass ihn die Kirche wegen dieser in seinen Augen höchst läppischen Angelegenheit dermaßen gedemütigt hat – in einem seiner Kunstwerke in verschlüsselter Form der Nachwelt mitgeteilt haben, wie es wirklich war. Diesen »Michelangelo-Code« zu knacken, hat sich jahrzehntelang eine kleine Clique von Eingeweihten vergeblich bemüht. Pater Johannes war der Lösung am nächsten gekommen. Seine Theorie: Es konnte eigentlich nur die Mosesstatue sein.

Der fromme Krankenhausseelsorger, neigte der Ansicht zu, dass der Moses, den Michelangelo geschaffen hatte, gar nicht Moses war, sondern eine Frau. Das heißt, auf der einen Seite stellte die Statue natürlich schon Moses dar – als Symbol für das Judentum aber auf der anderen Seite war diese Figur eine *Frau* – ein Symbol für die Freiheit bzw. für Amerika. In der Tat, wenn man es weiß, lässt es sich nicht übersehen: Moses hat eine frappante Ähnlichkeit mit der Freiheitsstatue in New York!

Der Moses von Michelangelo, so die Theorie des Priesters, war in Wirklichkeit eine als Mann getarnte Frau. Dieser lächerliche Bart, deren Ende die Figur – wie jeder, der sehen kann, sieht – mit der linken Hand wie einen Fremdkörper befingert, war deutlich als Requisit aus dem Theaterfundus erkennbar. Michelangelo hatte sich gar nicht die Mühe gemacht, den Bart echt aussehen zu lassen. Auch der Körper der Statue zeigte, wie perfekt die Tarnung war. Die breiten Schultern und die muskulösen Arme waren deutliche Insignien von Männlichkeit. Jeder Nichteingeweihte sollte glauben, einen Mann vor sich zu sehen – eben Moses.

Aber hatte Moses nicht eine Schwester, die Miriam hieß? Möglicherweise waren Moses und Miriam sogar Zwillingsgeschwister! Und war der Name »Miriam« nicht das hebräische Äquivalent zu »Maria«? Bingo.

Pater Johannes war hochbeglückt gewesen, als er erkannte, dass es die von ihm aufgestellte Theorie längst gab. Eine im Abstellraum einer Sakristei in einer Kirche in der Nähe von Rom gefundene Abschrift einer anonymen Schrift bewies es: Ein Kapuziner in Südböhmen, der im 17. Jahrhundert lebte, war zu den gleichen Ergebnissen gekommen. Er hatte darüber eine Studie geschrieben, die angeblich verloren ging, aber es gab gute Gründe anzunehmen, dass der »aus dem Verkehr gezogene« Tito eine Abschrift davon besessen haben musste. In seinem Tresor lagerten auch noch andere Dokumente, mit deren Hilfe sich beweisen hätte lassen, wie und auf welchem Kunstwerk Michelangelo der Welt mitteilen wollte: »Es gibt zwei Versionen, beide sind falsch, bitte zerstört sie, so wie Moses die beiden Gesetzestafeln zerstört hat!«

Schade, dass alle diese Dokumente nach Titos lautloser Liquidierung außer Landes gebracht und im Auftrag Moskaus vernichtet wurden. Im Vatikan mussten mindestens vier Menschen davon gewusst haben. Erst unter Gorbatschow war es möglich, die Akten über die Vernichtung dieser wertvollen Akten einzusehen. Pater Johannes hatte die Reise nach Moskau bereits gebucht. Am 12. September wäre es so weit gewesen. Hätte Pater Johannes in den Archiven des sowjetischen Geheimdienstes erfahren, was die beiden wie Zwillingstürme aus dem Haupt der Mosesstatue ragenden Hörner bedeuten? Fortsetzung folgt.

Fortsetzung folgt nicht

Fortsetzung folgt *nicht*. Es gibt keinen »Michelangelo-Code«, keine Papiere, keine Geheimnisse, keine bisher unbekannten Theorien über ein unehrenhaftes Zusammenleben des Mannes aus Nazareth mit dieser oder jener Frau. Es ist alles erstunken und erlogen.

Anders als bei den anderen Jesus-Darstellungen, die ich in diesem Buch kritisch unter die Lupe genommen habe, bin ich in diesem Fall nicht nur in der glücklichen Lage, ein hundertprozentig richtiges Urteil fällen zu können, sondern auch beweisen zu können, dass ich mit diesem Urteil hundertprozentig Recht habe: Es ist nichts dran an diesen Thesen.

Der Roman, den ich besprochen habe, existiert gar nicht. Es ist alles von A bis Z frei erfunden. Ich selber war es, der alles erfunden hat. Das Ganze war ein Spiel.

Meine Absicht war es, zu zeigen, wie leicht es ist, mit den Mitteln der Jesus-Fälscher zu arbeiten und aus einem Mix an absurder Spekulation, echter Information und kühner Fantasie eine Theorie zu basteln, die am Ende so viel Glaubwürdigkeit besitzt, dass man sich verblüfft sagt: Da könnte wirklich was dran sein! Es ist aber nichts dran.

Ihnen, liebe Leserinnen und Leser, konnte ich freilich nichts vormachen. Sie haben das gleich gewusst und das Spiel von Anfang an durchschaut. Und das ist gut so. Sonst hätte ich mein Buch umsonst geschrieben. Oder Sie hätten es umsonst gelesen. Denn es war ja der erklärte Zweck der Übung, dass die Lektüre meines Buches den Leser sensibel machen soll für die Tricks, mit denen »Jesus-Fälscher« arbeiten.

Wenn es Momente gab, in denen Sie sich nicht sicher waren, ob das Ganze nicht vielleicht doch kein Jux ist, sondern ernst gemeint sein könnte – umso besser! Behalten Sie diese Momente in guter Erinnerung, wenn Sie wieder einmal absurde Spekulationen in einem Jesus-Buch lesen und das Gefühl haben, da könnte vielleicht etwas dran sein. Erinnern Sie sich daran, dass Sie bereits ein gebranntes Kind sind und es nicht nötig haben, immer wieder auf die gleiche heiße Herdplatte zu greifen.

Seien Sie nicht leichtgläubig. Machen Sie von Ihrem Recht Gebrauch, misstrauisch zu sein. Niemand zwingt Sie, etwas für wahr zu halten, nur weil es glaubwürdig klingt. Seien Sie lieber ungläubig als *leicht*gläubig. Sogar Jesus selber fordert in solchen Fällen dezidiert zum Unglauben auf. Jawohl, sogar Jesus. Und dies ist ausnahmsweise *keine* Fälschung. So steht es tatsächlich in der Bibel. Jesus sagt: »Glaubt es *nicht!*«

Gesprochen wurde dieses im Matthäusevangelium überlieferte Jesus-Wort allerdings nicht vom historischen Jesus persönlich, aber es ist ganz in seinem Geist formuliert – von einem der Verfasser des Neuen Testaments, der seinen Lesern sagen wollte: In dieser verzwickten Situation, liebe Leute, in der wir uns derzeit befinden, hat sich unser Herr und Meister zwar nicht befunden. Das, was wir jetzt erleben müssen, gab es zu seiner Zeit nicht. Aber wenn es diese Probleme, die wir im Moment in unseren Gemeinden haben, schon gegeben hätte, als er noch auf Erden wandelte, dann hätte er gesagt: »Wenn dann jemand zu euch sagt: Seht, hier ist der Messias oder da ist er, so glaubt es nicht! Denn es wird mancher falsche Messias und mancher falsche Prophet auftreten, und sie werden große Zeichen und Wunder tun ...«[5]

Wer wissen will, wie Jesus war, und ihn in den Büchern der Jesus-Fälscher zu finden hofft, wird am Ende frustriert sein. Aus den Büchern der Jesus-Fälscher ist vor allem zu erfahren, wie Jesus *nicht* ist und was sich ganz bestimmt *nicht* begab in jener Zeit in Galiläa. Wer aber wissen will, *wie* er war und was *wirklich* geschah, wird nicht darum herumkommen, sich früher oder später mit der Bibel zu beschäftigen, und er wird lernen müssen, sie *kritisch* zu lesen.

Ich kann nur wiederholen, was ich in einem Kommentar gesagt habe, den ich anlässlich des Urheberrechtsprozesses verfasst habe, den die Verfasser des Buches *Der Heilige Gral und seine Erben* gegen den Bestseller-Autor Dan Brown anstrengten, weil sie die Auffassung vertraten, bestimmte Inhalte des *Da Vinci Code* habe der Autor bei ihnen abgeschrieben. Es sei wirklich seltsam, meinte ich, wie erpicht die Leute oft sind, mit immer neuen Enthüllungen über den Mann aus Nazareth beglückt zu werden. Als ob die Forschungsergebnisse der seriösen Wissenschaft, die mit so manchen lieb gewordenen Vorstellungen aufräumen, nicht ohnehin aufregend genug wären![6]

So gut wie alles, was wir über Jesus wissen, wissen wir aus der Bibel – also aus einem Buch, das von keinen um Objektivität bemühten Historikern geschrieben wurde. Die Berichte, die von Jesus erzählen, wurden von dessen Anhängern zu Pergament und Papyrus gebracht. Von Anhängern, die ihn glühend verehrten und die kein Hehl daraus machten, dass Jesus für sie mehr war als ein bloßer Mensch. Von Anhängern, die leidenschaftlich davon überzeugt waren, dass mit seinem Tod nicht alles aus war, sondern dass er in neuer Weise lebt und als gegenwärtig erfahrbar ist.

Mit anderen Worten: Die Evangelien sind Propagandaschriften. Und Propagandaschriften beweisen für den Historiker zunächst einmal nur, dass zu einem bestimmten historischen Zeitpunkt für irgendetwas Reklame gemacht wurde. Ob der Inhalt der Werbebotschaft sachlich richtig ist, ist eine andere Frage. Etwas theologischer ausgedrückt, heißt das: Der historische Jesus ist geschichtlich nicht direkt greifbar. Geschichtlich greifbar ist nur das Glaubenszeugnis derer, die an ihn glaubten.

Die biblischen Bücher des so genannten Neuen Testaments, insbesondere die Evangelien, sind Urkunde und Ur-Kunde in einem: Dokument und erste Nachricht über jenen Jesus von Nazareth, der Anfang des 1. Jahrhunderts gelebt hat. Sie beziehen sich zwar auf den »historischen Jesus«, der in Nazareth aufgewachsen ist, einen ehrenwerten Handwerkerberuf erlernt hat, sich vom Bußprediger Johannes am Jordan taufen ließ und, erfüllt und getrieben von der unbedingten Hoffnung auf das nahe erwartete Kommen des »Reiches Gottes«, Jünger um sich sammelte, zu predigen begann, mit den Mächtigen in Konflikt geriet und schließlich, vom Vertreter der römischen Besatzungsmacht verurteilt, mit dem damals üblichen Hinrichtungsinstrument für gemeine Schwerverbrecher – dem Kreuz – in den Tod geschickt wurde. Aber sie interessieren sich nur deswegen für ihn, weil dieser historische Jesus für sie gleichzeitig auch der »Christus des Glaubens« ist.

Den historischen Jesus noch gekannt zu haben war schon in der ersten Generation des Urchristentums nicht so wichtig – also in einer Zeit, in der es noch haufenweise Leute gab, die ihren Herrn und Meister mit eigenen Augen beim Gleichniserzählen und Wundertun, beim Pharisäerbeschimpfen und Hierarchieprovozieren erlebt hatten. Berühmtestes Beispiel: Paulus aus Tarsus. Der spätberufene Apostel – ein fanatischer Pharisäer und Christenhasser, der erst nach seinem so genannten Damaskuserlebnis auf den Geschmack kam – war der erste große Mann des Urchristentums, der den vorösterlichen Jesus nicht gesehen hatte und doch an ihn glaubte. So wie alle anderen Christen nach ihm bis zum heutigen Tag hat er Jesus nur vom Hörensagen gekannt. Aber er überlieferte getreulich weiter, was auch ihm überliefert worden war.

Bibellesen allein genügt nicht

Wer etwas über Jesus erfahren will, ist auf das Zeugnis von Leuten angewiesen, die Jesus gekannt haben. Er muss die Bibel lesen. Aber Bibellesen allein genügt nicht. Man muss auch verstehen können, was das, was da steht, bedeutet. Und das geht nicht ohne eine gewisse Kenntnis der Methoden, die die Bibelwissenschaft erarbeitet hat. Diese Methoden sind keine Geheimlehren. Sie folgen strengen wissenschaftlichen Regeln. Alles ist jederzeit nachprüfbar. Die Ergebnisse der Diskussion werden nicht unter Verschluss gehalten – sie werden unablässig veröffentlicht. Wer Augen im Kopf hat, um zu lesen, kann sie zur Kenntnis nehmen.

Nun sind zwar, wie demoskopische Untersuchungen gezeigt haben, die Bibelkenntnisse des durchschnittlich gebildeten Normalbürgers im Grunde ungemein dürftig. Aber das liegt nicht daran, dass die Bibelwissenschaft eine Geheimlehre wäre, deren Weisheiten nur Eingeweihte wissen dürften. Ganz im Gegenteil: Bibelwerke und Bibelgesellschaften verschiedener konfessioneller Couleur, aber längst eines Herzens und Sinnes, was die Inhalte

angeht, tun ihr Bestes, um das Bibelwissen der Bevölkerung an-
zuheben.

Es bleibt dabei: Wer sich ernsthaft für Jesus interessiert, muss
sich auch ernsthaft für die Methoden interessieren, die die Bibelwissenschaft zum Verständnis dieser jahrtausendealten Texte erarbeitet hat. Wer sich davor drückt, wenigstens das kleine Einmal-
eins der Bibelinterpretation kennen zu lernen, hat sich die Folgen
selber zuzuschreiben. Wie soll er, wenn er in irgendeinem »Jesus-
Bestseller« etwas liest, was er bisher noch nie gehört hat, beurteilen können, ob die Sache Hand und Fuß hat oder ob hier wieder
einmal ein Jesusfälscher am Werk ist!

So viel ist klar: Unter den gegebenen Umständen ist es gar nicht
so leicht, sich ein treffendes Bild von Jesus zu machen. Dem unverfälschten Jesus auf die Spur zu kommen ist ein mühseliger und
langwieriger Prozess. Wenn wir archäologisch verwertbare Überreste von ihm hätten, täten wir uns wesentlich leichter. Doch gibt
es wirklich nichts anderes über ihn als die Zeugnisse derer, die an
ihn glaubten?

Die Spuren, die Jesus hinterlassen hat

Zu den spärlichen außerbiblischen Dokumenten, die die Existenz
Jesu belegen – den Notizen des jüdischen Geschichtsschreibers
Josephus Flavius und den Belegstellen bei den römischen Auto-
ren Plinius dem Jüngeren, Tacitus und Sueton –, gehört auch eine
Stelle in einem Brief, den ein nichtchristlicher Syrer namens Mara
Bar Serapion um das Jahr 73 n. Chr. an seinen in Edessa studie-
renden Sohn schrieb. In ihm ist die Rede davon, dass die Juden
ihren »weisen König« hingerichtet hätten.[7]

Übrigens haben auch die Archäologen nicht ganz erfolglos ge-
buddelt. Bei den Ausgrabungen von Giv'at ha-Mivtar hat man im
Jahr 1968 zwar nicht die Knochen Jesu, aber doch das Skelett eines
Gekreuzigten entdeckt, dessen Zustand bestätigte, dass die Evan-

gelisten die Kreuzigung in den Passionsgeschichten offensichtlich korrekt wiedergegeben haben. So waren die Fersenknochen des etwa 25-jährigen Mannes von einem 17 Zentimeter langen Nagel durchbohrt, die Handgelenke hatten Spuren der Annagelung, und seine Beine waren zertrümmert.

Vom historischen Jesus sind uns keine sterblichen Überreste erhalten. Und auch sonst nichts. Weil er selbst nichts hatte – außer den Kleidern, die er am Leib trug und die bekanntlich den Soldaten des Exekutionskommandos als legitime Beute zufielen.

Auch wenn jede Menge Reliquien von ihm die Runde machten – kein Einziger dieser ebenso aus frommen wie geschäftstüchtigen Motiven unter die Leute gebrachten Andachtsgegenstände vermag einer nüchternen Prüfung standzuhalten. Sie sind alle nicht echt.

Weder wurde der Rock Jesu, den man in Trier bewundern kann, jemals von Jesus getragen, noch hat irgendeines der sonstigen Textilien jemals seinen Körper berührt: angefangen von den angeblichen Windeln des Jesuskindes über die diversen Schweißtücher, in denen Jesus einer Fantasiefigur namens Veronika den Blutabdruck seines Gesichtes hinterlassen haben soll, bis zu den vielen angeblichen Grabtüchern Jesu, die es im Lauf der Geschichte gab und die allesamt jenes Leinenzeug gewesen sein wollten, in die Joseph von Arimathäa den Leichnam des Gekreuzigten eingewickelt hat. Das Turiner Grabtuch ist dabei nur das prominenteste und bestvermarktete von allen.

Auch nichts von dem übrigen Trödelkram, den die Frömmigkeitsgeschichte im Lauf der Zeit als Hinterlassenschaft von Jesus angehäuft hat, ist echt. Weder die Dornen aus Jesu Dornenkrone noch die Kreuzesnägel. Und natürlich auch nicht die Myriaden jener Holzsplitter in aller Welt, die als angebliche Kreuzespartikel verehrt werden. Würden sie wirklich alle von jenem Kreuz stammen, das die Kaisermutter Helena der Legende nach aufgefunden haben soll, dann wäre dieses Kreuz auf wunderbare Weise aus mehr als einem Dutzend Holzarten zusammengesetzt gewesen – und es müsste so groß gewesen sein, dass Simon von Zyrene wohl noch ein halbes Dutzend anderer starker Männer benötigt hätte, um Jesus beim Kreuztragen zu helfen.

Keine Frage, dass das, was im Mittelalter als Tropfen der Milch bezeichnet wurde, mit der Maria Jesus gestillt haben soll, bestimmt frommer Denkungsart, aber ganz bestimmt nicht jenem Leib, der Jesus getragen, und jener Brust, die ihn genährt hat[8], entquollen ist. Sicher ist auch, dass Jesus als männlicher Jude beschnitten war. Doch ebenso sicher ist, dass das, was man einst, hart an der Grenze zur Geschmacklosigkeit, als »Vorhaut Christi« feilbot, seinen passenden Platz bestenfalls im Kuriositätenkabinett christlicher Abwegigkeiten hat – Seite an Seite mit dem Stein, den die Bauleute verworfen haben und den man im Mittelalter ebenfalls präsentiert hat. Denn dass mit diesem in der Bibel erwähnten »Stein, den die Bauleute verworfen haben«[9], kein wirklicher Gesteinsbrocken, sondern die Person Jesu gemeint ist, hat die fromme Einfalt nicht weiter gestört.

Jesus hatte nichts, wohin er sein Haupt betten konnte. Doch trotzdem hat er eine Art Testament gemacht. Auch wenn die diesbezügliche Passage in den johanneischen Abschiedsreden zu lesen ist, in denen nicht mehr der irdische Jesus, sondern bereits der erhöhte Herr spricht, passt es durchaus zum historischen Jesus, dass das, was er seinen Jüngern und Jüngerinnen »hinterlassen hat«[10], nichts ist, was man besitzen kann – sondern etwas, was man zu tun hat.

Es bleibt also dabei: Vom wirklichen Jesus sind keine anderen Spuren erhalten als die, die er in den Menschen hinterlassen hat.

Anmerkungen

Vorwort

1 Vgl. Josef Dirnbeck: Die Inquisition. Eine Chronik des Schreckens. München 2001, S. 140. Im Bericht über den Vorfall, der im »Dialogus miraculorum« (Distinctio V, c. 21) geschildert wird, heißt es wörtlich: „Sie kamen zur großen Stadt, welche ›Biders‹ [Béziers] genannt wird, in welcher, wie man sagte, mehr als hunderttausend Menschen waren, und belagerten jene. Als sie ihrer ansichtig wurden, nahmen die Häretiker das Exemplar eines Buches mit dem heiligen Evangelium, pissten darauf [lateinisch: »super volumen sacri evangelii mingentes«], warfen es über die Mauer gegen die Christen hin, schossen mit Pfeilen hinterher und riefen: Seht, das ist euer Gesetz, ihr Elenden!«

2 Vgl. Friedrich Schiller: Sämtliche Gedichte, Bd. 2, München 1965, S. 214.

3 Dan Brown: Sakrileg. The Da Vinci Code. Bergisch Gladbach 2006.

4 Vgl. Alexander Schick/Michael Welte: Das wahre Sakrileg. Die verborgenen Hintergründe des Da-Vinci-Codes. München 2006.

5 Zitiert nach der römischen Tageszeitung La Repubblica vom 7. Mai 2006.

6 Mt 5,38–39.

7 Tertullian: Apologeticum 16,12.

8 Im lateinischen Original heißt es: »Risimus et nomen et formam.« Dass die von Tertullian erwähnte Zeichnung kein Einzelfall war, beweist das erst im 19. Jahrhundert entdeckte »Spottkruzifix vom Palatin« – eine in eine Mauer geritzte Zeichnung, auf der ein Gekreuzigter mit einem Eselskopf zu sehen ist. Wir werden später (im Kapitel VII: »Hose runter!« statt »Hosianna!«) noch ausführlicher darauf zu sprechen kommen.

9 Friedrich Wilhelm Nietzsche: Also sprach Zarathustra. Das Zitat stammt aus dem Kapitel »Vom Lesen und Schreiben«.

10 Vgl. 1 Kor 4,12–13: »Wir plagen uns ab und arbeiten mit eigenen Händen; wir werden beschimpft und segnen. Wir werden verfolgt und halten stand. Wir werden geschmäht und trösten. Wir sind so-

zusagen der Abschaum der Welt geworden, verstoßen von allen bis heute.«

11 2 Tim 4,3–5.

12 Mt 26,60.

13 Vgl. Joh 18,22: »Auf diese Antwort hin schlug einer von den Knechten, der dabeistand, Jesus ins Gesicht und sagte: Redest du so mit dem Hohenpriester?«

14 Joh 18,23.

15 Vgl. Mt 23,33.

16 Mt 23,27.

17 Wiederum unterscheiden sich die Berichte der Evangelisten über die so genannte »Tempelreinigung« in charakteristischer Weise. Nur bei Johannes (Joh 2,13-22) wird erzählt, dass Jesus eine Geißel aus Stricken nahm. Die anderen drei Evangelisten – die so genannten »Synoptiker« – berichten lediglich, dass Jesus in den Tempel ging, alle Händler und Käufer aus dem Tempel hinaus trieb und die Tische der Geldwechsler und die Stände der Taubenhändler umstieß (Mt 21,12–17; Mk 11,15–19 und Lk 19,45–48).

18 Norbert Müller: Welchen Jesus hätten Sie gern? Mosaik einer Biographie. Frankfurt am Main 1996, S. 7.

Das falsche Spiel mit dem »wahren« Jesus

1 Mt 11,28.

2 Barbara Thiering: Jesus von Qumran. Sein Leben – neu geschrieben. Gütersloh 1993. (Jesus the Man. A New Interpretation from the Dead Sea Scrolls.)

3 Holger Kersten: Jesus lebte in Indien. Sein geheimes Leben vor und nach der Kreuzigung. München 1993.

4 Dass Jesus nach seinem Tod auferstanden ist und von einer Reihe von Personen in lebendiger Gestalt gesehen wurde, wird von sehr vielen Autoren aus sehr unterschiedlichen Gründen für keine historische Tatsache gehalten. So sind durchaus auch ernsthafte Theologen davon überzeugt, dass die biblischen Berichte nicht im unmittelbaren Sinn wörtlich genommen werden dürfen, sondern dass man das, was mit »Auferstehung« gemeint sei, in einer bestimmten Weise interpretieren müsse. In diesem Sinn sagte z. B. Eugen Drewermann in dem

berühmt gewordenen Spiegel-Gespräch (»Jesus wollte diese Kirche nicht«. Der Spiegel 52, 1991. S. 63–74): »Die Ostergeschichten haben den Glauben an die Auferstehung nicht begründen, sondern ihn nur auslegen wollen. Sie sollen in Bildern verkünden: Die Geschichte Jesu ist mit seinem Tod am Kreuz nicht zu Ende« – und antwortete auf die Frage, ob es sich dann um fromme Dichtung statt historischer Wahrheit handle: »Dichtung statt historischer Berichte, nicht statt Wahrheit.« Denn: »Wenn etwas nicht historisch ist, dann kann es trotzdem wahr sein.« Für andere Autoren kann es allerdings aus einem viel einfacheren Grund keine Auferstehung Jesu gegeben haben: weil nämlich Jesus nach ihrem Dafürhalten gar nicht am Kreuz gestorben ist!

5 A. N. Wilson: Der geteilte Jesus. Gotteskind oder Menschensohn. München 1993.

6 Die Idee, Jesus habe seine Kreuzigung überlebt, wird von einer Reihe von Autoren vertreten. Stellvertretend sei Franz Alt zitiert, der in seinem Jesus-Buch (Jesus – der erste neue Mann. München 1989, S. 55 f.) diese These plakativ auf den Punkt gebracht hat: »Eine bis heute wundergläubige Theologie und Verkündigung erklärt Jesus am Kreuz für tot; verwandelt seine Leiche anschließend in ein Gespenst, das sich je nach Bedarf sichtbar oder unsichtbar machen und schließlich in die Wolken aufschweben kann. Eine Zumutung für jeden denkenden Menschen.« Jesus hat »die Kreuzigung überlebt. Einflussreiche Juden um den Jesus-Freund Joseph von Arimathäa versorgen den verwundeten und ohnmächtigen Jesus, der dann nach zwei Tagen wieder aufwacht.«

7 Albert Schweitzer: Geschichte der Leben-Jesu-Forschung. München 1966, S. 359.

8 »Menschensohn« im Sinne des Buches von Rudolf Augstein (Jesus Menschensohn. Hamburg 1999), wobei der Ausdruck lediglich als Synonym für »Mensch« verstanden wird und nicht als messianischer Hoheitstitel.

1. Die Knüller der »Enthüller«

1 Vgl. Konrad Spindler: Der Mann im Eis. Die Geschichte der Mumie aus den Ötztaler Alpen. München 1993.

2 Josef Neuner/Heinrich Roos: Der Glaube der Kirche in den Urkunden der Lehrverkündigung. Regensburg [7. Auflage] 1965, S. 168.

3 Ebenda S. 185.

4 Bruno Bauer: Kritik der evangelischen Geschichte des Johannes. Bremen 1840. Zit. in: Albert Schweitzer: Geschichte der Leben-Jesu-Forschung. München 1966, S. 184.

5 Ebenda S. 186.

6 Luis Buñuel: Die Milchstraße (La voie lactée). Spielfilm 1969.

7 Lexikon des Internationalen Films, Bd. 5. Reinbek bei Hamburg 1987, S. 2585.

8 Text auf dem Schriftinsert der Schlusseinstellung des Films.

9 Joseph Ratzinger: Einführung in das Christentum. München 1968, S. 133.

10 Vgl. Theodor Reik: Dogma und Zwangsidee, Wien 1927.

11 Alfred Worm: Jesus Christus. Die Wahrheit über den »wahren« Menschen. Wien 1992.

12 Ebenda S. 214.

13 Ebenda S. 187.

14 Lk 7,33–34.

15 Vgl. Albert Schweitzer: Geschichte der Leben-Jesu-Forschung. München 1966, S. 26–27. Auch die jüdische Auseinandersetzung mit Jesus hat seit dem 19. Jahrhundert an Umfang zugenommen. Im deutschsprachigen Bereich erschienen zwischen 1822 und 1918 über 150 Bücher, aber in der Zeit zwischen dem Ersten Weltkrieg und 1938 waren bereits 122 Buchtitel zu verzeichnen, wobei der englische Sprachraum einen noch größeren Reichtum an Forschungsbeiträgen aufweist. Vgl. Pinchas Lapide: Ist das nicht Josephs Sohn? Jesus im heutigen Judentum. Gütersloh [3. Auflage] 1988, S. 141–142. – Und angesichts der rund 500 seit der Staatsgründung Israels erschienenen hebräischen Publikationen, die Jesus zum Thema haben, kann man durchaus von einer »Jesus-Welle« in der heutigen Literatur des Judenstaates sprechen. »Tatsache ist es, dass im letzten Vierteljahrhundert weit mehr hebräische Schriften über Jesus verfasst worden sind als in den 18 vorangegangenen Jahrhunderten.« Ebenda S. 42–43.

16 Kurt Tucholsky: An das Publikum. In: Gesammelte Werke, Bd. 9. Reinbek bei Hamburg 1975, S. 237.

17 Jörg Albrecht: Sie surfen auf der Welle des Okkulten. Zeitmagazin 36, 3. September 1993, S. 24.

18 Neil Postman: Wir informieren uns zu Tode. Die Zeit Nr. 41, 2. Oktober 1992, S. 61.

19 Profil 37, 13. September 1993, S. 98.

20 So lautete einer der Titel des in mehreren Auflagen aktualisierten Jesus-Buchs von Johannes Lehmann.

21 Vgl. das Grundmuster der Jesus-Rede in den so genannten Antithesen der Bergpredigt: »Ihr habt gehört, dass zu den Alten gesagt worden ist ... Ich aber sage euch ...« (Mt 5,21; 5,27; 5,31; 5,33; 5,38 usw.)

22 Vgl. Lk 22,31–34.

23 Holger Kersten: Jesus lebte in Indien. Sein geheimes Leben vor und nach der Kreuzigung. München 1993, S. 10.

24 Ebenda S. 11.

25 Allerdings tanzt Salome nur in der gleichnamigen Oper von Richard Strauss den »Tanz der sieben Schleier«, in der Bibel steht bloß, dass die Tochter der Herodias »tanzte« (Mk 6,22; Mt 14,6).

2. Die Tricks der Geheimnis-Krämer

1 Johann Wolfgang Goethe: Noten und Abhandlungen zu besserem Verständnis des west-östlichen Divans, Goethe-GA, Bd. 3, S. 161, zit. nach: Digitale Bibliothek Sonderband: Meisterwerke deutscher Dichter und Denker, S. 8346.

2 Lk 1,1–3.

3 Vgl. Kol 4,14; Phlm 24; 2 Tim 4,11.

4 Päpstliche Bibelkommission: Die Interpretation der Bibel in der Kirche. Verlautbarungen des Apostolischen Stuhls Nr. 115, herausgegeben vom Sekretariat der Deutschen Bischofskonferenz. Bonn 1993, S. 33.

5 Hatara-Siri: Mein Wort. Unvergängliche Worte von Jesus Christus und Gedanken Seiner Sternengeschwister aus dem Licht. Ostermundigen 1993.

6 Ebenda S. 1.

7 Ebenda S. 1.

8 Ebenda S. 2.

9 Ebenda S. 3.

10 Ebenda S. 4.

11 Ebenda S. 124.

12 Ebenda S. 125.

13 Ebenda S. 110.

14 Giovanni Guareschi: Und da sagte Don Camillo. Neue Geschichten um Don Camillo und Peppone. Rüschlikon-Zürich 1982.

15 Vgl. Stefan Heid: Artikel »Kreuz (IV. Historisch-theologisch)«. In: Lexikon für Theologie und Kirche, Bd. VI. Freiburg im Breisgau [3. Auflage] 1997, S. 445: »Größte Breitenwirkung erfährt der Kreuz-Gedanke durch die literarisch erstmals bei Ambrosius (De obitu Theodosii) greifbare Auffindung des ›wahren Kreuzes‹ durch Kaiserin Helena, die auf ein historisch nicht genauer greifbares Ereignis im Zusammenhang des Baus der Grabeskirche durch Konstantin zurückgeht (Cyrill von Jerusalem: Epistula ad Constantium II Imperatorem 3). Die Echtheit der gezeigten Reliquie darf offen bleiben.«

16 Vgl. Josef Dirnbeck: Jesus und das Tuch. Die »Echtheit« einer Fälschung. Klosterneuburg-Wien 1998, S. 58–61.

17 Tertullian: Apologeticum 16,1–2.

18 Ebenda 16,3. Die Stelle bei Tacitus, auf die sich Tertullian bezieht (Tacitus: Historiae 5,9) lautet im Original: »Romanorum primus Gnaeus Pompeius Iudaeos domuit templumque iure victoriae ingressus est; inde volgatum nulla intus deum effigie vacuam sedem et inania arcana.«

19 Ebenda 16,4.

3. Decodier-Spiel für Leichtgläubige

1 Michael Baigent: Die Gottes-Macher. Die Wahrheit über Jesus von Nazareth und das geheime Erbe der Kirche. Bergisch Gladbach 2006, S. 11.

2 Ebenda S. 12.

3 Michael Baigent/Richard Leigh: Verschlusssache Jesus. Die Qumranrollen und die Wahrheit über das frühe Christentum, München 1991. Vgl. dazu die Ausführungen im 6. Kapitel: »Viel Lärm um Qumran – Ein Jahrhundertfund beflügelt die Fantasie«.

4 Michael Baigent: Die Gottes-Macher. Die Wahrheit über Jesus von Nazareth und das geheime Erbe der Kirche. Bergisch Gladbach 2006, S. 102–103.

5 Ebenda S. 282–283.

6 Wolfgang Beilner: Der Weg zu Jesus. Der Verkündiger und der Verkündigte. In: Ansgar Paus (Hg.): Die Frage nach Jesus. Graz 1973, S. 94.

7 Ich möchte bei dieser Gelegenheit mit der vom Gesetzgeber gebotenen Deutlichkeit festhalten, dass mir nichts ferner liegt, als Personen, mit deren Thesen ich mich hier in diesem Buch kritisch auseinander setze, in irgendeiner Weise verächtlich zu machen, ihnen eine unehrenhafte Gesinnung unterstellen oder sie sonst irgendwie in ihrer Ehre verletzen zu wollen. Diese Haltung der Toleranz gegenüber Menschen, die in diesem oder jenem Punkt anderer Meinung sein mögen als ich, ist für mich nicht nur als loyaler Staatsbürger eine Selbstverständlichkeit, zu ihr fühle ich mich auch als Christ verpflichtet.

8 Michael Baigent: Die Gottes-Macher. Die Wahrheit über Jesus von Nazareth und das geheime Erbe der Kirche. Bergisch Gladbach 2006, S. 283.

9 Dan Brown: Sakrileg. Bergisch Gladbach 2006, S. 324–325.

10 Ebenda S. 615.

11 Ebenda S. 610.

12 Ebenda S. 610.

13 Ebenda S. 11.

14 Ebenda S. 334.

15 Ebenda S. 336.

16 Weil ich fürchte, dass jedermann, der dies liest, die hier berichtete autobiografische Episode lediglich für eine Ausgeburt meiner Ironie halten wird und ihm schwer fallen dürfte, mir zu glauben, dass ich das Berichtete wirklich erlebt habe, sehe ich mich veranlasst, hier anzumerken und notfalls auch eidesstattlich zu versichern, dass ich tatsächlich eine wahre Begebenheit geschildert habe. Die erwähnte Bibelausgabe, deren Schutzumschlag als Coverbild das Farbfoto eines Bildausschnitts von Leonardo da Vincis Bild vom Letzten Abendmahl, eben das Antlitz Jesu, zeigte – Die Heilige Schrift des Neuen Bundes, herausgegeben von Pius Parsch, erschienen in 9. Auflage, Klosterneuburg bei Wien 1955 –, besitze ich noch immer. Sie steht auf einem Buchregal in meinem Büro, etwa zweieinhalb Meter von dem Schreibtisch entfernt, an dem ich diese Zeilen schreibe. Ich erinnere mich auch noch, wie furchtbar ich mich hinterher – nach der Zurechtweisung durch den Pfarrer, der Vinzenz Klöckl hieß – ge-

schämt habe, weil ich so dumm hatte sein können, zu glauben, die vermeintlich weiblichen Gesichtszüge würden mir ein Bild der Muttergottes zeigen.

4. Der Unsinn hat Methode

1 Alexander Schick/Michael Welte: Das wahre Sakrileg. Die verborgenen Hintergründe des Da-Vinci-Codes. München 2006, S. 68–69.

2 Koh 3,1.

3 Vgl. das berühmte Wort in Immanuel Kants Aufsatz »Was ist Aufklärung?«: »Sapere aude! Habe Mut, dich deines eigenen Verstandes zu bedienen!«

4 Vgl. Jesus ein Mittelständler?, Kurier, 22. Dezember 1997.

5 1 Kor 9,1.

6 Apg 22,6.

7 Apg 26,13.

8 Vgl. Paulus-Affäre erhitzte nicht nur fromme Gemüter«. Ruhrwort 36, 23. April 1994.

9 Kurier, 17. August 1994.

10 In einem von Michael Walker verfassten Nachruf auf Enoch Powell, diesen »umstrittensten und wohl einflussreichsten britischen Nachkriegspolitiker«, heißt es beispielsweise: »Dieser Tory-Einzelgänger war eine unwiderstehliche Persönlichkeit und ein nicht minder unwiderstehlicher Redner. Powells Zuhörer wurden vielleicht oft in Wut gebracht, aber niemals mussten sie sich langweilen.« Junge Freiheit 9, 20. Februar 1998.

11 Bruno Bauer: Kritik der evangelischen Geschichte des Johannes. Bremen 1840. Albert Kalthoff: Das Christusproblem. Grundlinien zu einer Sozialtheologie. Leipzig 1902. Arthur Drews: Die Leugnung der Geschichtlichkeit Jesu. Karlsruhe 1926.

12 Jean Magne: From Christianity to Gnosis and from Gnosis to Christianity. Atlanta 1996.

13 Ahmed Osman: Wer war Jesus wirklich. München 1994, S. 266.

14 Walter Hain: Sein Reich war nicht von dieser Welt. Beweise für die außerirdische Herkunft Christi. Berlin 1997. Vgl. auch das Interview mit Walter Hain in der TV-Sendung »Wir sind nicht allein« von Michael Satzinger und Johannes Steger. ORF, 31. März 1998.

15 Erich Kästner: Entwicklung der Menschheit. In: Gesammelte Schriften. Zürich 1959.

16 Neue Kronen-Zeitung, 12. April 1998.

17 Holger Kersten/Elmar R. Gruber: Jesus starb nicht am Kreuz. Die Botschaft des Turiner Grabtuchs. München 1998, S. 336.

18 In einer Fernsehdiskussion des Bayerischen Rundfunks (»Stationen«, 5. Mai 1998) fasste Elmar R. Gruber die These, die er in seinen gemeinsam mit Holger Kersten verfassten Büchern vertritt, folgendermaßen zusammen: »Wenn die Person, die im Grabtuch lag, tatsächlich Jesus war, und sehr vieles, fast alles deutet darauf hin, dann muss man sagen, dass Jesus nicht am Kreuz gestorben ist, dass Jesus die Kreuzigung überlebt hat und dass seine Helfer versucht haben, ihn nicht mit einem Grabtuch, sondern mit einem Heiltuch – und das ist es letztlich – zu retten, zu heilen. Die Stoffe, die darauf aufgetragen wurden, Aloe und Myrre beispielsweise, wurden ja auch nicht für Begräbnisriten verwendet, sondern eigentlich waren das Heilutensilien, Heilstoffe.«

19 Vgl. Josef Dirnbeck: Jesus und das Tuch. Die »Echtheit« einer Fälschung. Klosterneuburg-Wien 1998, S. 191.

20 Vgl. Günter Grönbold: Jesus in Indien. Das Ende einer Legende. München 1985, S. 10.

21 Vgl. Joachim Finger: Jesus – Essener, Guru, Esoteriker? Mainz und Stuttgart 1993, S. 48.

22 Mt 23,27.

23 Lk 9,60.

24 Richard Andrews/Paul Schellenberger: Das letzte Grab Christi. Die Geometrie des Heiligen Gral. Bergisch Gladbach 1996, S. 294.

25 Vgl. die von der BBC produzierte TV-Sendung von William Cran: »Im Irrgarten der Templer«. ORF, 26. November 1997.

26 Laurie Beth Jones: Jesus Christus, Manager. Biblische Weisheiten für visionäres Management. Wien 1996.

27 Michael Drosnin: Der Bibel-Code. München 1997.

28 Süddeutsche Zeitung, 19. Juli 1997.

29 Joh 16,33.

30 2 Tim 4,3.

31 Lk 23,34.

32 Wolfgang Beinert: Christentum und Fundamentalismus. Nettetal 1992, S. 35.

5. Der Meister und seine Herz-Dame

1 Martin Scorsese: Die letzte Versuchung Jesu. Nach dem Roman von Nikos Kazantzakis. Spielfilm 1988.

2 Stellungnahme der Deutschen Bischofskonferenz vom 29. September 1988. Zit. in: Jesus in der Hauptrolle. Zur Geschichte und Ästhetik der Jesus-Filme. Filmdienst 11, 1992, S. 70.

3 Mk 16,9.

4 Lk 7,37.

5 Lk 22,28.

6 Mt 16,23.

7 Gerald Messadié: Ein Mensch namens Jesus. München 1989, S. 112.

8 Vgl. das Chanson von Georg Kreisler: »Zwei alte Tanten tanzen Tango«.

9 Gen 2,24.

10 Zit. nach: CD-ROM zur Offenbarung durch Jakob Lorber sowie Gottfried Mayerhofer und Leopold Engel. Bietigheim o. J.

11 Max Frisch: Gesammelte Werke, Bd. III/1. Frankfurt am Main 1976, S. 115.

12 Juan José Benitez: Operation Jesus. Der Augenzeugenbericht eines Zeitreisenden von den letzten elf Tagen des Jesus von Nazareth. Bern 1993, S. 192.

13 Der Kleine Pauly. Lexikon der Antike, Bd. V. München 1979, S. 78.

14 Vgl. Mt 21,31: »Da sagte Jesus zu ihnen: Amen, das sage ich euch: Zöllner und Dirnen gelangen eher in das Reich Gottes als ihr.«

15 Dagobert Runes: Der wahre Jesus oder Das fünfte Evangelium. Wien 1927.

16 Ebenda S. 130.

17 Ebenda S. 138.

18 Vgl. Mt 19,11.

19 Konrad Algermissen: Artikel »Borborianer«. In: Lexikon für Theologie und Kirche, Bd. II,.Freiburg im Breisgau [2. Auflage] 1958, S. 606.

20 Epiphanius von Salamis: Panarion 26,8,2–3. Zit. nach: Edgar Hennecke/Wilhelm Schneemelcher: Neutestamentliche Apokryphen in deutscher Übersetzung, Bd. I. Tübingen [4. Auflage] 1968, S. 250.

21 Vgl. Heinrich Kraft: Kirchenväterlexikon. In: Texte der Kirchenväter, Bd. 5. München 1966, S. 190.

22 Luise Rinser: Mirjam. Frankfurt am Main 1983, S. 65.

23 Ebenda S. 67.

24 Ebenda S. 67.

25 Edgar Hennecke/Wilhelm Schneemelcher: Neutestamentliche Apokryphen in deutscher Übersetzung,Bd. I. Tübingen [4. Auflage] 1968,
S. 253–254.

26 Das Thomas-Evangelium. Übersetzt von E. Haenchen. In: Kurt
Aland: Synopsis quattuor Evangeliorum. Locis parallelis evangeliorum apocryphorum et patrum adhibitis. Stuttgart 1964, S. 530.

27 Die Evangelien berichten davon, dass Jesus die in Kapernaum am
Nordwestufer des Sees Genezareth wohnhafte Schwiegermutter des
Petrus von einem Fieber geheilt hat: Mt 8,14–15; Mk 1,29–31; Lk 4,
38–39.

28 Offb 19,7: »Denn gekommen ist die Hochzeit des Lammes, und seine
Frau hat sich bereit gemacht.«

29 Vgl. Offb 21,9–11: »Und es kam einer von den sieben Engeln, die die
sieben Schalen mit den sieben letzten Plagen getragen hatten. Er sagte
zu mir: Komm, ich will dir die Braut zeigen, die Frau des Lammes. Da
entrückte er mich in der Verzückung auf einen großen, hohen Berg
und zeigte mir die heilige Stadt Jerusalem, wie sie von Gott aus dem
Himmel herabkam.« Und Offb 21,2: »Und ich sah die heilige Stadt,
das neue Jerusalem, von Gott her aus dem Himmel herabkommen;
sie war bereit wie eine Braut, die sich für ihren Mann geschmückt hat.«

30 Lotte Ingrisch/Gottfried von Einem: Jesu Hochzeit. Mysterienoper
in zwei Akten. Libretto. Berlin 1979, S. 50.

31 Das lateinische Wort »Imprimatur« (wörtlich: »Es möge gedruckt
werden«) ist ein Fachausdruck für die kirchliche Druckerlaubnis in
der katholischen Kirche. Durch das Zweite Vatikanische Konzil, das
bekanntlich den mündigen Christen propagiert hat, ist es diesbezüglich zu einem Paradigmenwechsel gekommen. Der alte »Index der
verbotenen Bücher« wurde zwar nicht ausdrücklich abgeschafft, aber
er ist – wie man so schön sagt – eines natürlichen Todes gestorben,
d. h., die Erteilung einer kirchlichen Druckerlaubnis ist heutzutage
nur noch von untergeordneter Bedeutung.

32 Hubert Feichtlbauer in der Wochenzeitung Die Furche. Zit. in: Kathpress 108, 29. Mai 1980.

33 Karl August von Hase: Das Leben Jesu zunächst für akademische
Studien. 1829.

34 Karl Heinrich Venturini: Natürliche Geschichte des großen Propheten von Nazareth. Kopenhagen 1800.

35 Nicolai Notowitsch: Die Lücke im Leben Jesu (La vie inconnue de Jésus-Christ). Stuttgart 1894. Vgl. Joachim Finger: Jesus – Essener, Guru, Esoteriker? Mainz und Stuttgart 1993, S. 62.

36 Henry Lincoln/Michael Baigent/Richard Leigh: Der Heilige Gral und seine Erben. Ursprung und Gegenwart eines geheimen Ordens. Bergisch Gladbach 1984. Diese These tischt uns Baigent seinem zwei Jahrzehnte später veröffentlichten Buch Die Gottes-Macher auf. Er mutmaßt, dass die »Ehe zwischen Jesus und Maria Magdalena« möglicherweise bei der Hochzeit zu Kana geschlossen worden sein könnte, und bereichert das Spektrum schillernder Spekulationen um eine Reihe weiterer fantastischer Erkenntnisse. Zum Beispiel dass Pilatus aus verschiedenen Gründen versuchte, Jesus zu retten und sein »Überleben sicherzustellen«, was ihm – mit Hilfe eines Jesusfreundes, des jüdischen Ratsherrn Josef von Arimathäa – tatsächlich gelang. Jesus konnte so, nachdem er die Kreuzigung überlebt hatte, die »weniger eine Exekution als eine Todesfolter« war, mittels blutstillender Myrrhe und anderer Spezereien eine »intensive medizinische Behandlung« erfahren, die ihn wieder aufpäppelte und auf die Beine kommen ließ. Anschließend reiste er begleitet von seiner Frau Maria Magdalena nach Ägypten. Baigent wörtlich (Die Gottesmacher, S. 285): »An dieser Stelle kann ich nur Mutmaßungen äußern, doch sie stützen sich auf das, was über die Zeit bekannt ist. Es bietet sich nur eine einzige Gegend an, in die Jesus hätte reisen können: Ägypten.« Und schon ist es möglich, »jene Texte, die aus Ägypten stammen und von der paulinisch geprägten Kirche abgelehnt wurden, neu zu betrachten.« (Ebd., S. 287).

37 Dr. De Jonge: Jeschuah. Der klassische jüdische Mann. Zerstörung des kirchlichen, Enthüllung des jüdischen Jesus-Bildes. Berlin 1904.

38 Joh 6,9.

39 Jean-Claude Barreau: Die Memoiren von Jesus. Frankfurt 1978, S. 33–34.

40 Das ist Mein Wort. Alpha und Omega – Das Evangelium Jesu. Die Christus-Offenbarung, welche die Welt nicht kennt. Würzburg 1991, S. 91–92.

41 Ebenda S. 92.

42 Ebenda S. 92–93.

43 Anna Katharina Emmerick: Das Leben Jesu. Regensburg 1858. Vgl.

Albert Schweitzer: Geschichte der Leben-Jesu-Forschung. München 1966, S. 144.

44 Marianne Fredriksson: Maria Magdalena. Frankfurt am Main 1999.

45 Ebenda S. 133.

46 Ebenda S. 156.

47 Ebenda S. 156.

48 Ebenda S. 157.

49 Ebenda S. 28.

50 Ebenda S. 27.

51 Ebenda S. 169.

52 Ebenda S. 91.

53 Ebenda S. 145.

54 Ebenda S. 16.

55 Ebenda S. 17.

56 Ebenda S. 28.

57 So ein zentrales Argument, mit dem vom Verlag für das Fredriksson-Buch geworben wurde.

58 Marianne Fredriksson: Maria Magdalena. Frankfurt am Main 1999, S. 110.

59 Ebenda S. 213.

60 Ebenda S. 236.

61 Ebenda S. 191.

62 Ebenda S. 135.

63 Ebenda S. 132.

64 Hejo Müller: Joschua oder Die Mitte der Nacht ist der Beginn des Tages. Eine Szenenfolge. Bühnenmanuskript. Dresden 1993.

65 Ebenda Szene II/7.

66 Hejo Müller: Ein Mann aus Galiläa. Meditationen. Ramstein [2. Auflage] 1985.

67 Ebenda S. 18.

68 Lk 22,43.

69 Barbara Thiering: Jesus von Qumran. Sein Leben – neu geschrieben. Gütersloh 1993. (Jesus the Man. A new Interpretation from the Dead Sea Scrolls.)

70 Ebenda S. 300.

71 Hebr 8,1–13.

72 Barbara Thiering: Jesus von Qumran. Sein Leben – neu geschrieben. Gütersloh 1993, S. 180.

73 Apg 16,14. Barbara Thiering: Jesus von Qumran. Sein Leben – neu geschrieben. Gütersloh 1993, S. 356. Vgl. ebenda S. 180–181: »Dass Maria und Jesus sich trennten und Jesus eine zweite Ehe einging, ist einer auf die Purpurhändlerin Lydia bezogenen Aussage aus dem März des Jahres 50 n. Chr. zu entnehmen: Da tat der Herr das Herz auf.«

74 Ebenda S. 143.

75 Heinrich Eberhard Gottlob Paulus: Das Leben Jesu als Grundlage einer reinen Geschichte des Urchristentums. Heidelberg 1828.

76 Barbara Thiering: Jesus von Qumran. Sein Leben – neu geschrieben. Gütersloh 1993, S. 143.

77 Ebenda S. 145.

78 Ebenda S. 157. »Jesus verbrachte die nächsten drei Jahre in Klausur. Da im September des Jahres 33 n. Chr. seine Tochter geboren war, durfte er im September des Jahres 36 n. Chr. wieder in die Welt zurückkehren. Während dieser drei Jahre der Abgeschlossenheit kann er durchaus an der Niederschrift des vierten Evangeliums beteiligt gewesen sein.«

6. Viel Lärm um Qumran

1 Michael Baigent/Richard Leigh: Verschlusssache Jesus. Die Qumranrollen und die Wahrheit über das frühe Christentum. München 1991.

2 Mark Twain: Die Arglosen im Ausland. Aus dem Amerikanischen von Ana Maria Brock. Zürich 1990, S. 486.

3 Alfred Worm: Mein Gott, Jesus! Profil 15, 10. April 1993, S. 63.

4 Robert Eisenman/Michael Wise: Jesus und die Urchristen. Die Qumran-Rollen entschlüsselt. München 1992.

5 Barbara Thiering: Jesus von Qumran. Sein Leben – neu geschrieben. Gütersloh 1993, S. 53.

6 Ebenda S. 34.

7 Ebenda S. 33.

8 Vgl. Otto Betz/Rainer Riesner: Jesus, Qumran und der Vatikan. Klarstellungen. Gießen und Freiburg im Breisgau 1993, S. 135–136.

9 Barbara Thiering: Jesus von Qumran. Sein Leben – neu geschrieben. Gütersloh 1993, S. 96.

10 Ebenda S. 48.

11 Claus Schedl: Baupläne des Wortes. Einführung in die biblische Logotechnik. Wien 1974, S. 21.

12 Vgl. die bibliografische Liste »Zeitschriftenartikel des Autors zum Thema Wort und Zahl«, ebenda S. 30 f.

13 Univ. Prof. Dr. Kurt Schubert in einem Vortrag zum Thema »Qumran und Jesus«. Wien, 21. Januar 1993.

14 Vgl. Otto Betz/Rainer Riesner: Jesus, Qumran und der Vatikan. Klarstellungen. Gießen und Freiburg im Breisgau 1993, S. 49 und 138.

15 John M. Allegro: Der Geheimkult des heiligen Pilzes. Rauschgift als Ursprung unserer Religion. Wien 1971.

16 Sabine Rückert: Ans Licht der Welt. Die Zeit 53, 25. Dezember 1992, S. 12.

17 Vgl. Otto Betz/Rainer Riesner: Jesus, Qumran und der Vatikan. Klarstellungen. Gießen und Freiburg im Breisgau 1993, S. 32.

18 Dan Brown: Sakrileg, Bergisch Gladbach 2006. S. 1: »Robert Langdon erwachte nur langsam, als käme er aus tiefer Schwärze hinauf ans Licht …«

19 Otto Betz/Rainer Riesner: Jesus, Qumran und der Vatikan. Klarstellungen. Gießen und Freiburg im Breisgau 1993, S. 32.

20 Carl Friedrich Bahrdt: Briefe über die Bibel im Volkston. Eine Wochenschrift von einem Prediger auf dem Lande. Halle 1782. Carl Friedrich Bahrdt: Ausführung des Plans und Zwecks Jesu. In Briefen an Wahrheit suchende Leser. Berlin 1784.

21 Johann Georg Wachter: De primordiis Christianae. 1713. Vgl. Joachim Finger: Jesus – Essener, Guru, Esoteriker? Mainz und Stuttgart 1993, S. 38–39.

22 Carl Friedrich Bahrdt: Ausführung des Plans und Zwecks Jesu. In Briefen an Wahrheit suchende Leser. Berlin 1784, S. 83–84.

23 Karl Heinrich Venturini: Natürliche Geschichte des großen Propheten von Nazareth. Kopenhagen 1800.

24 Nämlich am 23. April 1792. Zu den biografischen Angaben vgl. Ernst Walter Zeeden: Artikel »Bahrdt«. In: Lexikon für Theologie und Kirche, Bd. I. Freiburg im Breisgau [2. Auflage] 1957, S. 1193.

7. »Hose runter!« statt »Hosianna!«

1 Die Presse, 2. November 1999.
2 Süddeutsche Zeitung, 23. Mai 2000.
3 Hermann Nitsch: Orgien Mysterien Theater. Darmstadt 1969, S. 252. Im Original ist der zitierte Text in radikaler Kleinschrift geschrieben.
4 Ebenda S. 252–253.
5 Josef Dirnbeck: Umgang mit Blasphemie. Kirche Intern 9, 1998.
6 Vgl. 1 Kön 18,40: »Elija aber befahl ihnen: Ergreift die Propheten des Baal! Keiner von ihnen soll entkommen. Man ergriff sie, und Elija ließ sie zum Bach Kischon hinabführen und dort töten.«
7 1 Kor 4,12.
8 Koh 1,9.
9 Gerhard Haderer: Das Leben des Jesus.
10 Zit. nach einer Meldung der Nachrichtenagentur Kath.Net v. 7. Februar 2006: »Karikaturist Haderer: Hätte Mohammed nicht gezeichnet.«
11 Vgl. auch das Gespräch im Spiegel vom 10. Februar 2006. Darin sagte Haderer: »Mein Buch war niemals als Tabubruch angelegt. Es ging um die Darstellung einer sympathischen Jesus-Figur – im Gegensatz zu den unsympathischen Figuren in seiner Umgebung, sprich den Amtsträgern der Kirche. Anders als im Falle Mohammeds habe ich mich auf die jahrhundertealte Tradition der Darstellung von Jesus Christus bezogen.«
12 Jesus als nacktes Mädchen am Kreuz: Gotteslästerung?, Die ganze Woche. Wien, 19. April 2000, S. 14.
13 Ebenda S. 14.
14 Ebenda S. 14.
15 Andreas Laun: Irreführung um eine Frau am Kreuz, Richtigstellung und eine Bitte um wechselseitige Ehrfurcht, Die Presse, 22. April 2000.
16 Moritz Meschler: Das Leben unseres Herrn Jesu Christi des Sohnes Gottes. Freiburg im Breisgau 1912, S. 170.
17 Michael Moorcock: I.N.R.I. oder Die Reise mit der Zeitmaschine. Sciencefiction-Roman. Hamburg 1972.
18 Ebenda S. 113.
19 Ebenda S. 117–118 (gek.).
20 Ebenda S. 139.

21 Ebenda S. 149.

22 Albert Schweitzer: Geschichte der Leben-Jesu-Forschung. München 1966, S. 48.

23 Dagobert Runes: Der wahre Jesus oder Das fünfte Evangelium. Wien 1927, S. 35.

24 Ebenda S. 167–168.

25 Ebenda S. 171.

26 Ebenda S. 171–172.

27 Ebenda S. 174–175.

28 Dagobert Runes (a. a. O., S. 176) nennt folgende Ausgaben der Tole-doth Jeschu: »Wagenseil, Telaignea Satanae, h. e. arcani et horribiles Judaeorum adversus Christum Deum et christianam religionem libri anecdoti« und »J. J. Huldricus, Historia Jeschuae Nazareni a Judaeis blaspheme corrupta«.

29 Albert Schweitzer: Geschichte der Leben-Jesu-Forschung. München 1966, S. 332–333. Vgl. auch Samuel Krauß: Das Leben Jesu nach jüdischen Quellen. Berlin 1902.

30 Apg 8,9–25.

31 Vgl. Nikolaus Adler: »Simon der Magier«. In: Lexikon für Theologie und Kirche, Bd. IX. Freiburg im Breisgau [2. Auflage] 1964, S. 769–770.

32 Mt 21,18–19.

33 Vgl. Peter de Rosa: Der Jesus-Mythos. Über die Krise des christlichen Glaubens. München 1991, S. 237.

34 Rudolf Schnackenburg: »Tol(e)doth Jeschu«. In: Lexikon für Theologie und Kirche, Bd. X. Freiburg im Breisgau [2. Auflage] 1965, S. 239.

35 1 Kor 1,23.

36 Pinchas Lapide: Ist das nicht Josephs Sohn? Jesus im heutigen Judentum. Gütersloh [3. Auflage] 1988, S. 86 f.

37 Laktanz: Auszug aus den göttlichen Unterweisungen, 40.

38 Vgl. Tertullian: Apologeticum 16, 12

39 Johannes Lehmann: Das Jesus-Geschäft. Profil 15, 10. April 1992, S. 58.

40 Johannes Lehmann: Jesus-Report. Protokoll einer Verfälschung. Düsseldorf 1970.

41 Johannes Lehmann: Das Jesus-Geschäft. Profil 15, 10. April 1992, S. 60.

42 Ebenda S. 61.

43 Johannes Lehmann: Das Geheimnis des Rabbi J. Was die Urchristen versteckten, verfälschten und vertuschten. Hamburg 1985, S. 293.

44 Ronaldo Muñoz: Der Gott der Christen (El Dios de los cristianos). Bibliothek Theologie der Befreiung. Düsseldorf 1987, S. 172–173.

45 A. N. Wilson: Der geteilte Jesus. Gotteskind oder Menschensohn. München 1993, S. 9.

46 Barbara Thiering: Jesus von Qumran. Sein Leben – neu geschrieben. Gütersloh 1993, S. 123.

47 A. N. Wilson: Der geteilte Jesus. Gotteskind oder Menschensohn. München 1993, S. 154.

48 Ebenda S. 244.

49 Ebenda S. 203.

50 Ebenda S. 205.

51 Ebenda S. 281.

52 Ebenda S. 281–282.

53 Karl Herbst: Der wirkliche Jesus. Das total andere Gottesbild. Olten 1988, S. 13.

54 Röm 10,9.

55 Lk 22,35–38.

56 Einheitsübersetzung der Heiligen Schrift. Gesamtausg. Stuttgart 1980.

57 Karl Herbst: Der wirkliche Jesus. Das total andere Gottesbild. Olten 1988, S. 203.

58 Ebenda S. 203.

59 Mk 14,61; 15,2; Mt 8,7; 11,8; Lk 22,28–30.

60 Ebenda S. 23.

61 Ebenda S. 63.

62 Ebenda S. 32.

63 Ebenda S. 39.

64 Paul de Régla: Jesus von Nazareth. Vom wissenschaftlichen, geschichtlichen und gesellschaftlichen Standpunkt aus dargestellt. Leipzig 1894.

65 Karl Herbst: Der wirkliche Jesus. Das total andere Gottesbild. Olten 1988, S. 253.

66 Mk 14,49. Karl Herbst: Der wirkliche Jesus. Das total andere Gottesbild. Olten 1988, S. 210.

67 Barbara Thiering: Jesus von Qumran. Sein Leben – neu geschrieben. Gütersloh 1993.

68 Maria Valtorta: Der Gottmensch. Leben und Leiden unseres Herrn Jesus Christus, Bd. I. Hautville 1993.

69 Lk 2,7: »Und sie gebar ihren Sohn, den Erstgeborenen. Sie wickelte ihn in Windeln und legte ihn in eine Krippe, weil in der Herberge kein Platz für sie war.«

70 Mt 2,11: »Sie gingen in das Haus und sahen das Kind und Maria, seine Mutter; da fielen sie nieder und huldigten ihm. Dann holten sie ihre Schätze hervor und brachten ihm Gold, Weihrauch und Myrre als Gaben dar.«

71 Maria Valtorta: Der Gottmensch. Leben und Leiden unseres Herrn Jesus Christus, Bd. I. Hautville 1993, S. 56.

72 Holger Kersten: Jesus lebte in Indien. Sein geheimes Leben vor und nach der Kreuzigung. München 1993.

73 Nicolai Notowitsch: Die Lücke im Leben Jesu (La vie inconnue de Jésus-Christ). Stuttgart 1894.

74 Vgl. Günter Grönbold: Jesus in Indien. Das Ende einer Legende. München 1985, S. 103–105.

75 Vgl. ebenda S. 41.

76 Ebenda S. 10.

77 Ebenda S. 139.

78 Vgl. Joachim Finger: Jesus – Essener, Guru, Esoteriker? Mainz und Stuttgart 1993, S. 50–51.

79 Ebenda S. 50.

80 Günter Grönbold: Jesus in Indien. Das Ende einer Legende. München 1985, S. 62.

81 Holger Kersten: Jesus lebte in Indien. Sein geheimes Leben vor und nach der Kreuzigung. München 1993, S. 280.

82 Günter Grönbold: Jesus in Indien. Das Ende einer Legende. München 1985, S. 48.

83 Vgl. ebenda S. 49–50.

84 Ebenda S. 51.

85 Ebenda S. 52.

86 Ebenda S. 53.

87 Der Ostasiatische Lloyd, 13. Juli 1894. Zit. bei Günter Grönbold: Jesus in Indien. Das Ende einer Legende. München 1985, S. 140.

88 Albert Schweitzer: Geschichte der Leben-Jesu-Forschung. München 1966, S. 333.

89 Kamal Salibi: Wer war Jesus wirklich? Die Verschwörung von Jerusalem. München 1993.

8. Vegetarier, Arier, Planetarier

1 Lk 22,15.
2 Juan José Benitez: Operation Jesus. Der Augenzeugenbericht eines Zeitreisenden von den letzten elf Tagen des Jesus von Nazareth. Bern 1993, S. 244.
3 Carl Anders Skriver: Die Regel der Nazoräer im Zwanzigsten Jahrhundert. Berlin-Dahlem 1960, S. 174.
4 Ebenda S. 174. Skriver verweist auf die Bibelstellen Mt 16,5 und Mk 8,14.
5 Ebenda S. 55.
6 Ebenda S. 174–175.
7 Ebenda S. 174.
8 Gideon J. R. Ouseley, zit. bei Joachim Finger: Jesus – Essener, Guru, Esoteriker? Mainz und Stuttgart 1993, S. 25.
9 Mk 7,15.
10 Joh 6,53.
11 Wolfgang Fenske hat zu diesem Thema eine ausgezeichnete Studie verfasst, die im Verlag der Wissenschaftlichen Buchgesellschaft erschienen ist. Sein Interesse an diesem Thema wurde, wie er selber sagt, »durch populäre Jesusbücher angefacht, die nicht selten antijüdische Intentionen beinhalten. Sie greifen zum Teil die alten Argumente auf, variieren sie jedoch so, dass sie unverfänglicher klingen.« Wolfgang Fenske: Wie Jesus zum »Arier« wurde. Auswirkungen der Entjudaisierung Christi im 19. und zu Beginn des 20. Jahrhunderts. Darmstadt 2005, S. 11.
12 Pinchas Lapide: Ist das nicht Josephs Sohn? Jesus im heutigen Judentum. Gütersloh [3. Auflage] 1988, S. 146.
13 Ebenda S. 131.
14 Wilhelm Hauer: Ein arischer Christus. Karlsruhe 1939.
15 Vgl. Pinchas Lapide: Ist das nicht Josephs Sohn? Jesus im heutigen Judentum. Gütersloh [3. Auflage] 1988, S. 131.
16 Vgl. Joachim Finger: Jesus – Essener, Guru, Esoteriker? Mainz und Stuttgart 1993, S. 70.
17 H. Monnier: Die historische Mission Jesu. 1906.
18 Vgl. Jes 8,23; 1 Makk 5,15.
19 A. Müller: Jesus ein Arier. Leipzig 1904.
20 Ernest Bosc: Das esoterische Leben Jesu und der Ursprung des

Christentums im Osten (La vie ésotérique de Jésus Christ et les origines orientales du christianisme). Paris 1902.

21 Wilfried Daim: Der Mann, der Hitler die Ideen gab. Die sektiererischen Grundlagen des Nationalsozialismus. Wien [2. Auflage] 1985.

22 Lanz von Liebenfels, zit. bei Wilfried Daim: Der Mann, der Hitler die Ideen gab. Die sektiererischen Grundlagen des Nationalsozialismus. Wien [2. Auflage] 1985, S. 69.

23 Ebenda S. 195–196.

24 Ebenda S. 106.

25 Adolf Hitler: Mein Kampf. Eine Abrechnung. München 1925, S. 65.

26 Ebenda S. 73.

27 Heydrich in einem Gespräch mit Hans Berndt Gisevius, zit. bei Wilfried Daim: Der Mann, der Hitler die Ideen gab. Die sektiererischen Grundlagen des Nationalsozialismus. Wien [2. Auflage] 1985, S. 221.

28 Ebenda S. 216–218.

29 In Daims Buch ist das Original des Sitzungsberichts mit dem handschriftlichen Aktenvermerk und der Unterschrift Adolf Hitlers auf S. 217 faksimiliert abgedruckt.

30 Jay Haley: Die Jesus-Strategie. Psychologie heute 2, 1990, S. 54.

31 Ebenda S. 57.

32 Joachim Gnilka: Jesus von Nazareth. Botschaft und Geschichte. Freiburg im Breisgau 1993, S. 326–327.

33 Jay Haley: Die Jesus-Strategie. Psychologie heute 2, 1990, S. 58.

34 Wilhelm Michaelis: Die Apokryphen Schriften zum Neuen Testament. Bremen 1956, S. 445.

35 Vgl. Joachim Finger: Jesus – Essener, Guru, Esoteriker? Mainz und Stuttgart 1993, S. 16.

36 Josef Blinzler: »Benanbrief«. In: Lexikon für Theologie und Kirche, Bd. II. Freiburg im Breisgau [2. Auflage] 1958, S. 168.

37 Vgl. ebenda S. 168.

38 Joachim Finger: Jesus – Essener, Guru, Esoteriker? Mainz und Stuttgart 1993, S. 108.

39 Carl Schmidt: Der Benanbrief. Leipzig 1921. Vgl. Wilhelm Michaelis: Die Apokryphen Schriften zum Neuen Testament. Bremen 1956, S. 445.

40 Vgl. Joachim Finger: Jesus – Essener, Guru, Esoteriker? Mainz und Stuttgart 1993, S. 107.

41 Joh 8,6.

42 Jakob Lorber: Briefwechsel zwischen Abgarus Ukkama, Fürst von Edessa, und Jesus von Nazareth. Bietigheim-Bissingen [9. Auflage] 1992.

43 Ebenda S. 5–6.

44 Ebenda S. 7–8.

45 Ein Mann hört eine Stimme. Christliche Prophetie für unsere Zeit. Bietigheim-Bissingen, S. 2.

46 Ebenda S. 3.

47 Vgl. Edgar Hennecke/Wilhelm Schneemelcher: Neutestamentliche Apokryphen in deutscher Übersetzung, Bd. I. Tübingen [4. Auflage] 1968, S. 325–327.

48 Vgl. Julius Aßfalg: »Doctrina Addaei«. Kindlers Literaturlexikon, Bd. 7. München 1974, S. 2780–2781.

49 Jakob Lorber: Briefwechsel zwischen Abgarus Ukkama, Fürst von Edessa, und Jesus von Nazareth. Bietigheim-Bissingen [9. Auflage] 1992, S. 11.

50 Ebenda S. 33.

51 Vgl. Reinhard Rinnerthaler/Friedrike Valentin: Jakob Lorber und seine »Neuoffenbarung« [Skriptum], hg. vom Referat für Weltanschauungsfragen, Sekten und religiöse Gemeinschaften. Wien 1980.

52 Joh 16,12–14.

53 So konnte man etwa Erika Bertschinger, die sich »Uriella« nennt und den Orden »Fiat Lux« gegründet hat, im Fernsehen beobachten, wie sie als »Sprachrohr Jesu« vorführte, wie sie in Trance gerät und Jesus aus ihr »spricht«. Joachim Finger hat den Jesus der Prophetin Uriella wie folgt charakterisiert: »Jener Jesus hat noch kein eigentliches Evangelium schreiben lassen, lehrt aber […] Dinge wie Reinkarnation, Karma, Vegetarismus, Verderbtheit der Kirchen und menschliche Vorleistungen als Bedingung für Gottes Gnade.« (Jesus – Essener, Guru, Esoteriker? Mainz und Stuttgart 1993, S. 23).

54 Christusstaat weltweit. Das Wort der Bundgemeinde Neues Jerusalem im Universellen Leben. Sonderausgabe »Innerer Weg«, Würzburg, 6, 1993, S. 8.

55 Lk 24,39; Joh 20,20; 20,27.

56 Hebr 13,8.

57 Christusstaat weltweit. Das Wort der Bundgemeinde Neues Jerusalem im Universellen Leben. Sonderausgabe »Innerer Weg«, Würzburg, 6, 1993, S. 1–2.

58 Christus der Schlüssel zum Tor des Lebens. Universelles Leben – Bücher und Cassetten. 1993/1994.

59 Das ist Mein Wort. Alpha und Omega – Das Evangelium Jesu. Die Christus-Offenbarung, welche die Welt nicht kennt. Würzburg, 1991. Ab S. 60 passim.

60 Ebenda S. 53.

61 Das ist Mein Wort. Alpha und Omega – Das Evangelium Jesu. Die Christus-Offenbarung, welche die Welt nicht kennt. Würzburg, 1991. S. 75–76.

62 Nostra aetate Nr. 4. Zit. nach Karl Rahner/Herbert Vorgrimler: Kleines Konzilskompendium. Freiburg im Breisgau, 1966, S. 358–359.

63 Lk 23,34.

64 Das ist Mein Wort. Alpha und Omega – Das Evangelium Jesu. Die Christus-Offenbarung, welche die Welt nicht kennt. Würzburg, 1991, S. 94–95.

65 Christusstaat weltweit. Das Wort der Bundgemeinde Neues Jerusalem im Universellen Leben. Sonderausgabe »Innerer Weg«, Würzburg, 6, 1993, S. 2.

66 Vgl. Joachim Finger: Jesus – Essener, Guru, Esoteriker? Mainz und Stuttgart 1993, S. 68.

67 Das Buch Mormon. Hg. von der Kirche Jesu Christi der Heiligen der Letzten Tage. Deutschsprachige Ausgabe [19. Auflage], S. 397.

68 Ebenda S. 397–398.

69 Vittorio Messori: Mensch geworden. Wer war Jesus? Graz 1978, S. 247.

70 Ebenda S. 247.

71 Vgl. Joachim Finger: Jesus – Essener, Guru, Esoteriker? Mainz und Stuttgart 1993, S. 55.

72 Ebenda S. 57.

9. Postmodernes Glasperlenspiel

1 Kraft Wetzel: Welchen Judas hätten Sie denn gern? Die Zeit 21, 17. Mai 2001, S. 41.

2 Ebenda.

3 1 Kor 1,22–23.

4 Mt 26,55.

5 Joh 18,20–21.

6 Joh 18,22–23.

7 1 Kor 1,23–25.

8 Zit. in: Alfred Läpple: Jesus von Nazareth. Kritische Reflexionen. München 1972, S. 23.

9 Ernst Bloch: Das Prinzip Hoffnung. Frankfurt am Main 1968.

10 Adolf Holl: Jesus in schlechter Gesellschaft. Stuttgart 1971.

11 Johannes Thiele (Hg.): Jesus. Auf der Suche nach einem neuen Gottesbild. Düsseldorf 1993, S. 11.

12 Jack Miles: Jesus. Der Selbstmord des Gottessohns. München 2001.

13 Burkhard Hickisch/Renate Spieckermann: Ich war Ötzi. Die Botschaft aus dem Eis. München 1995.

14 Aus einem Werbeprospekt des Münchener Hanser-Verlages.

15 Der Grundgedanke der »Satisfaktionstheorie« besteht in der – vom mittelalterlichen Welt- und Menschenbild keineswegs unbeeinflussten – Annahme, dass dem unendlichen Gott durch den Sündenfall des Menschen eine Majestätsbeleidigung angetan worden sei, für die ihm nur dann in rechter Weise Genugtuung geleistet werden könne, wenn die Genugtuung durch einen gleichwertigen Partner erfolgt, also nicht durch einen leider bloß endlichen Menschen, sondern durch den der Unendlichkeit teilhaftigen Gottmenschen Jesus. Womit bewiesen wurde, was zu beweisen war: Gott selber musste Mensch werden, um den Menschen erlösen zu können.

16 Jack Miles: Gott. Eine Biographie. München 1996.

17 Statement von Jack Miles. In: Ursula Baatz: Eine Krise im Leben Gottes. Der Autor Jack Miles und das Leben Jesu. ORF, 30. Dezember 2001.

18 Heinz Zahrnt: Irgendjemand muss dafür büßen. Jack Miles liest die Bibel wie ein literarisches Kunstwerk. Süddeutsche Zeitung, 27. November 2001.

19 Michael Köhlmeier. Der Menschensohn. Die Geschichte vom Leiden Jesu. München 2001.

20 Vgl. meinen Kommentar »Etikettenschwindel«, den ich anlässlich der Ausstrahlung der am Alten Testament orientierten Köhlmeier-Geschichten für die Zeitschrift Kirche In verfasst habe: »Offen gesagt«. Kirche In 9, 1999.

21 Michael Köhlmeier: Die Passion des Jesus Christus, nacherzählt von Michael Köhlmeier. ORF, 22. April 2000. Die Zitate, auf die ich mich in meiner Analyse beziehe, stammen aus dieser Radiosendung.

22 Mt 27,25.

23 Marie Luise Kaschnitz: Das Ärgernis. In: Zwischen Immer und Nie. Gestalten und Themen der Dichtung. Frankfurt/M. 1993, S. 35–36.

24 Joh 18,6: »Als er zu ihnen sagte: Ich bin es!, wichen sie zurück und stürzten zu Boden.«

25 Mt 26,39: »Und er ging ein Stück weiter, warf sich zu Boden und betete: Mein Vater, wenn es möglich ist, gehe dieser Kelch an mir vorüber. Aber nicht wie ich will, sondern wie du willst.«

26 Roger, Young : Die Bibel – Jesus. Spielfilm 1999. Drehbuch: Suzette Couture. Mit Jeremy Sisto (Jesus), Jacqueline Bisset (Maria), Luca Zingaretti (Petrus), Debra Messing (Maria Magdalena), Armin Mueller-Stahl (Josef), Peter Gevissen (Lazarus), Jeroen Krabbé (Satan) u. a. Redaktion: Heinrich Krauss. Musik: Patrick Williams. Regie: Roger Young. Die Zitate, auf die ich mich in meiner Analyse beziehe, stammen alle aus diesem Film.

27 Mt 4,3.

10. Vision oder Fata Morgana

1 Johann Ferdinand Rüthling: Mir und mich. In: Museum komischer Vorträge, Nr. 1. Berlin [11. Auflage], o. J.

2 Vgl. 1 Kor 13,1–3

3 Andreas Gromon: »Ich bin nicht unfehlbar« (Interview). Kirche 2, 1997, S. 47.

4 Ebenda S. 47.

5 Vgl. das Gedicht »Die unmögliche Tatsache« aus den Palmström-Gedichten von Christian Morgenstern, in dem es am Ende heißt: »... Und er kommt zu dem Ergebnis: / Nur ein Traum war das Erlebnis. / Weil, so schließt er messerscharf, / nicht sein kann, was nicht sein darf.«

6 Vgl. das Vorwort zu Karl Herbst: Der wirkliche Jesus. Das total andere Gottesbild. Olten 1988.

7 Karl Herbst: Kriminalfall Golgatha. Der Vatikan, das Turiner Grabtuch und der wirkliche Jesus. Düsseldorf 1992, S. 172.

8 Ebenda S. 172–173.

9 Ebenda S. 173.

10 Ebenda S. 176.

11 Friedrich Schiller im Distichon mit dem Titel »Der Schlüssel« aus den Tabulae novae.

12 Kathpress 65, 4. April 1989, S. 4–5.

13 Karl Herbst: Kriminalfall Golgatha. Der Vatikan, das Turiner Grabtuch und der wirkliche Jesus. Düsseldorf 1992, S. 9.

14 Vgl. Holger Kersten/Elmar R. Gruber: Das Jesus-Komplott. Die Wahrheit über die Auferstehung. München 1992, S. 9–10.

15 Hans Naber: Jesus Christus ist laut seinem eigenen Linnen nicht am Kreuz gestorben. Illustrierte Sonderausgabe, hg. vom Autor. 1957.

16 Holger Kersten/Elmar R. Gruber: Das Jesus-Komplott. Die Wahrheit über die Auferstehung. München 1992, S. 10.

17 Die wissenschaftliche Erforschung des Turiner Grabtuchs wird als »Sindonologie« bezeichnet. Das Wort ist abgeleitet vom griechischen Wort »sindon«, welches Linnen bzw. Grabtuch bedeutet.

18 Werner Bulst: Betrug am Turiner Grabtuch. Der manipulierte Carbontest. Frankfurt am Main 1990.

19 Wegen dieses unzweideutigen und die Echtheit des Tuches ausschließenden Ergebnisses wurde der Test denn auch von jenen, denen an ebenjener Echtheit gelegen war, heftig angezweifelt und durch einen Rattenschwanz von neuen Theorien und Erklärungsversuchen zu relativieren versucht. In dem von Karlheinz Dietz – einem keineswegs zu den Skeptikern zu zählenden, sondern die Frage der Echtheit eher in bejahendem Sinn beantwortenden Grabtuchforscher – für die 3. Auflage des Lexikons für Theologie und Kirche verfassten, im Jahr 2001 erschienenen Artikel (»Turiner Grabtuch«, LThK3 X, S. 309–310) – wird die Sachlage folgendermaßen beschrieben: »Wissenschaftlich ist die Entstehung des Turiner Grabtuchs ungeklärt: Pollenanalysen, Webart und Abmessungen weisen auf eine Herkunft aus dem Vorderen Orient hin. 1988 wurde für das Leinen ein Radiokarbondatum zwischen 1260 und 1390 ermittelt, bei 95 Prozent Wahrscheinlichkeit. Der Streit um das Turiner Grabtuch wurde damit nicht beendet. Versuche, es mit ›nicht von Menschenhand gemachten‹ Christusbildern oder einem 1204 aus Konstantinopel verschwundenen Grabtuch zu identifizieren, bleiben Hypothesen.«

20 In der Literatur über das Turiner Grabtuch gibt es unterschiedliche Angaben über die Größe des Tuches. Die hier zitierten Maßangaben (4,37 x 1,11 m) finden sich in der 1998 erschienenen Mappe »Wie deutet man das Leichentuch«, die das Turiner Museo della Sindone anlässlich der Grabtuchausstellung herausgegeben hat und die auch als Beilage von »Bell'Italia – Grandi Guide« Nr. 8 erschienen ist.

21 Mt 27,57–60.

22 Vgl. Lynn Picknett/Clive Prince: Die Jesus-Fälschung. Leonardo da Vinci und das Turiner Grabtuch. Bergisch Gladbach 1995. Das Buch des britischen Autorenduos ist eines der wenigen kritischen Bücher über das Grabtuch.

23 So lautet beispielsweise der Titel der deutschsprachigen Ausgabe eines Buches der Archäologin Maria Grazia Siliato. Darin bezeichnet sie das Turiner Grabtuch in geradezu beschwörendem Ton als einen archäologischen Fund von »unwiderleglicher objektiver Authentizität«, der in keinem Museum, in keiner Sammlung, in keiner Kirche seinesgleichen habe, und meint, es wäre »bedauernswert, wenn man auf Grund persönlicher religiös-philosophischer Überzeugungen die Torheit beginge, ein so dramatisches und ehrwürdiges Dokument aus dem Erbe der Menschheitsgeschichte gering zu achten und preiszugeben.« Maria Grazia Siliato: Und das Grabtuch ist doch echt. Die neuen Beweise. Augsburg 1998, S. 317.

24 Näheres zu der einigermaßen komplizierten Diskussion findet sich in meinem Buch: Jesus und das Tuch. Die »Echtheit« einer Fälschung. Klosterneuburg-Wien 1998. Vgl. die Nachricht, die in der Süddeutschen Zeitung vom 16. Oktober 1998 anlässlich der Buchpräsentation erschienen ist: »Experte: Es gibt kein Grabtuch Christi. – Der österreichische Theologe und Publizist Josef Dirnbeck hat die Existenz eines Grabtuchs Christi in Frage gestellt. Wenn das biblische Zeugnis ernst genommen und sachgemäß interpretiert werde, könne man zu keinem anderen historisch gesicherten Ergebnis kommen, schreibt Dirnbeck in seinem jetzt vorgestellten Buch. Daher könne auch das Turiner Grabtuch nicht echt sein. Das Turiner Grabtuch sei als Produkt der Reliquienverehrung zu verstehen. Die Diskussion darum sei zu einem Glaubenskrieg geworden.«

25 Dies ist eine Ausdrucksweise, deren sich beispielsweise der Würzburger Historiker und Grabtuchforscher Karlheinz Dietz immer wieder in seinen Wortmeldungen in den Medien zu befleißigen pflegt.

26 Sigmund Freud: Der Witz und seine Beziehung zum Unbewussten. Frankfurt am Main 1958, S. 167.

27 Vgl. Kathpress, 25. Mai 1998, S. 8: »Die Frage der Echtheit des Turiner Grabtuchs sei keine Glaubenssache, sagte der Papst. Die Kirche habe nicht die Kompetenz, sich über diese Fragen zu äußern. Vielmehr müsse die wissenschaftliche Forschung die Antworten finden.«

28 Kardinal Joseph Ratzinger, zit. in: Kathpress, 15. Juni 1998, S. 19.

29 Werner Bulst/Heinrich Pfeiffer: Das Turiner Grabtuch und das Christusbild, Bd. II: Das echte Christusbild. Frankfurt am Main 1991, S. 104.

30 Paul Badde: Das Muschelseidentuch. Auf der Suche nach dem wahren Antlitz Jesu. München 2006.

31 Die allerwahrscheinlichste natürliche Möglichkeit, dass das Bild zwar nicht von Menschenhand gemalt, aber doch mit den Mitteln menschlicher Erfindungskraft hergestellt wurde (vgl. die anschaulichen Demonstrationen in der TV-Dokumentation von Vittoria Haziel und Gabrielle Pfeiffer: »Das Geheimnis des Turiner Grabtuchs«. NDR 2002), muss natürlich außer Betracht bleiben, denn es soll ja bewiesen werden, dass das Tuch »echt« ist!

32 Werner Bulst/Heinrich Pfeiffer: Das Turiner Grabtuch und das Christusbild, Bd. II: Das echte Christusbild. Frankfurt am Main 1991, S. 104.

33 Vgl. Joh 20,13: »Die Engel sagten zu ihr: Frau, warum weinst du? Sie antwortete ihnen: Man hat meinen Herrn weggenommen, und ich weiß nicht, wohin man ihn gelegt hat.«

34 Vgl. Wolfgang Fenske: Wie Jesus zum »Arier« wurde. Auswirkungen der Entjudaisierung Christi im 19. und zu Beginn des 20. Jahrhunderts. Darmstadt 2005.

35 Wolfgang Beinert: Christentum und Fundamentalismus. Nettetal 1992, S. 50.

36 Michael Hesemann: Die Jesus-Tafel. Die Entdeckung der Kreuz-Inschrift. Freiburg im Breisgau 1999.

37 Eberhard von Gemmingen: »Die Sieben-Kirchen-Wallfahrt in Rom«, Radio Vatikan, 16. April 2000.

38 Ebenda S. 215.

39 Ebenda S. 207.

Nachwort

1 Lk 21,36.

2 Mk 13,32.

3 Dagobert Runes: Der wahre Jesus oder Das fünfte Evangelium. Wien 1927.

4 Joh 2,4.

5 Mt 24,23–26.

6 Vgl. Josef Dirnbeck: Grals-Erben. Nürnberger Zeitung, 15. April 2006.

7 Winfried Blasig: Der Jesus der Geschichte. Die historischen Texte über sein Leben und seine Lehre. Wasserburg am Inn 1992, S. 43.

8 Vgl. Lk 11,27.

9 Apg 4,11.

10 Joh 13,34: »Ein neues Gebot gebe ich euch: Liebt einander! Wie ich euch geliebt habe, so sollt auch ihr einander lieben.«